De nombreuses pensées de nombreux esprits

Un trésor de citations de la littérature de tous les pays et de toutes les époques

Louis Klopsch

Writat

Cette édition parue en 2024

ISBN : 9789359943787

Publié par
Writat
email : info@writat.com

Selon les informations que nous détenons, ce livre est dans le domaine public.
Ce livre est la reproduction d'un ouvrage historique important. Alpha Editions
utilise la meilleure technologie pour reproduire un travail historique de la même
manière qu'il a été publié pour la première fois afin de préserver son caractère
original. Toute marque ou numéro vu est laissé intentionnellement pour préserver
sa vraie forme.

PRÉFACE.

Dans le cadre limité de ce petit volume, le compilateur s'est efforcé d'employer uniquement les éléments susceptibles de s'avérer utiles au cercle le plus large de lecteurs. Près de quatre cents sujets ont été examinés par ses soins, et les citations données proviennent d'auteurs standards de compétence reconnue. Plus de deux mille cinq cents extraits de la littérature la plus raffinée de tous âges et de toutes langues, classés par sujet et d'une portée si vaste qu'ils touchent à presque tous les sujets qui engagent l'esprit humain, constituent un trésor de pensée qui, espérons-le, être acceptable et utile à tous ceux entre les mains desquels ce volume pourrait tomber.

Beaucoup de pensées de nombreux esprits.

Capacité. — Aucun homme n'est dépourvu d'une qualité, par la bonne application de laquelle il pourrait mériter le bien du monde ; et quiconque n'a que peu de choses en son pouvoir devrait se hâter de faire ce peu, de peur d'être confondu avec celui qui ne peut rien faire. — DR JOHNSON .

Nous nous jugeons nous-mêmes sur ce que nous nous sentons capables de faire, tandis que les autres nous jugent sur ce que nous avons déjà fait . — LONGFELLOW .

Chaque personne est responsable de tout le bien dans la limite de ses capacités, et de rien de plus . — GAIL HAMILTON .

La possession de grandes puissances entraîne sans aucun doute un mépris pour la simple apparence extérieure. — JAMES A. GARFIELD .

L'art d'utiliser à profit des capacités modérées gagne des éloges et acquiert souvent plus de réputation que de véritable génie . — LA ROCHEFOUCAULD .

la richesse d'un homme pauvre . — MATTHEW WREN .

La mesure de la capacité est la mesure de la sphère pour l'homme ou la femme . — ELIZABETH OAKES SMITH .

L'aptitude naturelle peut presque compenser le manque de toute sorte de culture ; mais aucune culture de l'esprit ne peut compenser le manque de capacités naturelles. — SCHOPENHAUER .

Un homme capable montre son esprit par des paroles douces et des actions résolues. — CHESTERFIELD .

Absolution. — Personne n'enlève les péchés (que la loi, bien que sainte, juste et bonne, ne pouvait ôter), mais Celui en qui il n'y a pas de péché. — BEDE .

Lui seul peut remettre les péchés, celui qui est désigné notre Maître par le Père de tous ; Lui seul est capable de discerner l'obéissance de la désobéissance. — SAINT CLÉMENT D'ALEXANDRIE .

Ce n'est pas l'ambassadeur, ce n'est pas le messager, mais le Seigneur lui-même qui sauve son peuple. Le Seigneur reste seul, car aucun homme ne peut être partenaire de Dieu pour pardonner les péchés ; cette fonction appartient uniquement au Christ, qui enlève les péchés du monde. — SAINT AMBROISE .

Il appartient au vrai Dieu seul de pouvoir délivrer les hommes de leurs péchés
. — SAINT CYRILLE .

Ni l'ange, ni l'archange, ni même le Seigneur lui-même (qui seul peut dire : «
Je suis avec vous ») ne peuvent, lorsque nous avons péché, nous libérer, à
moins que nous n'apportions avec nous la repentance. — SAINT AMBROISE
.

Action. — Ce qui est fait est utile, et non ce qu'on en dit. — EMERSON .

L'action n'apporte pas toujours le bonheur ; mais il n'y a pas de bonheur sans
action. — BEACONSFIELD .

Il existe trois sortes d'actions : celles qui sont bonnes, celles qui sont
mauvaises et celles qui sont douteuses ; et nous devons être très prudents
envers ceux qui doutent ; car nous sommes le plus en danger de ces actions
douteuses, parce qu'elles ne nous alarment pas ; et pourtant ils conduisent
insensiblement à de plus grandes transgressions, tout comme les ombres du
crépuscule nous réconcilient progressivement avec l'obscurité. — A. REED .

Aux actions vaillantes, parlez seul.— SMOLLETT .

Il est bien de bien penser : il est divin de bien agir. — HORACE MANN .

Les natures actives sont rarement mélancoliques. L'activité et la mélancolie
sont incompatibles. — BOVEE .

 Ce n'est pas la jouissance, ni le chagrin, qui sont notre fin ou notre voie
destinée ; Mais agir, que chacun demain nous trouve plus loin
qu'aujourd'hui.

* * * *

Ne faites confiance à aucun avenir, cependant agréable! Laissons le Passé
mort enterrer ses morts ! Agir , agir, dans le Présent vivant ! Cœur à
l'intérieur, et Dieu au-dessus de la tête ! —Longfellow.

Tout homme sent instinctivement que tous les beaux sentiments du monde
pèsent moins qu'une seule belle action . — LOWELL .

Des actions prodigieuses peuvent aussi bien être accomplies par le fils du
tisserand que par le fils du prince. —Dryden.

Ce n'est pas pour goûter des choses douces, mais pour faire des choses
nobles et vraies, et se justifier sous le ciel de Dieu en tant qu'homme créé par
Dieu, que le plus pauvre fils d'Adam désire vaguement. Montrez-lui

comment faire cela, le travailleur le plus ennuyeux se transforme en héros.
— CARLYLE .

Délibérez avec prudence, mais agissez avec décision ; et cédez avec grâce, ou opposez-vous avec fermeté. — COLTON .

Lorsque nos âmes quitteront cette demeure, la gloire d'une action juste et vertueuse est avant tout les écussons sur notre tombe ou les bannières de soie au-dessus de nous . — J. SHIRLEY .

Nos actes nous font ou nous gâtent, — nous sommes les enfants de nos propres actes. — VICTOR HUGO .

L'homme, étant essentiellement actif, doit trouver dans l'activité sa joie, ainsi que sa beauté et sa gloire ; et le travail, comme tout ce qui est bon, est sa propre récompense . — WHIPPLE .

Adversité. — Les temps de grandes calamités et de confusion ont toujours été productifs des plus grands esprits. Le minerai le plus pur est produit par le fourneau le plus chaud, et la foudre la plus brillante est provoquée par la tempête la plus sombre. — COLTON .

Aux jours de prospérité, nous avons de nombreux refuges auxquels recourir ; au jour de l'adversité, un seul. — HORATIUS BONAR .

Les petits esprits sont apprivoisés et soumis par les malheurs ; mais les grands esprits s'élèvent au-dessus d'eux . — WASHINGTON IRVING .

Une âme misérable, meurtrie par l'adversité, Nous vous demandons de nous taire quand nous l'entendons crier ; Mais si nous étions accablés d'un pareil poids de douleur, nous nous plaindrions nous-mêmes d' autant, ou davantage. —Shakespeare.

Le ciel n'est pas toujours en colère quand il frappe, mais il châtie surtout ceux qu'il aime le plus. — Pomfret.

Le feu de mon adversité a purgé la masse de mes connaissances. — BOLINGBROKE .

Sur chaque épine pousse une délicieuse sagesse ; Dans chaque ruisseau coule une douce instruction. —Dr. Jeune.

Quand la Providence, pour des fins secrètes, envoie des soucis corrosifs ou une affliction aiguë ; Nous devons conclure au mieux qu'il devrait en être ainsi, et ne pas nous décourager ou nous impatienter. — Pomfret.

Si tu t'évanouis au jour de l'adversité, ta force est petite . — PROVERBES 24:10 .

L'adversité a pour effet de susciter des talents qui, dans des circonstances prospères, seraient restés en sommeil. — HORACE .

Dans ce monde sauvage, les plus affectueux et les meilleurs sont les plus éprouvés, les plus troublés et les plus affligés . — Crabe.

Les leçons de l'adversité sont souvent les plus bénignes lorsqu'elles semblent les plus graves. La dépression de la vanité ennoblit parfois le sentiment. L'esprit qui ne sombre pas entièrement sous le malheur s'élève au-dessus plus haut qu'auparavant et se fortifie par l'affliction . — CHENEVIX .

coupe amère. — SOUTHEY .

La prospérité est la bénédiction de l'Ancien Testament, l'adversité est la bénédiction du Nouveau, qui apporte la plus grande bénédiction et la révélation plus claire de la faveur de Dieu. — BACON .

Dans tous les cas de chagrin d'amour, l'application de la déception d'un autre homme fait durer la douleur et apaise l' irritation . — LYTTON .

Celui que le Seigneur aime, il le châtie . — HÉBREUX 12 :6 .

Les couronnes les plus brillantes portées au ciel ont été essayées, fondues, polies et glorifiées à travers la fournaise de la tribulation . — CHAPIN .

La véritable moralité n'est préservée qu'à l'école de l'adversité, et un état de prospérité continue peut facilement s'avérer un sable mouvant pour la vertu. — SCHILLER .

Affectation. — L'affectation est la sagesse des insensés, et la folie de beaucoup d'hommes relativement sages.

Nous ne sommes jamais aussi ridicules par les qualités que nous possédons que par celles que nous visons ou affectons d' avoir . — DES FRANÇAIS .

L'affectation est un plus grand ennemi du visage que la petite vérole. — SAINT EVREMOND .

Toute affectation est la tentative vaine et ridicule de la pauvreté pour paraître riche. — LAVATER .

L'affectation cache trois fois plus de vertus que la charité cache de péchés. — HORACE MANN .

Affection. — Un cœur aimant est la plus vraie sagesse. — DICKENS .

Placez votre affection sur les choses d'en haut, et non sur celles de la terre .
— COLOSSIENS 3 : 2 .

Les caresses, expressions d'une sorte ou d'une autre, sont nécessaires à la vie des affections comme les feuilles le sont à la vie d'un arbre. S'ils sont totalement retenus, l'amour mourra à la racine . — HAWTHORNE .

Une bénédiction solitaire que peu de gens peuvent trouver, Nos joies avec ceux que nous aimons sont entrelacées, Et celui dont la tendresse éveillée enlève L' épine obstruante qui blesse la poitrine qu'il aime, N'aplanit pas seul le chemin accidenté d'autrui , Mais disperse des roses pour orner le sien.

L'affection est un jardin, et sans lui il n'y aurait pas un seul endroit verdoyant à la surface du globe.

De toutes les musiques terrestres, celle qui atteint le plus loin le ciel est le battement d'un cœur aimant. — BEECHER .

S'il y a quelque chose qui maintient l'esprit ouvert aux visites des anges et repousse le ministère du mal, c'est bien l'amour humain. — WILLIS .

Affliction. — Dieu lave parfois les yeux de ses enfants avec des larmes afin qu'ils puissent lire correctement sa providence et ses commandements. — TL CUYLER .

La véritable aide que nous pouvons apporter à un homme affligé n'est pas de lui enlever son fardeau, mais de faire appel à sa meilleure énergie, afin qu'il puisse supporter le fardeau . — PHILLIPS BROOKS .

Chaque homme estime qu'il a précisément les épreuves et les tentations qui lui sont les plus difficiles à supporter ; mais ils le sont, parce que ce sont précisément ceux-là dont il a besoin. — RICHTER .

L'affliction n'est que l'ombre de l'aile de Dieu. — GEORGE MACDONALD .

Les plantes aromatiques n'accordent aucun parfum épicé là où elles poussent ; Mais écrasés et foulés au sol, Diffusent autour de eux leurs douces douceurs. -Orfèvre.

L'affliction semble être le guide de la réflexion ; le professeur d'humilité ; le parent du repentir; la nourrice de la foi ; le fortifiant de la patience et le promoteur de la charité.

Les afflictions extraordinaires ne sont pas toujours la punition de péchés extraordinaires, mais parfois l'épreuve de grâces extraordinaires. — MATTHEW HENRY .

Si vous ne voulez pas que l'affliction vous visite deux fois, écoutez immédiatement ce qu'elle enseigne. — BURGH .

L'homme est né pour les difficultés, alors que les étincelles volent vers le haut. — JOB 5 : 7 .

L'affliction est l'âme saine de la vertu ; Où la patience, l'honneur, la douce humanité, Calment le courage, prennent racine et s'épanouissent fortement. —Mallet et Thomson.

Les fils de l'affliction sont des frères en détresse ; Un frère à soulager, quel bonheur exquis ! — Des brûlures.

Avec le vent de la tribulation, Dieu sépare dans le plancher de l'âme, la balle du blé . — MOLINOS .

Aucun châtiment pour le présent ne semble être joyeux, mais douloureux : néanmoins, par la suite, il produit le fruit paisible de la justice à ceux qui sont exercés par cela . — HÉBREUX 12 : 11 .

Âge. — Aucun homme sage n'a jamais souhaité être plus jeune. — SWIFT .

Je vénère la vieillesse ; et je n'aime pas l'homme qui peut regarder sans émotion le coucher du soleil de la vie, lorsque le crépuscule du soir commence à s'accumuler sur l'œil larmoyant et que les ombres du crépuscule s'élargissent et s'approfondissent sur l' entendement . — LONGFELLOW .

Il suffit de vieillir pour devenir plus indulgent. Je ne vois aucune faute commise que je n'aie commise moi-même. — GOETHE .

Ce qu'on appelle ordinairement l'adoration n'est pas le point faible de tous les vieillards, mais seulement de ceux qui se distinguent par leur légèreté . — CICÉRON .

Nous ne devons pas imputer les défauts de notre jeunesse à notre vieillesse ; car la vieillesse entraîne ses propres défauts. — GOETHE .

Apprenez à bien vivre ou à faire équitablement votre testament ; Vous avez j'ai joué , j'ai aimé , j'ai mangé et j'ai bu à satiété ; Marchez sobrement, avant qu'un âge plus vif ne vienne et vous pousse hors de la scène . -Le pape.

Si les rides doivent être écrites sur nos fronts, qu'elles ne soient pas écrites sur le cœur. L'esprit ne doit pas vieillir.— James A. GARFIELD .

Quarante ans est la vieillesse de la jeunesse ; cinquante ans, c'est la jeunesse de la vieillesse . — VICTOR HUGO .

N'oubliez pas que certaines des gouttes les plus brillantes du calice de la vie peuvent encore nous rester dans la vieillesse. La dernière potion qu'une bienveillante Providence nous donne à boire, quoique près du fond de la coupe, peut, comme on dit de la potion des Romains d'autrefois, avoir au fond, au lieu de la lie, les perles les plus précieuses. — WA HOMME NOUVEAU .

Commencez à réparer votre vieux corps pour le ciel. — SHAKESPEARE .

Peu de gens savent être vieux. —LA ROCHEFOUCAULD .

Lorsque les hommes deviennent vertueux dans leur vieillesse, ils font simplement un sacrifice à Dieu des restes du diable. — SWIFT .

Les défauts de l'esprit, comme ceux de la physionomie, augmentent avec l'âge . —LA ROCHEFOUCAULD .

Celui qui veut passer les dernières années de sa vie avec honneur et confort devrait, lorsqu'il est jeune, considérer qu'il pourra un jour devenir vieux, et se rappeler, quand il sera vieux, qu'il a été jeune autrefois. — ADDISON .

L'hiver, qui arrache les feuilles autour de nous, nous fait voir les régions lointaines qu'elles cachaient autrefois ; de même, la vieillesse nous prive de nos jouissances, uniquement pour élargir la perspective de l'éternité devant nous. — RICHTER .

La chose la plus facile à découvrir en nous pour nos amis, et la chose la plus difficile à découvrir en nous-mêmes, c'est que nous vieillissons. — HW SHAW .

Ambition. — La plupart des gens réussiraient dans de petites choses s'ils n'étaient pas troublés par de grandes ambitions. — LONGFELLOW .

Celui qui gravit les sommets des montagnes trouvera les sommets les plus élevés les plus enveloppés de nuages et de neige ; Celui qui surpasse ou soumet l'humanité, doit mépriser la haine de ceux d'en bas. —Southey.

Ceux qui se tiennent haut ont de nombreux souffles pour les ébranler ; Et s'ils tombent, ils se brisent en morceaux. —Shakespeare.

Le chemin de la gloire ne mène qu'à la tombe . — GRAY .

Nous devons veiller à mériter une bonne réputation en faisant bien ; et une fois ce soin pris, ne pas trop s'inquiéter du succès. — ROCHESTER .

Dites ce que nous voulons, vous pouvez être sûr que l'ambition est une erreur ; son usure du cœur n'est jamais récompensée, — elle enlève la fraîcheur de la vie, — elle endort ses jouissances vives et sociales, — elle ferme notre âme à notre propre jeunesse, — et nous sommes vieux avant de nous rappeler que nous avons fait une fièvre et un travail de nos années les plus racées.— LYTTON .

Je te l'ordonne, rejette toute ambition : c'est par ce péché que les anges sont tombés. —Shakespeare.

Un homme noble se compare et s'estime par une idée qui lui est supérieure, et un homme mesquin par une idée qui lui est inférieure. L'un produit l'aspiration ; l'autre, l'ambition. L'ambition est la manière dont un homme vulgaire aspire. — BEECHER .

Il n'appartient pas à l'homme de se reposer dans un contentement absolu. Il est né avec des espoirs et des aspirations, alors que les étincelles s'envolent vers le haut, à moins qu'il n'ait brutalisé sa nature et éteint l'esprit d'immortalité, qui est sa part . — SOUTHEY .

L'ambition n'a qu'une seule récompense pour tous : Un peu de pouvoir, un peu de renommée passagère, Une tombe où reposer et un nom qui s'efface ! —Guillaume Winter.

Toute mon ambition est, je l'avoue, de profiter et de plaire à l'inconnu ; Comme des ruisseaux alimentés par des sources d'en bas, qui dispersent les bénédictions au fur et à mesure. —Dr. Coton.

Anges. — Si vous courtisez la compagnie des anges pendant vos heures d'éveil, ils viendront sûrement à vous pendant votre sommeil. — GD PRENTICE .

L'esprit accusateur, qui s'envola vers la chancellerie du ciel avec le serment, rougit en le livrant ; et l'ange qui enregistrait, tandis qu'il l'écrivait, versa une larme sur le mot et l'effaça pour toujours . — STERNE .

Il y a deux anges qui assistent chacun de nous sans être vus et qui consignent dans de grands livres nos bonnes et nos mauvaises actions. Celui qui écrit Les bons , après chaque action , ferme son volume et monte avec lui vers Dieu. L' autre garde son terrible journal ouvert jusqu'au coucher du soleil, afin que nous puissions nous repentir ; Ce faisant, le récit de l'action s'efface et laisse une ligne blanche sur la page. Or , si mon acte est bon, comme je le crois, il ne peut être rappelé. Elle est déjà scellée au ciel, comme une bonne action accomplie. Le reste est à vous. — Longfellow.

Des millions de créatures spirituelles parcourent la terre sans être vues ,
aussi bien lorsque nous nous réveillons que lorsque nous dormons. —
Milton.

Colère. — Et être en colère contre celui que nous aimons , ça marche
comme une folie dans le cerveau. —Coleridge.

La colère est implantée en nous comme une sorte d'aiguillon, pour nous faire
grincer des dents contre le diable, pour nous rendre véhéments contre lui,
non pour nous dresser les uns contre les autres.

Quand la colère se précipite sans retenue vers l'action, Comme un coursier
brûlant, elle trébuche sur son chemin. -Sauvage.

Lamentation est le seul musicien qui, comme un hibou, se pose toujours et
s'assoit sur le toit d'un homme en colère. — PLUTARQUE .

C'est un imbécile qui ne peut pas se mettre en colère ; mais c'est un homme
sage qui ne le fera pas. — SÉNÈQUE .

Les hommes en colère frappent ceux qui leur souhaitent le meilleur. —
SHAKESPEARE .

Les hommes inventent souvent avec colère ce qu'ils veulent en raison . —
WR ALGER .

La colère est la passion la plus impuissante qui accompagne l'esprit de
l'homme ; cela n'a aucun effet ; et blesse l'homme qui en est possédé plus que
tout autre contre qui il est dirigé. — CLARENDON .

Lorsque vous êtes en colère, comptez dix avant de parler ; si très en colère,
une centaine.— JEFFERSON .

Un homme en colère ouvre la bouche et ferme les yeux. — CATON .

Lorsqu'un homme a tort et ne veut pas l'admettre, il se met toujours en
colère. — HALIBURTON .

Que le soleil ne se couche pas sur votre colère . — ÉPHÉSIENS 4 :26 .

La colère commence par la folie et finit par le repentir. — PYTHAGORE .

La colère nous fait souvent condamner chez l'un ce que nous approuvons
chez l'autre . — PASQUIER QUESNEL .

Anxiété. — Mieux vaut être méprisé pour des appréhensions trop anxieuses
que ruiné par une sécurité trop confiante . — BURKE .

Votre sollicitude peut-elle modifier la cause ou démêler la complexité des événements humains ? — BLAIR .

Presque tous les hommes sont trop anxieux. A peine viennent-ils au monde qu'ils perdent ce goût des plaisirs naturels et simples, si remarquable au début de la vie. A chaque heure, ils se demandent quels progrès ils ont faits dans la poursuite de la richesse ou de l'honneur ; et ils continuent comme leurs pères les ont précédés, jusqu'à ce que, fatigués et malades au cœur, ils regardent en arrière avec un soupir de regret la période dorée de leur enfance . — ROGERS .

Rien dans la vie n'est plus remarquable que l'anxiété inutile que nous endurons et que nous occasionnons généralement. — BEACONSFIELD .

Art. — La perfection de l'art est de cacher l'art. — QUINTILIEN .

L'art doit s'ancrer dans la nature, sinon il est le sport de chaque souffle de folie. — HAZLITT .

La beauté est à la fois le principe ultime et le but suprême de l'art. — GOETHE .

L'art n'imite pas, mais interprète. — MAZZINI .

L'art est le don de Dieu et doit être utilisé pour sa gloire. — LONGFELLOW .

Associés. — Ne vous y trompez pas : les mauvaises communications corrompent les bonnes manières. — 1 CORINTHIENS 15 :20 .

Celui qui vient de la cuisine sent la fumée ; celui qui adhère à une secte en a quelque chose ; l'air du collège poursuit l'étudiant et l'inhumanité sèche celui qui rassemble des pédants littéraires. — LAVATER .

Celui qui marche avec des sages sera sage. — SALOMON .

Si vous vivez toujours avec des boiteux, vous apprendrez vous-même à boiter. — DU LATIN .

Si les hommes veulent être tenus en estime, ils ne doivent s'associer qu'à ceux qui sont estimables . — LA BRUYÈRE .

Soyez très prudent dans le choix de votre entreprise. Dans la société de tes égaux, tu jouiras de plus de plaisir ; dans la société de tes supérieurs tu trouveras plus de profit. Être le meilleur dans l'entreprise est le moyen de devenir pire ; le meilleur moyen de grandir mieux, c'est d' y être le pire. — QUARLES .

Le compagnon des insensés sera détruit. — PROVERBES 13 :20 .

le pouvez. — LORD CHESTERFIELD .

J'ai posé comme maxime qu'il est bon pour un homme de vivre là où il peut rencontrer ses meilleurs, intellectuels et sociaux. — THACKERAY .

Gardez une bonne compagnie et vous serez du nombre. — GEORGE HERBERT .

Il est préférable d'être avec ceux avec qui nous espérons être dans l'éternité. — FULLER .

Astronomie. — La contemplation des choses célestes fera parler et penser plus sublimement et plus magnifiquement l'homme lorsqu'il descendra aux affaires humaines. — CICÉRON .

Le soleil se réjouissant autour de la terre annonçait quotidiennement la sagesse, la puissance et l'amour de Dieu. La lune s'éveilla, et de son visage de jeune fille, se débarrassant de ses mèches nuageuses, regarda docilement , et avec ses étoiles vierges marchait dans les cieux, y marchait la nuit, conversant pendant qu'elle marchait, sur la pureté, la sainteté et Dieu. — Robert Pollok.

J'aime errer au milieu des hauteurs étoilées, Laisser derrière moi les petites scènes de la Terre , Et laisser l'imagination s'envoler Sur des ailes d'aigle plus rapides que le vent. J'aime les planètes dans leur course à tracer ; Pour marquer les comètes se dirigeant vers le soleil, Puis se lancer dans un espace incommensurable , Où , perdues à la vue des humains, elles courent à distance. J'aime voir la lune, quand elle monte haut au milieu des cieux , dans un éclat emprunté brillant; Pour comprendre comment elle gouverne les marées, Et comment elle emprunte au soleil sa lumière. Ô ! ce sont des merveilles de la main toute-puissante , dont la sagesse a d'abord planifié les orbites circulaires. —T. Rodd.

Athéisme. — J'aimerais voir un homme sobre dans ses habitudes, modéré, chaste, juste dans ses relations, affirmer qu'il n'y a pas de Dieu ; il parlerait au moins sans motifs intéressés ; mais un tel homme est introuvable.— LA BRUYÈRE .

 Un rire athée est un mauvais échange Pour la Déité offensée ! — Des brûlures.

Dieu n'existe pas. — PSAUME 14 : 1 .

Kircher, l'astronome, ayant une connaissance qui niait l'existence d'un Être Suprême, adopta la méthode suivante pour le convaincre de son erreur. L'attendant pour une visite, il plaça un beau globe céleste dans une partie de la chambre où il ne pouvait échapper à l'attention de son ami, qui, en l'observant, demanda d'où il venait et qui en était l'auteur.

"Cela n'a été réalisé par personne", a déclaré l'astronome.

"C'est impossible", répondit le sceptique ; "vous plaisantez sûrement."

Kircher profita alors de l'occasion pour raisonner son ami sur ses propres principes athées , lui expliquant qu'il avait adopté ce plan dans le but de lui montrer l'erreur de son scepticisme .

"Vous n'admettrez pas," dit-il, "que ce petit corps est né d'un pur hasard, et pourtant vous prétendez que ces corps célestes, avec lesquels il n'a qu'une faible et minime ressemblance, sont apparus sans auteur ni dessein."

Il poursuivit cette chaîne de raisonnement jusqu'à ce que son ami soit totalement confus, et reconnut cordialement l'absurdité de ses idées.

La nuit, un athée croit à moitié en Dieu. — JEUNE .

Personne n'est plus seul au monde qu'un négationniste de Dieu. — RICHTER .

Lorsque les hommes vivent comme s'il n'y avait pas de Dieu, il devient avantageux pour eux qu'il n'y en ait pas ; et puis ils s'efforcent de s'en persuader . — TILLOTSON .

L'athéisme est le résultat de l'ignorance et de l'orgueil, d'un bon sens et de faibles raisons, d'une bonne alimentation et d'une mauvaise vie . — JEREMY COLLIER .

L'athéisme ne peut profiter à aucune classe de gens, ni aux malheureux, qu'il prive d'espoir, ni aux riches, dont il rend les joies insipides. — CHATEAUBRIAND .

Autorité. — La maîtrise de soi est l'épine dorsale de l'autorité. — HALIBURTON .

homme fier ! Habillé d'une petite autorité brève : le plus ignorant de ce dont il est le plus assuré. Son essence vitreuse, comme un singe en colère, joue des tours si fantastiques devant les cieux qu'ils font pleurer les anges. —Shakespeare.

Bien que l'autorité soit un ours têtu, il se laisse souvent conduire par le nez avec de l'or. — SHAKESPEARE .

Auteurs. — Choisissez un auteur comme vous choisissez un ami. — COMTE DE ROSCOMMON .

Les motivations et les desseins des auteurs ne sont pas toujours aussi purs et élevés que nous l'imaginons parfois dans l'enthousiasme de la jeunesse. Pour beaucoup, la trompette de la renommée n'est rien d'autre qu'un cornet de fer blanc qui les rappelle chez eux, comme les ouvriers des champs, à l'heure du dîner, et ils s'estiment chanceux d'avoir le dîner . — LONGFELLOW .

On peut se demander si l'humanité doit le plus à ceux qui, comme Bacon et Butler, extraient l'or de la mine de littérature, ou à ceux qui, comme Paley, le purifient, l'estampillent, fixent sa valeur réelle et lui donnent de la monnaie. et utilité.— COLTON .

Vingt contre un offensent plus en écrivant trop que pas assez. — ROGER ASCHAM .

Celui qui se propose de devenir auteur devrait d'abord être un étudiant. — DRYDEN .

Rien n'est plus bénéfique pour un jeune auteur que les conseils d'un homme dont le jugement est constitutionnellement au point de congélation. — DOUGLAS JERROLD .

Aucun père ou mère ne trouve ses propres enfants laids ; et cette auto-illusion est encore plus forte en ce qui concerne la progéniture de l' esprit. — CERVANTES .

Il y a trois difficultés dans la qualité d'auteur : écrire quelque chose qui mérite d'être publié, trouver des hommes honnêtes pour le publier et amener des hommes sensés à le lire. — COLTON .

Un auteur! C'est un nom vénérable ! Combien peu le méritent, et quels chiffres le prétendent ! Manquant d'un sens supérieur à celui de leurs pairs , qui se lèvera, dictateurs de l'humanité ? Non , qui ose briller, sinon pour la cause de la vertu ? Cet unique propriétaire de juste applaudissements. - Jeune.

N'écrivez jamais sur un sujet sans vous être préalablement lu en profondeur ; et ne lisez jamais sur un sujet avant d' en avoir eu faim. — RICHTER .

Combien de grands peuvent se souvenir être, qui à leur époque a prospéré le plus célèbre , dont nous n'entendons aucun mot, ni aucun signe ne voit maintenant, mais comme les choses effacées avec une éponge périssent , parce que les vivants ne se souciaient pas de chérir Aucun esprit doux, par orgueil ou convoitez, Que leurs noms pourraient mémoriser à jamais ! — Spenser.

Les deux pouvoirs les plus engageants d'un auteur sont de rendre les choses nouvelles familières et les choses familières nouvelles . — THACKERAY .

Bien écrire, c'est bien penser, bien ressentir et bien rendre ; c'est posséder à la fois l'intelligence, l'âme et le goût. — BUFFON .

Les jeunes auteurs donnent à leur cerveau beaucoup d'exercice et peu de nourriture. — JOUBERT .

Avarice. — C'est sûrement une politique très étroite qui suppose que l'argent est le bien principal. — JOHNSON .

La pauvreté manque de beaucoup, mais l'avarice de tout . — PUBLIUS SYRUS .

Il y a deux considérations qui aigrissent toujours le cœur d'un homme avare : l'une est une soif perpétuelle de plus de richesses, l'autre la perspective de quitter ce qu'il a déjà acquis . — FIELDING .

Ô maudite convoitise de l'or : quand pour toi l' insensé abandonne son intérêt pour les deux mondes, d'abord affamé dans celui-ci, puis damné dans celui à venir. — Blair.

Beaucoup ont été ruinés par leur fortune ; beaucoup ont échappé à la ruine, faute de fortune. Pour l'obtenir, les grands sont devenus petits, et les petits grands. — ZIMMERMANN .

L'avarice est le vice des années de déclin. — GEORGE BANCROFT .

Les richesses, comme les insectes, lorsqu'elles sont cachées, mentent , n'attendent que des ailes, et s'envolent en leur saison. Celui qui voit un pin Mammon pâle au milieu de son magasin, ne voit qu'un intendant arriéré pour les pauvres ; Cette année un réservoir, à conserver et à ménager ; Le suivant, une fontaine jaillira de son héritier en ruisseaux somptueux pour étancher la soif d'un pays, et les hommes et les chiens le boiront jusqu'à ce qu'ils éclatent. -Le pape.

L'amour de l'argent est la racine de tous les maux . — 1 TIMOTHÉE 6 :10 .

L'homme avare est comme la terre aride et sablonneuse du désert, qui aspire toute la pluie et la rosée avec avidité, mais ne produit aucune herbe ou plante fructueuse pour le bénéfice des autres . — ZÉNON .

L'avarice dans la vieillesse est une folie ; car quoi de plus absurde que d'augmenter nos provisions pour la route, à mesure que nous approchons du terme de notre voyage ? — CICÉRON .

La pauvreté en veut, le luxe en veut beaucoup et l'avarice tout. — COWLEY
.

Timidité. — La pudeur est la vertu gracieuse et calme de la maturité ; la pudeur le charme d'une jeunesse vive.— MARY WOLLSTONECRAFT .

Comme ceux qui démolirent les maisons privées attenantes aux temples des dieux, soutiennent les parties qui leur sont contiguës ; ainsi, en sapant la pudeur, il faut tenir dûment compte de la modestie, de la bonhomie et de l'humanité adjacentes. — PLUTARQUE .

La pudeur est un ornement pour la jeunesse, mais un reproche pour la vieillesse. — ARISTOTE .

Les femmes les moins timides sont souvent les plus modestes ; et nous ne sommes jamais plus trompés que lorsque nous déduisons un laxisme de principe de cette liberté de comportement qui naît souvent d'une ignorance totale du vice. — COLTON .

Beauté. — C'est la beauté qui commence à plaire, et la tendresse qui complète le charme. — FONTENELLE .

Keats a parlé pour toujours lorsqu'il a déclaré : « Une chose de beauté est une joie éternelle. » — THACKERAY .

La beauté est un don extérieur qui est rarement méprisé, sauf par ceux à qui elle a été refusée . — GIBBON .

Qu'est-ce que la beauté? Pas le spectacle de membres et de traits galbés. Non. Ce ne sont que des fleurs Qui ont leurs heures datées Pour respirer leurs douceurs momentanées, alors partez. C'est l'âme inoxydable qui éclipse la peau la plus claire. —Sir A. Hunt.

Je te prie, ô Dieu, que je sois belle intérieurement . — SOCRATE .

Heureusement , il existe plusieurs sortes de beauté. Il y a la beauté de l'enfance, la beauté de la jeunesse, la beauté de la maturité et, croyez-moi, mesdames et messieurs, la beauté de la vieillesse . — GA SALA .

Il n'y a pas de beauté sur terre qui dépasse la beauté naturelle de la femme. —J. PETIT- SENN .

Il existe un axiome évident : celle qui est née belle est à moitié mariée. — OUIDA .

La beauté nous attire, nous les hommes, mais si, comme un aimant armé, elle est pointée avec de l'or ou de l'argent à côté, elle attire avec une puissance décuplée. — RICHTER .

Si tu épouses la beauté, tu t'engages toute ta vie pour ce qui, par hasard, ne durera ni ne te plaira un an . — RALEIGH .

Il est rare que de belles personnes soient d'une grande vertu. — BACON .

La beauté la plus naturelle au monde est l'honnêteté et la vérité morale. — SHAFTESBURY .

Chaque année de ma vie, je suis de plus en plus convaincu qu'il est plus sage et préférable de fixer notre attention sur le beau et le bien et de nous attarder le moins possible sur l'obscurité et l'infâme. — CECIL .

Une femme qui ne possède que des avantages extérieurs est comme une fleur sans parfum, un arbre sans fruit. — REGNIER .

Tous les orateurs sont muets quand la beauté plaide . — SHAKESPEARE .

Qui n'a pas expérimenté comment, lors d'une connaissance rapprochée, la simplicité s'embellit et la beauté perd son charme, exactement selon la qualité du cœur et de l'esprit ? Et c'est pour cette raison que je pense que le manque de beauté extérieure n'inquiète jamais une nature noble et ne sera jamais considéré comme un malheur. Cela ne peut jamais empêcher les gens d'être aimables et aimés au plus haut degré . — FREDERIKA BREMER .

La bonne nature suppléera toujours à l'absence de beauté ; mais la beauté ne peut pas suppléer à l'absence de bonne nature. — ADDISON .

Il me semble qu'il y a aussi peu de mérite à aimer une femme pour sa beauté qu'à aimer un homme pour sa prospérité ; les deux étant également sujets au changement. — PAPE .

Socrate qualifiait la beauté de tyrannie éphémère ; Platon, un privilège de la nature ; Théophraste, un tricheur silencieux ; Théocrite, un préjugé délicieux ; Carnéades , royaume solitaire ; Domitien dit que rien n'était plus reconnaissant ; Aristote affirmait que la beauté valait mieux que toutes les lettres de recommandation du monde ; Homère, que c'était un don glorieux de la nature, et Ovide, faisant allusion à lui, appelle cela une faveur accordée par les dieux . — DE L'ITALIEN .

La beauté n'est qu'un bien vain et douteux, Un éclat brillant qui s'efface. soudainement; Une fleur qui meurt dès qu'elle commence à bourgeonner ; Un verre fragile, qui est actuellement brisé ; Un bien douteux, un brillant, un verre, une fleur, Perdu , fané, brisé, mort en une heure. Et comme le bien perdu est rare ou jamais retrouvé, Comme le brillant qui s'estompe, aucun frottement ne peut le rafraîchir, Comme les fleurs mortes gisent fanées sur le sol, Comme le verre brisé qu'aucun ciment ne peut réparer, Ainsi la beauté tachée une fois pour toujours est perdue, Malgré la physique, la peinture, la douleur et le coût. —Shakespeare.

Donnez-moi un regard, donnez-moi un visage, Qui fait de la simplicité une grâce ; Robes fluides, cheveux aussi libres ! Une telle négligence me prend plus que tous les adultères de l'art ; Cela frappe mes yeux, mais pas mon cœur. —Ben Jonson.

Bienveillance. — Chaque acte charitable est un tremplin vers le ciel . — BEECHER .

La disposition à donner une tasse d'eau froide à un disciple est une propriété bien plus noble que le meilleur intellect. Satan a une belle intelligence mais pas l'image de Dieu. — HOWELLS .

Animée par des motifs chrétiens et dirigée vers des fins chrétiennes, elle ne restera en aucun cas sans récompense ; ici, par le témoignage d'une conscience approbatrice ; ci-après, par la bénédiction de notre bienheureux Rédempteur et un héritage plus brillant dans la maison de son Père. — MGR MANT .

Dieu excusera nos prières pour nous-mêmes chaque fois que nous en serons empêchés en étant occupés à de bonnes œuvres qui nous donneront droit aux prières des autres . — COLTON .

Plus un homme descend dans son amour, plus il élève sa vie. — WR ALGER .

Rien n'exige une économie plus stricte que notre bienveillance. Nous devrions ménager nos moyens comme l'agriculteur son engrais, qui s'il est répandu sur une trop grande superficie ne produit aucune récolte, s'il est sur une trop petite surface, exubère en mauvaises herbes et en mauvaises herbes . — COLTON .

Le vainqueur est regardé avec crainte, le sage commande notre estime ; mais c'est l'homme bienveillant qui gagne nos affections. — DES FRANÇAIS .

Ne perdez jamais une occasion de dire un mot gentil. Comme Collingwood n'a jamais vu de place vacante dans son domaine mais qu'il a sorti un gland de sa poche et l'a mis dedans, alors gérez vos compliments tout au long de la vie. Un gland ne coûte rien ; mais il peut germer en un morceau de bois prodigieux. — THACKERAY .

Vous trouverez des gens assez prêts à faire le Samaritain sans huile et sans deux pence . — SYDNEY SMITH .

La véritable bienveillance n'est pas stationnaire, mais itinérante. Cela *fait* du bien.— NEVINS .

La bienveillance ne se manifeste pas en paroles ni en langue, mais en actes et en vérité. Il s'agit d'une affaire avec les hommes tels qu'ils sont, et avec la vie humaine telle qu'elle est dessinée par la main rude de l'expérience. C'est un devoir que vous devez accomplir selon l'appel du principe ; bien qu'il n'y ait aucune voix d'éloquence pour donner de la splendeur à vos efforts, ni aucune musique de poésie pour guider vos pas volontaires à travers les berceaux de l'enchantement. Ce n'est pas l'impulsion d'une émotion intense et extatique. C'est un exercice de principe. Il faut vous rendre à la chaumière du pauvre, bien qu'aucune verdure ne fleurisse autour d'elle, et qu'aucun ruisseau ne soit proche pour vous ravir par la douceur de ses murmures. Si vous recherchez la simplicité romantique de la fiction, vous serez déçu ; mais c'est votre devoir de persévérer, malgré tout découragement. La bienveillance n'est pas simplement un sentiment mais un principe ; non pas un rêve de ravissement auquel se livre la fantaisie, mais une affaire à exécuter par la main. — CHALMERS .

La seule façon d'être aimé, c'est d'être et de paraître belle ; posséder et faire preuve de gentillesse, de bienveillance, de tendresse ; être libre de l'égoïsme et être attentif au bien-être des autres. — JAY .

La bienfaisance est un devoir. Celui qui la pratique fréquemment et voit se réaliser ses intentions bienveillantes, finit par aimer vraiment celui à qui il a fait du bien. Quand donc il est dit : « Tu aimeras ton prochain comme toi-même », cela ne veut pas dire que tu l'aimeras d'abord et que tu lui feras du bien en conséquence de cet amour, mais que tu feras du bien à ton prochain ; et ta bienfaisance engendrera en toi cet amour pour l'humanité qui est la plénitude et la consommation de l'inclination à faire le bien . — KANT .

 Les leçons de prudence ont des charmes, Et si elles sont méprisées, elles peuvent conduire à la détresse ; Mais l'homme que la bienveillance réchauffe Est un ange qui vit mais pour bénir. —Bloomfield.

Chaque vertu comporte sa propre récompense, mais aucune à un degré aussi distingué et prééminent que la bienveillance.

Bible. — La Bible commence glorieusement par le Paradis, symbole de la jeunesse, et se termine par le royaume éternel, par la ville sainte. L'histoire de chaque homme devrait être une Bible. — NOVALIS .

Les Écritures nous enseignent la meilleure manière de vivre, la manière la plus noble de souffrir et la manière la plus confortable de mourir . — FLAVEL .

Dans cet horrible volume se trouve Le mystère des mystères ! Les plus heureux du genre humain , À qui Dieu a accordé la grâce De lire, de craindre, d'espérer, de prier, De lever le loquet et de forcer le chemin ; Et mieux serait qu'ils ne soient jamais nés, Ceux qui lisent pour douter ou qui lisent pour mépriser. —Scott.

Comme l'aiguille vers le pôle Nord, la Bible pointe vers le ciel . — RB NICHOL .

Nous avons deux livres à étudier pour éviter de tomber dans l'erreur : premièrement, le volume des Écritures, qui révèlent la volonté de Dieu ; puis le volume des Créatures qui expriment sa puissance. — BACON .

Les hommes ne peuvent pas être bien éduqués sans la Bible. Elle devrait donc occuper la place principale dans toute situation d'apprentissage dans toute la chrétienté ; et je ne connais pas de service plus élevé qui pourrait être rendu à cette république que d'obtenir ce résultat souhaitable. — DR NUTT .

Quelle est la Bible dans votre maison ? Ce n'est pas l'Ancien Testament, ce n'est pas le Nouveau Testament, ce n'est pas l'évangile selon Matthieu, ni Marc, ni Luc, ni Jean ; c'est l'Évangile selon Guillaume, c'est l'Évangile selon Marie, c'est l'Évangile selon Henri et Jacques, c'est l'Évangile selon ton nom. Vous écrivez votre propre Bible.— BEECHER .

Un seul livre m'a sauvé ; mais ce livre n'est pas d'origine humaine. Longtemps je l'avais méprisé ; je l'avais longtemps considéré comme un livre de classe pour les crédules et les ignorants ; jusqu'à ce que, après avoir étudié l'Évangile du Christ, avec un ardent désir de déterminer sa vérité ou sa fausseté, ses pages m'ont offert la connaissance la plus simple de l'homme et de la nature, et le système d'éthique morale le plus simple et en même temps le plus élevé. . La foi, l'espérance et la charité se sont allumées dans mon sein ; et chaque pas en avant m'a renforcé dans la conviction que la morale de ce livre est aussi infiniment supérieure à la morale humaine que ses oracles sont supérieurs aux opinions humaines. — ML BAUTIN .

D'où, si ce n'est du ciel, des hommes inexpérimentés dans les arts, nés en plusieurs âges, en plusieurs parties, pourraient-ils tisser des vérités aussi concordantes ? ou comment, ou pourquoi Tous devraient-ils conspirer pour nous tromper avec un mensonge ? —Dryden.

Bon, plus la culture est communiquée et abondante.— MILTON .

J'en répondrai, plus vous lisez la Bible, plus vous l'aimerez ; il deviendra de plus en plus doux ; et plus vous en entrerez dans l'esprit, plus vous entrerez dans l'esprit du Christ. — ROMAINE .

Il a Dieu pour auteur, le salut pour fin, et la vérité, sans aucun mélange d'erreur, pour sujet : tout est pur, tout sincère, rien de trop, rien de manquant . — LOCKE .

Une Bible et un journal dans chaque maison, une bonne école dans chaque quartier, tous étudiés et appréciés comme ils le méritent, sont le principal soutien de la vertu, de la moralité et de la liberté civile. — FRANKLIN .

Ici, il y a du lait pour les bébés, tandis qu'il y a de la manne pour les anges ; la vérité est à la hauteur de l'esprit d'un paysan ; la vérité s'élève hors de portée d'un séraphin . — RÉVÉREND HUGH STOWELL .

C'est la croyance en la Bible, fruit d'une profonde méditation, qui m'a servi de guide de ma vie morale et littéraire. J'ai trouvé un capital bien placé et richement productif d'intérêts, quoique je n'en ai parfois fait qu'un mauvais usage. — GOETHE .

Bigoterie. — Tout semble jaune à l'œil jaunâtre. — PAPE .

L'intolérance éclipse l'âme en occultant la vérité. — CHAPIN .

Un homme doit être excessivement stupide, ainsi que peu charitable, pour croire qu'il n'y a de vertu que de son propre côté . — ADDISON .

Montrez-moi l'homme qui irait seul au ciel s'il le pouvait, et en cet homme je vous montrerai celui qui ne sera jamais admis au ciel . — FELTHAM .

Biographie. — La grande leçon de la biographie est de montrer ce que l'homme peut être et faire de mieux. Une vie noble racontée équitablement agit comme une source d'inspiration pour les autres . — SAMUEL SOURIT .

La biographie, en particulier celle des grands et des bons, qui sont passés par leurs propres efforts de la pauvreté et de l'obscurité à l'éminence et à l'utilité, est une étude inspirante et ennoblissante. Sa tendance directe est de reproduire l'excellence qu'elle enregistre. — HORACE MANN .

Ignorer la vie des hommes les plus célèbres de l'Antiquité, c'est rester tous nos jours dans l'état d'enfance. — PLUTARQUE .

Se vanter. — Là où il y a beaucoup de prétention, beaucoup a été emprunté ; la nature ne fait jamais semblant.— LAVATER .

Là où finit la vantardise, là commence la dignité. — JEUNE .

Un gentleman qui aime s'entendre parler parlera plus en une minute qu'il ne le fera en un mois . — SHAKESPEARE .

Les hommes de réel mérite, et dont nous sommes prêts à reconnaître les actes nobles et glorieux, ne sont pas encore supportables lorsqu'ils vantent leurs propres actions . — ÆSCHINES .

Moins on parle de leur grandeur, plus on y pense. — BACON .

La vanité, plus riche en matière qu'en paroles, se vante de sa substance, non de son ornement : ce ne sont que des mendiants qui savent compter leur valeur. —Shakespeare.

Livres. — Quand les amis se refroidissent et que les conversations entre intimes languit dans une civilité insipide et des lieux communs, les livres ne font que conserver le visage inchangé des jours plus heureux et nous réconfortent avec cette véritable amitié qui n'a jamais trompé l'espoir ni abandonné le chagrin. — WASHINGTON IRVING .

Aucun livre ne peut être assez bon pour être rentable s'il est lu avec négligence. — SÉNÈQUE .

Celui qui n'aime pas les livres avant l'âge de trente ans, ne les aimera guère ensuite assez pour les comprendre. — CLARENDON .

J'aime les livres. Je suis né et j'ai grandi parmi eux, et j'ai le sentiment facile, quand je suis en leur présence, qu'un garçon d'écurie a parmi les chevaux . — OW HOLMES .

Beaucoup de lecteurs jugent de la puissance d'un livre par le choc qu'il donne à leurs sentiments, comme certaines tribus sauvages déterminent la puissance des mousquets par leur recul ; celui étant considéré comme le meilleur qui prosterne équitablement l' acheteur. — LONGFELLOW .

Rien ne peut remplacer les livres. Ce sont des compagnons encourageants ou apaisants dans la solitude, la maladie, l'affliction. La richesse des deux continents ne compenserait pas le bien qu'ils confèrent . — CHANNING .

Nous aurions une glorieuse conflagration si tous ceux qui ne peuvent pas mettre *le feu* à leurs œuvres consentaient seulement à mettre leurs œuvres au *feu* . — COLTON .

Les livres, mes chers livres, ont été et sont mon réconfort ; matin et soir, Adversité , prospérité, à la maison, À l'étranger , santé, maladie – bons ou mauvais rapports, Les mêmes amis fermes ; le même rafraîchissement riche, Et source de consolation. —Dr. Dodd.

Lorsqu'un livre élève votre esprit et vous inspire des sentiments nobles et courageux, ne cherchez aucune autre règle par laquelle juger l'ouvrage ; c'est bon et fait par un bon ouvrier. —LA BRUYÈRE .

Les livres sont un guide pour la jeunesse et un divertissement pour l'âge. Ils nous soutiennent dans la solitude et nous empêchent de devenir un fardeau pour nous-mêmes. Ils nous aident à oublier la traversée des hommes et des choses, à composer nos soucis et nos passions, et à endormir nos déceptions. Lorsque nous sommes fatigués des vivants, nous pouvons nous rendre chez les morts, qui n'ont rien de maussade, de fierté ou de dessein dans leur conversation . — JEREMY COLLIER .

Celui qui étudie seul les livres saura comment les choses doivent être ; et celui qui étudie les hommes saura comment les choses se passent. — COLTON .

Il en est des livres comme des hommes : un très petit nombre joue un grand rôle ; les autres se confondent avec la multitude. — VOLTAIRE .

Les bons livres sont au jeune esprit ce que le soleil réchauffant et la pluie rafraîchissante du printemps sont aux graines qui sont restées endormies dans les gelées de l'hiver. Ils sont plus nombreux, car ils peuvent sauver de ce qui est pire que la mort, ainsi que bénir avec ce qui est meilleur que la vie . — HORACE MANN .

Les livres qui vous aident le plus sont ceux qui vous font le plus réfléchir. La manière la plus difficile d'apprendre est de lire facilement : mais un grand livre qui vient d'un grand penseur, c'est un vaisseau de pensée, profondément chargé de vérité et de beauté . — THEODORE PARKER .

Les livres, comme les amis, doivent être peu nombreux et bien choisis.

Autant espérer devenir plus fort en mangeant toujours, autant être plus sage en lisant toujours. Trop de choses surchargent la nature et se transforment plus en maladie qu'en nourriture. C'est la pensée et la digestion qui rendent les livres utiles et qui donnent santé et vigueur à l' esprit . — FULLER .

Brièveté. — La brièveté est l'âme de l'esprit, et l'ennui les membres et les épanouissements extérieurs. — SHAKESPEARE .

La brièveté dans l'écriture est ce qu'est la charité pour toutes les autres vertus : la justice n'est rien sans l'une, ni la paternité sans l' autre. — SYDNEY SMITH .

Si vous souhaitez être piquant, soyez bref ; car il en est des mots comme des rayons du soleil : plus ils sont condensés, plus ils brûlent profondément. — SOUTHEY .

Plus une idée est développée, plus son expression devient concise ; plus un arbre est taillé, meilleurs sont les fruits. — ALFRED BOUGEANT .

Plus vous en dites, moins les gens s'en souviennent. Moins il y a de mots, plus il y a de profit. — FÉNELON .

Avec des paroles vives, grâce à vos justes conceptions , Beaucoup de vérité se comprimant dans un espace étroit ; Alors beaucoup le liront, mais peu se plaindront, et l'envie froncera les sourcils, et les critiques grogneront en vain. — Pindare.

La brièveté est l'enfant du silence et fait honneur à sa filiation. — HW Shaw.

Un verset peut trouver celui qu'un sermon vole. — George Herbert.

Lorsqu'un homme n'a d'autre intention que de dire la pure vérité, il peut dire beaucoup de choses dans un cadre très étroit. — Steele.

Entreprise. — Ce qui est l'affaire de tout le monde n'est l'affaire de personne. — Izaak Walton.

Autrefois, lorsque les grandes fortunes ne se faisaient que par la guerre, la guerre était une affaire ; mais maintenant, quand les grandes fortunes ne se font que grâce aux affaires, les affaires sont la guerre. — Bovee.

Faites appel à un homme d'affaires uniquement aux heures de travail, et pour affaires, traitez vos affaires et vaquez à vos affaires, afin de lui laisser le temps de terminer ses affaires. — Duc de Wellington.

Les hommes de grand rôle sont souvent malheureux dans la gestion des affaires publiques, parce qu'ils sont susceptibles de s'écarter du chemin commun par la rapidité de leur imagination. — Swift.

Rares sont les hommes d'affaires consommés, presque aussi grands que les grands poètes, plus rares peut-être que les véritables saints et martyrs. Un homme, pour être excellent dans cette voie, a besoin d'une grande connaissance de caractère, avec ce tact exquis qui sent infailliblement le moment opportun pour agir. Une rapidité discrète doit imprégner tous les mouvements de sa pensée et de son action. Il doit être singulièrement exempt de vanité, et se révèle généralement être un enthousiaste qui a l'art de cacher son enthousiasme.

Il est très triste pour un homme de se rendre serviteur d'une chose, sa virilité lui étant arrachée par la pression hydraulique d'un travail excessif. Je ne voudrais pas être simplement un grand médecin, un grand avocat, un grand ministre, un grand homme politique ; je voudrais aussi être une sorte d' homme. — Theodore Parker.

Ce n'est pas grâce à des talents extraordinaires qu'il a réussi, mais parce qu'il avait une capacité commerciale au niveau et non au-dessus. — Tacite.

Le grand secret de la santé et du succès de l'industrie est de s'abandonner absolument aux affaires et aux divertissements du moment, sans jamais permettre à l'un d'empiéter le moins du monde sur l'autre. — Sismondi.

Peu de gens font bien des affaires qui ne font rien d'autre.— CHESTERFIELD
.

Pour les hommes avides de délices, les affaires sont une interruption ; pour ceux qui sont froids aux plaisirs, les affaires sont un divertissement. C'est pour cette raison qu'on disait à quelqu'un qui félicitait un homme ennuyeux pour sa candidature : « Non merci à lui ; s'il n'avait rien à faire, il n'aurait rien à faire. » — STEELE .

Se soucier. — Porter des soins au lit, c'est dormir avec un sac sur le dos. — HALIBURTON .

Déposez tous vos soucis sur Dieu : cette ancre tient. — TENNYSON .

Le soin apporté à notre cercueil ajoute sans aucun doute un clou, Et chaque sourire si joyeux en fait ressortir un. —Dr. Wolcot .

Celui qui s'élève au-dessus des soucis de ce monde et tourne son visage vers son Dieu a trouvé le côté ensoleillé de la vie . — SPURGEON .

Prudence. — C'est une bonne chose d'apprendre la prudence face aux malheurs des autres. — PUBLIUS SYRUS .

Les grands navires peuvent s'aventurer davantage, mais les petits bateaux doivent rester près du rivage. -Benjamin Franklin.

La prudence est l'aînée de la sagesse. — VICTOR HUGO .

Tout est à craindre là où tout est à perdre. — BYRON .

Censurer. — Peu de personnes ont assez de sagesse pour préférer la censure qui leur est utile à l'éloge qui les trompe. — LA ROCHEFOUCAULD .

Pour arriver à la perfection, il faut avoir des amis très sincères, ou des ennemis invétérés ; parce qu'il serait rendu sensible à sa bonne ou à sa mauvaise conduite, soit par les censures des uns, soit par les remontrances des autres . — DIOGÈNE .

La censure est l'impôt qu'un homme paie au public pour être éminent. — SWIFT .

La censure du méchant est un éloge extorqué. — PAPE .

Personnage. — Comme la description des personnages des trois patriarches dans la Genèse est merveilleusement belle ! Certes, si jamais un homme pouvait, sans inconvenance, être appelé ou supposé être « l'ami de Dieu », Abraham était cet homme. Nous ne sommes pas surpris qu'Abimélec et

Ephron semblent le vénérer si profondément. Il était paisible, en raison de sa relation consciente avec Dieu. — ST COLERIDGE .

Le grand espoir de la société est le caractère individuel. — CHANNING .

Un homme est connu de son chien par son odeur, de son tailleur par son habit, de son ami par son sourire ; chacun d'entre eux le connaît, mais cela dépend de la dignité de l'intelligence. Ce qui est vraiment et effectivement caractéristique de l'homme n'est connu que de Dieu. — RUSKIN .

Jamais un homme ne représente son propre caractère avec plus de vivacité que dans sa manière de représenter un autre. — RICHTER .

Il y a des beautés de caractère qui, comme le cereus à floraison nocturne, sont fermées à l'éblouissement et aux turbulences de la vie quotidienne et ne s'épanouissent que dans l'ombre et la solitude, et sous les étoiles tranquilles. — TUCKERMAN .

Il y a beaucoup de personnes dont on peut dire qu'elles n'ont d'autre possession au monde que leur caractère, et pourtant elles y tiennent aussi fermement que n'importe quel roi couronné. — SAMUEL SOURIT .

L'homme qui fait un personnage fait des ennemis. — JEUNE .

Il est vraiment vaillant et peut sagement souffrir le pire que l'homme puisse respirer ; Et faire de ses torts ses extérieurs, Pour les porter comme ses vêtements, avec insouciance ; Et il ne préfère jamais ses blessures à son cœur, pour le mettre en danger. —Shakespeare.

Chaque homme a trois caractères : celui qu'il expose, celui qu'il possède et celui qu'il pense posséder. — Alphonse KARR .

Les meilleures règles pour former un jeune homme sont de parler peu, d'entendre beaucoup, de réfléchir seul sur ce qui s'est passé en compagnie, de se méfier de ses propres opinions et d'apprécier les autres qui les méritent. — Sir WILLIAM TEMPLE .

Le cerveau et le caractère gouvernent le monde. Le Français le plus distingué du siècle dernier disait : « Les hommes réussissent moins par leurs talents que par leur caractère ». Il y a cent ans, il y avait des dizaines d'hommes qui avaient plus d'intelligence que Washington. Il leur survit et les surpasse tous grâce à l'influence de son personnage . — WENDELL PHILLIPS .

Tous les hommes sont semblables dans leur nature inférieure ; c'est par leurs caractères supérieurs qu'ils diffèrent. — BOVEE .

Vous pouvez être sûr que c'est un homme bon dont les amis intimes sont tous bons. — LAVATER .

Donnez-moi le personnage et je prévoirai l'événement. Le caractère, a-t-on dit en substance, est une « victoire organisée ». — BOVEE .

Un bon caractère est dans tous les cas le fruit d'un effort personnel. Il n'est pas hérité des parents, il n'est pas créé par des avantages extérieurs, ce n'est pas un appendice nécessaire de la naissance, de la richesse, des talents ou du rang ; mais c'est le résultat de ses propres efforts . — HAWES .

Les actions, les regards, les mots, les pas forment l'alphabet par lequel vous pouvez épeler les caractères. — LAVATER .

Charité. — J'ai beaucoup plus confiance dans la charité qui commence dans le foyer et se divise en une grande humanité, que dans la philanthropie mondiale qui commence à l'extérieur de notre horizon pour converger vers l'égoïsme. — MME JAMESON .

Se plaindre que la vie n'a pas de joies alors qu'il existe une seule créature que nous pouvons soulager par notre générosité, assister par nos conseils ou animer par notre présence, c'est déplorer la perte de ce que nous possédons, et c'est tout aussi irrationnel que mourir de soif avec la coupe dans nos mains . — FITZOSBORNE .

Mais quand tu fais l'aumône, que ta main gauche ne sache pas ce que fait ta droite. — MATTHIEU 6 : 3 .

L'esprit du monde renferme quatre sortes d'esprits diamétralement opposés à la charité : l'esprit de ressentiment, l'esprit d'aversion, l'esprit de jalousie et l'esprit d' indifférence . — BOSSUET .

Les œuvres caritatives posthumes sont l'essence même de l'égoïsme, lorsqu'elles sont léguées par ceux qui, de leur vivant, ne se sépareraient de rien. — COLTON .

Le fait de sécher une seule larme a plus de renommée honnête que de répandre des mers de sang. — Byron.

Soyez charitable et indulgent envers tout le monde sauf vous-même. — JOUBERT .

Presque toutes les vertus qu'on peut nommer sont enveloppées dans une seule vertu de charité et d'amour : car « elle souffre longtemps », et c'est donc la longanimité ; c'est « gentil », et donc c'est de la courtoisie ; elle « ne se vante pas », et c'est donc la modestie ; elle « n'est pas enflée », et c'est donc l'humilité ; cela « n'est pas facile à provoquer », et c'est donc la clémence ; il « ne pense aucun mal », et c'est donc la simplicité ; il « se réjouit de la vérité », et c'est ainsi qu'il est la vérité ; il « supporte toutes choses », et c'est donc la force ; il « croit tout », et c'est donc la foi ; elle « espère tout », et c'est ainsi qu'elle est la confiance ; elle « supporte tout », et c'est donc la patience ; elle « n'échoue jamais », et c'est donc la persévérance. — CHILLINGWORTH .

Comme tout seigneur donne une certaine livrée à ses serviteurs, la charité est la livrée même du Christ. Notre Sauveur , qui est le Seigneur au-dessus de tous les seigneurs, voudrait que ses serviteurs soient connus par leur insigne, qui est l'amour. — LATIMER .

Il faut avoir du génie pour la charité comme pour tout le reste . — THOREAU .

La prière nous conduit à mi-chemin vers Dieu, le jeûne nous amène à la porte de son palais, et l'aumône nous procure l'admission. — CORAN .

Surtout, ayez entre vous une fervente charité ; car la charité couvrira la multitude des péchés. — 1 PIERRE 4:8 .

C'est un vieux dicton qui dit que la charité commence à la maison ; mais ce n'est pas une raison pour qu'il ne soit pas exporté. Un homme doit vivre avec le monde en tant que citoyen du monde ; il peut avoir une préférence pour le quartier ou la place particulière, ou même pour la ruelle, dans lequel il vit, mais il doit avoir un sentiment généreux pour le bien-être de l' ensemble . — CUMBERLAND .

Hélas pour la rareté de la charité chrétienne sous le soleil ! — HOOD .

Vous ne pouvez pas séparer la charité et la religion. — COLTON .

Ne pensez pas que vous êtes charitable si l'amour de Jésus et de ses frères n'est pas uniquement le motif de vos dons. Hélas! vous ne pouvez pas donner votre superflu, mais « donner tous vos biens pour nourrir les pauvres » ; vous pourriez même « donner votre corps pour être brûlé » pour eux, et pourtant être totalement dépourvu de charité, si la recherche de vous-même, votre plaisir personnel ou vos propres fins vous guident ; et vous guider, ils doivent, jusqu'à ce que l'amour de Dieu soit répandu par le Saint-Esprit dans votre cœur . — HAWEIS .

Celui qui voudrait avoir droit après la mort, grâce aux mérites de son Rédempteur, à la plus noble des récompenses, qu'il serve Dieu toute sa vie dans ce plus excellent de tous les devoirs, en faisant le bien à nos frères. Quiconque est conscient de ses offenses, qu'il emprunte spécialement cette voie pour manifester son repentir. — MGR SECKER .

J'ai appris de Jésus-Christ lui-même ce qu'est la charité et comment nous devons la pratiquer ; car il dit : « À ceci tous connaîtront que vous êtes mes disciples, si vous vous aimez les uns les autres. » Je ne pourrai donc jamais me plaire dans l'espoir d'obtenir le nom de serviteur du Christ, si je ne possède pas en moi une charité véritable et non feinte. — SAINT BASILE .

Il existe une dette de miséricorde et de pitié, de charité et de compassion, de soulagement et de secours due à la nature humaine et payable d'un homme à l'autre ; et ceux qui refusent de la payer aux affligés en période d'abondance peuvent à juste titre s'attendre à ce qu'elle leur soit refusée en période de besoin. "Avec quelle mesure vous mesurez, elle vous sera à nouveau mesurée." - BURKITT .

Nous devons donner comme nous recevrons, joyeusement, rapidement et sans hésitation ; car il n'y a pas de grâce dans un bienfait qui colle aux doigts. — SÉNÈQUE .

À mesure que la bourse se vide, le cœur se remplit. — VICTOR HUGO .

Alors scrute doucement ton frère homme, Encore plus douce, sœur femme ; Même s'ils peuvent se liguer contre un Kennin ' Wrang, se retirer est humain. — Des brûlures.

Gaieté. — La gaieté est pleine de significations : elle suggère une bonne santé, une conscience claire et une âme en paix avec toute la nature humaine . — CHARLES KINGSLEY .

Comme dans notre vie, ainsi dans nos études, il est plus convenable et plus sage de tempérer la gravité avec la gaieté, afin que la première ne nous imprègne pas de mélancolie, et que la seconde ne dégénère pas en licence. — PLINE .

Un cœur joyeux fait du bien comme un médicament, mais un esprit brisé dessèche les os . — PROVERBES 17 :22 .

Ayez bon courage. — JEAN 16:33 .

L'esprit joyeux dans son état présent sera opposé à toute sollicitude quant à l'avenir et accueillera les événements amers de la vie avec un sourire placide. — HORACE .

Une once de gaieté vaut une livre de tristesse pour servir Dieu. — FULLER .

Si les bonnes personnes voulaient seulement rendre leur bonté agréable et sourire au lieu de froncer les sourcils devant leur vertu, combien en gagneraient-elles à la bonne cause ! — MGR USHER .

Entre la légèreté et la gaieté, il y a une grande différence ; et l'esprit le plus ouvert à la légèreté est souvent étranger à la gaieté. — BLAIR .

Vous vous sentez rafraîchi par la présence de gens joyeux. Pourquoi ne pas faire de sérieux efforts pour conférer ce plaisir aux autres ? Vous constaterez que la moitié de la bataille est gagnée si vous ne vous permettez jamais de dire quoi que ce soit de sombre. — MME LM CHILD .

Le soleil intérieur réchauffe non seulement le cœur du propriétaire, mais aussi tous ceux qui entrent en contact avec lui . — JT FIELDS .

Le chemin vers la gaieté est de garder notre corps en exercice et notre esprit à l'aise . — STEELE .

Ayons bon courage, nous rappelant que les malheurs les plus durs à supporter sont ceux qui n'arrivent jamais. — LOWELL .

Un caractère joyeux, allié à l'innocence, rendra la beauté attrayante, la connaissance délicieuse et l'esprit bon enfant. Cela allégera la maladie, la pauvreté et l'affliction, convertira l'ignorance en une aimable simplicité et rendra la difformité elle-même agréable . — ADDISON .

Enfants. — Si je devais choisir parmi tous les dons et qualités celui qui, en somme, rend la vie la plus agréable, je choisirais l'amour des enfants. Aucune circonstance ne peut rendre ce monde totalement solitaire pour celui qui possède cette possession . — TW HIGGINSON .

J'aime ces petites gens; et ce n'est pas une mince affaire quand eux, qui sont si frais de Dieu, nous aiment. — DICKENS .

Ce sont des idoles des cœurs et des maisons ; Ce sont des anges de Dieu déguisés ; Son soleil dort encore dans leurs tresses ; Sa gloire brille encore dans leurs yeux. Oh, ces absents de la maison et du ciel, Ils m'ont rendu plus viril et plus doux, Et je sais maintenant comment Jésus a pu comparer le royaume de Dieu à un enfant. -Diable.

L'enfant est le père de l'homme. — Wordsworth.

Les plus petits enfants sont les plus proches de Dieu, comme les plus petites planètes sont les plus proches du soleil. — RICHTER .

En essayant d'enseigner beaucoup de choses aux enfants en peu de temps, ils sont traités non pas comme si la course qu'ils devaient courir était pour la vie, mais simplement comme une course de trois milles. — HORACE MANN .

L'enfance montre l' homme Comme le matin montre le jour. — Milton.

Soyez très vigilant sur votre enfant au mois d'avril de sa compréhension, de peur que les gelées de mai ne détruisent ses fleurs. Pendant qu'il est une brindille tendre, redressez-le ; pendant qu'il est un vase neuf, assaisonnez-le ; tel que tu le fais , tel tu le trouveras communément. Que sa première leçon soit l'obéissance, et sa seconde sera ce que tu voudras. — QUARLES .

Un enfant est un ange dépendant de l'homme. — COMTE DE MAISTRE .

Les yeux d'un enfant, ces puits clairs de pensée intacte, quoi de plus beau ? Pleins d'espoir, d'amour et de curiosité, ils rencontrent les vôtres. Dans la prière, avec quelle ferveur ; dans la joie, comme c'est pétillant ; en sympathie, quelle tendresse ! L'homme qui n'a jamais essayé la compagnie d'un petit enfant a négligemment manqué l'un des grands plaisirs de la vie, comme on croise une fleur rare sans la cueillir ni connaître sa valeur. — MME NORTON .

Si un garçon n'est pas entraîné à endurer et à supporter les ennuis, il deviendra une fille ; et un garçon qui est une fille a toutes les faiblesses d'une fille sans aucune de ses qualités royales. Une femme faite d'une femme est l'œuvre la plus noble de Dieu ; une femme faite d'un homme est sa plus méchante. — BEECHER .

Les enfants sont les clés du paradis. * * * Eux seuls sont bons et sages, Parce que leurs pensées, leur vie même sont prière. — Stoddard.

Béni soit la main qui prépare un plaisir pour un enfant, car on ne sait pas quand et où il peut fleurir. — Douglas JERROLD .

Beaucoup d'enfants, beaucoup de soucis ; pas d'enfants, pas de félicité. — BOVEE .

S'il y a quelque chose qui peut supporter l' œil de Dieu parce qu'il est encore pur, c'est l'esprit d'un petit enfant, frais sorti de sa main, et donc sans souillure. Plus près que nous de la porte du Paradis , Nos enfants respirent ses airs, ses anges voient ; Et quand ils prient, Dieu entend leur simple prière, oui , il rengaine même son épée, en jugement nu. — Stoddard.

Chaque enfant entre dans l'existence par la porte dorée de l'amour. — BEECHER .

De tous les spectacles qui peuvent adoucir et humaniser le cœur de l'homme, il n'y en a aucun qui devrait l'atteindre aussi sûrement que celui d'enfants innocents jouissant du bonheur qui est leur part propre et naturelle. — SOUTHEY .

Ah ! que serait pour nous le monde, Si les enfants n'étaient plus ? Nous devrions redouter le désert derrière nous , pire que l'obscurité d'avant. — Longfellow.

Jésus fut le premier grand maître d'hommes à manifester une véritable sympathie pour l'enfance. Quand il a dit : « Le royaume des cieux est à ceux qui leur ressemblent », ce fut une révélation . — EDWARD EGGLESTON .

Là où sont les enfants, c'est l' âge d'or. — NOVALIS .

Christ. — Le meilleur des hommes qui ait jamais porté de la terre autour de lui était un souffrant, un esprit doux, doux, patient, humble et tranquille ; le premier vrai gentleman qui ait jamais respiré.— DECKER .

Toute la gloire et la beauté du Christ se manifestent à l'intérieur, et c'est là qu'il prend plaisir à demeurer ; Ses visites y sont fréquentes, sa condescendance étonnante, sa conversation douce, son réconfort rafraîchissant ; et la paix qu'Il apporte dépasse toute intelligence. — THOMAS À KEMPIS .

Du début à la fin, Jésus est le même ; toujours le même, majestueux et simple, infiniment sévère et infiniment doux. — NAPOLÉON IER .

Lui, le plus saint parmi les puissants et le plus puissant parmi les saints, a soulevé de ses mains transpercées les empires de leurs gonds, a détourné le cours des siècles de son canal et gouverne toujours les âges . — RICHTER .

Dans sa mort, il est un sacrifice satisfaisant pour nos péchés ; à la résurrection, un conquérant ; dans l'ascension, un roi ; dans l'intercession, un grand prêtre. — LUTHER .

Jésus-Christ était plus qu'un homme. — NAPOLÉON IER .

Les sages et les héros de l'histoire s'éloignent de nous, et l'histoire réduit le récit de leurs actes à une page de plus en plus étroite. Mais le temps n'a aucun pouvoir sur le nom, les actes et les paroles de Jésus- Christ . — CHANNING .

Alexandre, César , Charlemagne et moi-même avons fondé des empires ; mais de quoi dépendent ces créations de notre génie ? Par la force. Jésus seul a fondé son empire sur l'amour ; et jusqu'à ce jour, des millions de personnes mourraient pour lui . — NAPOLÉON IER .

Si la vie et la mort de Socrate étaient celles d'un sage, la vie et la mort de Jésus étaient celles d'un Dieu. — ROUSSEAU .

Ceux qui ont étudié minutieusement le caractère du Sauveur auront du mal à déterminer s'il y a le plus à admirer ou à imiter – il y a tellement des deux.

Le christianisme. — Un chrétien est le gentleman de Dieu Tout-Puissant . — LIÈVRE .

La véritable sécurité du christianisme réside dans sa moralité bienveillante, dans son adaptation exquise au cœur humain, dans la facilité avec laquelle son projet s'adapte aux capacités de chaque intellect humain, dans la consolation qu'il apporte à chaque maison de l'humanité. deuil, dans la

lumière avec laquelle il éclaire le grand mystère de la tombe. — MACAULAY
.

C'est la vérité divine, parlant à tout notre être : occupant, mettant en action et satisfaisant toutes les facultés de l'homme, pourvoyant aux besoins les plus infimes de son être, et parlant en un seul et même instant à sa raison, à sa conscience et à son cœur. C'est la lumière de la raison, la vie du cœur et la force de la volonté . — PIERRE .

Depuis son introduction, la nature humaine a fait de grands progrès et la société a connu de grands changements ; et dans cet état avancé du monde, le christianisme, au lieu de perdre son application et son importance, se révèle de plus en plus agréable et adapté à la nature et aux besoins de l'homme. Les hommes ont dépassé les autres institutions de l'époque où est apparu le christianisme, sa philosophie, ses modes de guerre, sa politique, son économie publique et privée ; mais le christianisme n'a jamais diminué à mesure que l'intellect s'est ouvert, mais il a toujours devancé les facultés des hommes et a développé des vues plus nobles à mesure qu'elles s'élevaient. Les pouvoirs et les affections les plus élevés que notre nature a développés trouvent des objets plus que adéquats dans cette religion. Le christianisme est en effet particulièrement adapté aux stades les plus avancés de la société, aux sensibilités les plus délicates des esprits raffinés, et spécialement à ce mécontentement à l'égard de l'état actuel, qui grandit toujours avec la croissance de nos pouvoirs moraux et de NOS affections .

C'est un affineur ainsi qu'un purificateur du cœur ; il confère l'exactitude de la perception, la délicatesse des sentiments et toutes ces nuances de pensée et de sentiment plus agréables qui constituent l'élégance de l'esprit . — MME JOHN SANFORD .

Je ne désire aucune autre preuve de la vérité du christianisme que le Notre Père. — Madame DE STAËL .

S'il avait été publié par une voix du ciel que douze pauvres hommes, tirés des bateaux et des ruisseaux, sans aucune aide de la science, auraient conquis le monde jusqu'à la croix, cela aurait pu être considéré comme une illusion contre toute raison des hommes ; pourtant nous savons que cela a été entrepris et accompli par eux . — STEPHEN CHARNOCK .

Quelques personnes d'un pays odieux et méprisé n'auraient pas pu remplir le monde de croyants, si elles n'avaient pas montré des références incontestables de la part de la personne divine qui leur a envoyé un tel message . — ADDISON .

Entreprise. — La nature a laissé à chaque homme la capacité d'être agréable, mais non de briller en compagnie ; et il y a une centaine d'hommes suffisamment qualifiés pour les deux qui, à cause de très peu de défauts, qu'ils pourraient corriger en une demi-heure, ne sont pas du tout tolérables . — SWIFT .

Il est certain que soit une attitude sage, soit une conduite ignorante sont prises lorsque les hommes contractent des maladies les uns des autres ; par conséquent, que les hommes prennent garde à leur compagnie . — SHAKESPEARE .

Le plus agréable de tous les compagnons est un homme simple et franc, sans aucune prétention élevée à une grandeur oppressante ; celui qui aime la vie et en comprend l'utilité ; obligeant à toute heure ; surtout d'un tempérament doré et inébranlable comme une ancre. Contre un tel homme, nous échangeons volontiers le plus grand génie, l'esprit le plus brillant, le penseur le plus profond. — LESSING .

Aucun homme ne peut s'améliorer dans une entreprise pour laquelle il n'a pas suffisamment de respect pour être soumis à un certain degré de contrainte . — CHESTERFIELD .

Un compagnon n'est qu'un autre soi ; c'est pourquoi on peut dire qu'un homme est méchant s'il fréquente les méchants. — SAINT CLÉMENT .

Qu'ils aient toujours appris des leçons d'élevage, ce qui influencera le plus leur port sera la compagnie avec laquelle ils conversent et la mode de ceux qui les entourent. — LOCKE .

Vanité. — Ne soyez pas sage dans vos propres vanités. — ROMAINS 12:16 .

La vanité est la qualité la plus méprisable et l'une des plus odieuses du monde. C'est une vanité chassée de tous les autres changements et obligée de faire appel à elle-même pour l'admiration. — HAZLITT .

La meilleure façon d'être trompé, c'est de se croire plus rusé que les autres . — CHARRON .

La vanité est à la nature ce que la peinture est à la beauté ; non seulement c'est inutile, mais cela nuit à ce que cela améliorerait . — PAPE .

Soyez très lent à croire que vous êtes plus sage que tous les autres ; c'est une erreur fatale mais courante. Là où l'un a été sauvé par une véritable estimation de la faiblesse d'autrui, des milliers ont été détruits par une fausse appréciation de leur propre force . — COLTON .

Nous partons en pensant que tout le monde pense à nous. Mais ce n'est pas le cas ; il est comme nous — il pense à lui-même. — CHARLES READE .

Vois -tu un homme sage dans sa propre vanité ? Il y a plus d'espoir pour un insensé que pour lui . — PROVERBES 26:12 .

Un homme fier des petites choses montre que les petites choses sont grandes pour lui . — MADAME DE GIRARDIN .

Les hommes autodidactes sont généralement un peu trop fiers de leur travail . — HW SHAW .

l'œuvre de l'homme lui-même . — ADDISON .

Celui qui se donne des airs importants montre les preuves de l'impuissance. — LAVATER .

Plus on parle de soi, moins on aime entendre parler d'un autre . — LAVATER .

Conduire. — Je gouvernerai ma vie et mes pensées, comme si le monde entier voyait l'une et lisait l'autre ; car que signifie faire de quelque chose un secret pour mon prochain, quand à Dieu (qui est le chercheur de nos cœurs) toutes nos intimités sont ouvertes ? — SÉNÈQUE .

L'intégrité des hommes doit être mesurée par leur conduite et non par leurs professions . — JUNIUS .

Ayez plus que ce que vous montrez, parlez moins que vous ne savez, prêtez moins que ce que vous devez, apprenez plus que ce que vous avez promis, placez moins que ce que vous jetez . —Shakespeare.

Un homme, comme une montre, doit être apprécié pour sa manière de procéder. — WILLIAM PENN .

J'aurais, Dieu sait, passé mes journées paisibles dans la cabane d'un pauvre bûcheron , et partagé ma croûte avec celle qui m'aurait réconforté , plutôt que sur ce trône ; mais étant ce que je suis, je le serai noblement. —Joanna Baillie.

Ajoutez seulement à votre connaissance des actes responsables, ajoutez la foi, ajoutez la vertu, la patience, la tempérance, ajoutez l'amour, du nom à venir appelé charité, l' âme de tout le reste : alors tu ne répugneras pas à quitter ce paradis, mais tu le feras. possède en toi un paradis, bien plus heureux. — Milton.

Prends garde à ce que la passion n'influence ton jugement pour faire quelque chose que le libre arbitre n'admettrait pas autrement. — Milton.

Confiance. — Quelque méfiance que nous puissions avoir à l'égard de la sincérité de ceux qui conversent avec nous, nous croyons toujours qu'ils nous diront plus de vérité qu'aux autres. — LA ROCHEFOUCAULD .

Ne faites jamais confiance à ceux qui ne font pas confiance aux autres . — LIÈVRE .

Quand nous sommes jeunes, nous avons trop confiance en nous-mêmes et nous faisons trop peu confiance aux autres quand nous sommes vieux. La témérité est l'erreur de la jeunesse, la timide prudence de l'âge. La virilité est l'isthme entre les deux extrêmes ; la saison mûre et fertile de l'action, où seuls nous pouvons espérer trouver la tête pour inventer, unie à la main pour exécuter . — COLTON .

Celui qui ne croit en personne sait qu'on ne peut pas lui faire confiance. — AUERBACH .

Ne faites pas confiance à celui qui a une fois brisé la foi. — SHAKESPEARE .

Les gens ont généralement trois époques dans leur confiance en l'homme. Dans le premier cas, ils croient qu'il est tout ce qui est bon, et ils sont prodigués par leur amitié et leur confiance. Ensuite, ils ont eu une expérience qui a frappé leur confiance, et il leur faut alors se garder de se méfier de tout le monde et de donner à tout la pire interprétation. Plus tard dans la vie, ils apprennent que la plupart des hommes ont en eux bien plus de bien que de mal, et que même lorsqu'il y a des raisons de blâmer, il y a plus de raisons de plaindre que de condamner ; puis un esprit de confiance s'éveille à nouveau en eux . — FREDRIKA BREMER .

Faites peu confiance à celui qui loue tout, encore moins à celui qui censure tout, et encore moins à celui qui est indifférent à tout . — LAVATER .

Conscience. — La conscience est une horloge qui, chez un seul homme, sonne à haute voix et donne l'avertissement ; dans un autre, la main montre silencieusement le personnage, mais ne frappe pas. Pendant ce temps, les heures passent et la mort se précipite, et après la mort vient le jugement . — JEREMY TAYLOR .

Oh! Conscience! Conscience! Ami le plus fidèle de l'homme , tu peux le réconforter, l'alléger, le soulager, le défendre : mais s'il veut renoncer à tes chèques amicaux, tu es, oh ! malheur pour moi, son ennemi le plus mortel ! — Crabe.

Lorsque vous commettez le mal, ne craignez personne autant que vous-même ; un autre n'est qu'un témoin contre toi, tu en es mille ; Tu peux en éviter un autre, tu ne le peux pas toi-même. La méchanceté est sa propre punition. — QUARLES .

Une bonne conscience est un Noël continu. — FRANKLIN .

repas calme et silencieux , Une conscience joyeuse jusqu'au bout : Cet arbre qui porte des fruits immortels, Sans chancre à la racine ; Cet ami qui ne faillit jamais au juste, Quand d'autres amis abandonnent leur confiance. — Dr. Coton.

Aucun homme n'a jamais offensé sa propre conscience, mais en premier ou en dernier lieu, elle s'en est vengée. — SUD .

Celui qui perd conscience n'a plus rien qui vaille la peine d'être gardé. Assurez-vous donc de veiller à cela, et ensuite à votre santé ; et si vous l'avez, louez Dieu et valorisez-le à côté d'une bonne conscience . — IZAAK WALTON .

Nos pensées secrètes sont rarement entendues sauf en secret. Aucun homme ne sait ce qu'est la conscience tant qu'il n'a pas compris ce que la solitude peut lui apprendre à ce sujet. — JOSEPH COOK .

Un homme ne survit jamais à sa conscience et, pour cette seule raison, il ne peut se survivre à lui-même . — SUD .

Les règles de la société ne sont rien, la conscience est l' arbitre. — MADAME DUDEVANT .

Un homme, pour ainsi dire, qui n'est pas capable de s'incliner devant sa propre conscience chaque matin n'est guère en état de saluer respectueusement le monde à tout autre moment de la journée . — DOUGLAS JERROLD .

En matière de conscience, les premières pensées sont les meilleures ; en matière de prudence, les dernières pensées sont les meilleures — RÉVÉREND ROBERT HALL .

Le premier soin d'un homme doit être d'éviter les reproches de son propre cœur ; son prochain, pour échapper aux censures du monde. Si la dernière interfère avec la première, elle doit être entièrement négligée ; mais autrement il ne peut y avoir de plus grande satisfaction pour un esprit honnête que de voir les approbations qu'il se donne appuyées par les applaudissements du public . — ADDISON .

La conscience élève sa voix dans la poitrine de chaque homme, témoin de son Créateur.

Nous devrions avoir toutes nos communications avec les hommes, comme en présence de Dieu ; et avec Dieu, comme en présence des hommes. — COLTON .

J'ai plus peur de mon propre cœur que du pape et de tous ses cardinaux. J'ai en moi le grand pape, moi-même . — LUTHER .

Le pécheur le plus téméraire envers sa propre conscience a toujours en arrière-plan la consolation de savoir qu'il ne poursuivra cette voie que cette fois-ci, ou seulement pour un certain temps, mais qu'à tel moment il s'amendera. Nous pouvons être assurés que nous ne restons pas clairs avec notre propre conscience aussi longtemps que nous déterminons ou projetons, ou même tenons possible, à un moment futur, de modifier notre ligne de conduite . — FICHTE .

Il existe un tribunal dont les « conclusions » sont incontestables et dont les séances se tiennent dans les chambres de notre propre sein. — OSÉE BALLOU .

Ne faites confiance à cet homme qui n'a pas de conscience en tout . — STERNE .

Celui qui a une conscience aveugle qui ne voit rien, une conscience morte qui ne ressent rien et une conscience muette qui ne dit rien, est dans une condition aussi misérable qu'un homme peut l'être de ce côté-ci de l' enfer . — PATRICK HENRY .

La conscience est son propre accusateur le plus prompt. — CHAPIN .

Si tu veux être informé de ce que Dieu a écrit à ton sujet dans le ciel, regarde dans ton propre sein et vois quelles grâces il y a opérées en toi . — FULLER .

Pourtant, la petite voix intérieure murmure toujours, entendue à travers le silence du gain et le vacarme de la gloire ; Quel que soit le credo enseigné ou la terre foulée, la conscience de l'homme est l'oracle de Dieu ! — Byron.

Le monde ne connaîtra jamais aucun ordre ni aucune tranquillité tant que les hommes ne seront pas fermement convaincus que la conscience, l'honneur et le crédit sont tous dans un même intérêt ; et que sans le concours des premiers, les seconds ne sont que des impositions sur nous-mêmes et sur les autres . — STEELE .

Contentement. — Pour garantir un esprit satisfait, mesurez vos désirs par votre fortune, et non votre fortune par vos désirs. — JEREMY TAYLOR .

J'insiste pour ne pas supporter d'emprise hautaine ; Je ne souhaite pas plus que ce qui peut suffire : je ne fais que ce que je peux bien, Regardez ce qui me manque, mon esprit me le fournit ; Voici , ainsi je triomphe comme un roi, Mon esprit se contente de tout. — Byrd.

Profitez de votre vie sans la comparer à celle d' un autre . — CONDORCET .

Se contenter de peu est difficile ; se contenter de beaucoup, c'est impossible. — MARIE EBNER-ESCHENBACH .

Mon Dieu, ne me donne ni pauvreté ni richesse ; mais quelle que soit votre volonté de donner, donnez-moi avec cela un cœur qui sait humblement acquiescer à quelle est votre volonté . — GOTTHOLD .

Celui qui est satisfait de ce qu'il a fait ne deviendra jamais célèbre pour ce qu'il fera. Il s'est couché pour mourir. L'herbe pousse déjà sur lui. — BOVEE .

Le contentement est une perle de grand prix, et celui qui l'obtient aux dépens de dix mille désirs fait un achat sage et heureux. — BALGUY .

Si les hommes savaient quelle félicité habite la chaumière d'un homme pieux, combien il dort profondément, combien son repos est paisible, combien son esprit est calme, combien libre de soucis, combien sa position est facile, combien sa bouche est humide, combien son cœur est joyeux, ils Je n'admirerais jamais les bruits, les maladies, les foules de passions et la violence des appétits contre nature qui remplissent la maison des luxueux et le cœur des ambitieux . — JEREMY TAYLOR .

Celui qui se contente du moins est le plus riche ; car le contenu est la richesse de la nature. — SOCRATE .

Pauvre et content, il est riche et assez riche ; Mais les richesses, sans fin , sont aussi pauvres que l'hiver, Pour celui qui craint toujours d'être pauvre. —Shakespeare.

Apprenez à vous contenter de tout, de la richesse dans la mesure où elle nous rend utile aux autres ; avec la pauvreté, pour ne pas avoir grand-chose à prendre en charge ; et avec obscurité, parce qu'il n'est pas envié. — PLUTARQUE .

Il est juste de se contenter de ce que nous avons, mais jamais de ce que nous sommes. — SIR JAMES MACKINTOSH .

Sans contenu, il nous sera presque aussi difficile de plaire aux autres qu'à nous-mêmes. — GREVILLE .

Le véritable contentement ne dépend pas de ce que nous avons ; une baignoire était assez grande pour Diogène, mais un monde était trop petit pour Alexandre. — COLTON .

Content de la pauvreté, j'arme mon âme ; Et la vertu, même en haillons, me tiendra chaud. —Dryden.

Si nous ne trouvons pas le repos en nous-mêmes, il est vain de le chercher ailleurs . — OSÉE BALLOU .

possède le meilleur contentement.— SPENSER .

J'ai appris, quel que soit l'état dans lequel je me trouve, à m'en contenter. — PHILIPPIENS 4 :11 .

Conversation. — Le cœur de la conversation ne consiste pas à montrer vos propres connaissances supérieures sur des questions de peu d'importance, mais à élargir, améliorer et corriger les informations que vous possédez par l'autorité d'autrui . — SIR WALTER SCOTT .

Il y a trois choses dans le discours qui doivent être considérées avant que certaines choses ne soient prononcées : la manière, le lieu et l' heure. — SOUTHEY .

Le secret de la fatigue, c'est de dire tout ce qu'on peut dire sur le sujet. — VOLTAIRE .

Parlez peu et bien si vous voulez être considéré comme possédant du mérite. — DU FRANÇAIS .

Moins les hommes pensent, plus ils parlent. — MONTESQUIEU .

Celui qui assiste assidûment, demande avec insistance, parle calmement, répond froidement et s'arrête lorsqu'il n'a plus rien à dire, est en possession de certaines des meilleures exigences de l'homme . — LAVATER .

Entre ceux qui, par ruse, entendent tout et parlent peu, veillez à parler moins ; ou s'il faut parler, dites peu. —LA BRUYÈRE .

Non seulement dire la bonne chose au bon endroit, mais, bien plus difficile encore, ne pas dire la mauvaise chose au moment tentant. — GA SALA .

Lorsque nous sommes en compagnie d'hommes sensés, nous devons doublement nous garder de trop parler, de peur de perdre deux bonnes choses, leur bonne opinion et notre propre amélioration ; car ce que nous avons à dire, nous le savons, mais ce qu'ils ont à dire, nous ne le savons pas . — COLTON .

Ne tenez jamais personne par le bouton ou la main pour se faire entendre ; car si les gens ne veulent pas vous entendre, vous feriez mieux de tenir votre langue qu'eux. — CHESTERFIELD .

Il y a bien parler, parler facilement, parler justement et parler à propos : c'est offenser les derniers que de parler de divertissements devant les indigents ; des membres sains et de la santé avant les infirmes ; des maisons et des terres devant celui qui n'a pas même une habitation ; en un mot, parler de votre prospérité devant les misérables ; cette conversation est cruelle, et la comparaison qui s'élève naturellement en eux entre leur condition et la vôtre est atroce. — LA BRUYÈRE .

Les égoïstes ne peuvent pas converser, ils ne parlent qu'à eux- mêmes. — A. BRONSON ALCOTT.

L'extrême plaisir que nous prenons à parler de nous-mêmes doit nous faire craindre de donner bien peu à ceux qui nous écoutent. — La ROCHEFOUCAULD.

Beaucoup peuvent discuter, peu de converser. — A. BRONSON ALCOTT.

Une chose qui fait qu'on trouve si peu de gens qui paraissent raisonnables et agréables dans la conversation, c'est qu'il n'y a presque personne qui ne pense plus à ce qu'il va dire qu'à répondre précisément à ce qu'on lui dit. - La ROCHEFOUCAULD.

Le premier ingrédient de la conversation est la vérité, le deuxième le bon sens, le troisième la bonne humeur et le quatrième l'esprit.

C'est un secret connu de peu de personnes, et pourtant non négligeable dans la conduite de la vie, que lorsque vous vous lancez dans la conversation d'un homme, la première chose à considérer est de savoir s'il a une plus grande inclination à vous entendre, ou si vous devrait l' entendre.— STEELE.

Dans toute ma vie, je n'ai connu que dix ou douze personnes avec qui il était agréable de parler, *c'est-à-dire* qui s'en tiennent au sujet, ne se répètent pas et ne parlent pas d'elles-mêmes ; des hommes qui n'écoutent pas leur propre voix, qui sont assez cultivés pour ne pas se perdre dans les lieux communs, et enfin qui possèdent assez de tact et de bon goût pour ne pas élever leur propre personne au-dessus de leurs sujets . — METTERNICH.

Conseil. — Je peux plus facilement enseigner à vingt ce qu'il est bon de faire, que d'être l'un des vingt à suivre mon propre enseignement. — SHAKESPEARE.

La meilleure recette, la meilleure à travailler et la meilleure à prendre, est l'avertissement d'un ami. — BACON.

Consultez votre ami sur toutes choses, surtout sur celles qui vous respectent. Ses conseils peuvent alors être utiles, là où votre propre amour-propre pourrait altérer votre jugement. — SÉNÈQUE.

Qu'aucun homme n'apprécie à peu de prix les conseils d'une femme vertueuse. — GEORGE CHAPMAN.

Courage. — La conscience de chaque homme reconnaît le courage comme le fondement de la virilité et la virilité comme la perfection du caractère humain. — THOMAS HUGHES.

Se battre quand l'espoir est banni ! Vivre quand le sel de la vie est parti ! Habiter un rêve disparu ! Endurer et avancer sereinement !

L'homme courageux n'est pas celui qui ne ressent aucune peur, car cela serait stupide et irrationnel ; Mais lui, dont la crainte soumet la noble âme, Et ose courageusement le danger devant lequel la nature recule. —Joanna Baillie.

homme vaillant ne doit pas subir ou tenter un danger, mais dignement et par des voies choisies ; Il entreprend par la raison et non par hasard. —Ben Jonson.

Le vrai courage est calme et calme. Les hommes les plus courageux ont la moindre insolence d'intimidation brutale, et au moment même du danger se trouvent les plus sereins et les plus libres. La rage, nous le savons, peut amener un lâche à s'oublier et à se battre. Mais ce qui est fait dans la fureur ou la colère ne peut jamais être imputé au courage. — SHAFTESBURY .

Beaucoup de danger rend les grands cœurs plus résolus. — MARSTON .

Le courage ne consiste pas à ignorer aveuglément le danger, mais à le voir et à le vaincre. — RICHTER .

Le plus vrai courage est toujours mêlé de circonspection ; c'est la qualité qui distingue le courage du sage de la hardiesse de l'téméraire et de l'insensé. — JONES DE NAYLAND .

Le courage physique, qui méprise tout danger, rendra un homme courageux dans un sens ; et le courage moral, qui méprise toute opinion, rendra un homme courageux chez un autre. Le premier semblerait le plus nécessaire au camp, le second au conseil ; mais pour constituer un grand homme, les deux sont nécessaires . — COLTON .

Celui qui perd des richesses perd beaucoup ; celui qui perd un ami en perd davantage ; mais celui qui perd son courage perd tout. — CERVANTES .

Cour. — Tout homme devrait être amoureux quelques fois dans sa vie et avoir une vive crise de fièvre. Vous vous en portez mieux quand c'est fini : mieux c'est pour votre malheur, si vous le supportez avec un cœur viril ; combien mieux pour le succès, si vous le gagnez et une bonne épouse par-dessus le marché ! — THACKERAY .

Les hommes rêvent pendant la cour, mais après le mariage ! — PAPE .

Avec des femmes qui valent la peine d'être conquises, c'est l' amant le plus doux qui réussit le mieux. -Colline.

La partie la plus agréable de la vie d'un homme est généralement celle qui se passe dans la cour, pourvu que sa passion soit sincère et que la personne aimée soit discrète. L'amour, le désir, l'espoir, toutes les émotions agréables de l'âme se lèvent à la poursuite . — ADDISON .

Comment cet excellent mystère, la vie conjugale, irradierait-il le monde de ses influences bénies, si les impulsions généreuses et les sentiments de cour se perpétuaient dans toute leur plénitude exubérante pendant la suite du mariage ! — FREDERIC SAUNDERS .

Les amants rejetés ne doivent jamais désespérer ! Il y a vingt-quatre heures dans une journée, et pas un moment sur vingt-quatre où une femme ne puisse changer d' avis. — DE FINOD .

La parade nuptiale consiste en un certain nombre d'attentions discrètes, ni pointues au point d'alarmer, ni si vagues qu'elles ne soient pas comprises. — STERNE .

La convoitise. — La convoitise, comme une bougie mal faite, étouffe la splendeur d'une fortune heureuse dans sa propre graisse. — F. OSBORN .

Le seul exemple de pécheur désespéré laissé dans le Nouveau Testament est celui d'un Judas perfide et avare.

Celui qui convoite celui d' un autre perd à juste titre ses propres biens. — PHÈDRE .

La convoitise, qui est de l'idolâtrie. — COLOSSIENS 3 :5 .

concentre plus complètement les affections d'un homme en lui-même et exclut tous les autres d'y participer, que le désir d'accumuler des possessions. Une fois que le désir s'est emparé du cœur, il exclut toutes les autres considérations, sauf celles qui pourraient favoriser ses vues. Dans son zèle pour atteindre son but, elle n'est pas délicate dans le choix des moyens. De même qu'il ferme le cœur, il obscurcit également l'intelligence. Il ne peut pas discerner entre le bien et le mal ; il prend le mal pour le bien et le bien pour le mal ; elle appelle les ténèbres lumière et la lumière ténèbres. Méfiez-vous donc du début de la convoitise, car vous ne savez pas où elle finira. — MGR MANT .

L'avare vit comme si le monde était fait entièrement pour lui, et non lui pour le monde ; tout prendre et se séparer de rien. — SUD .

Les hommes cupides sont des insensés, des misérables, des buses, des fous, qui vivent seuls, dans un perpétuel esclavage, dans la peur, la suspicion, le chagrin, le mécontentement, avec plus de fiel que de miel dans leurs jouissances ; qui sont plutôt possédés par leur argent que possesseurs de celui-ci. — BURTON .

Pourquoi sommes-nous si aveugles ? Ce que nous améliorons, nous l'avons, ce que nous thésaurons n'est pas pour nous. — MADAME DELUZY .

Si l'argent n'est pas ton serviteur, il sera ton maître. On ne peut pas dire que l'homme cupide possède des richesses, comme on peut dire qu'il le possède. — BACON .

Ceux qui ne donnent pas jusqu'à leur mort montrent qu'ils ne le feraient pas alors s'ils pouvaient le garder plus longtemps. — Bishop HALL .

Critique. — Celui dont la première émotion, face à une excellente production, est de la sous-évaluer, n'aura jamais le sien à montrer. — AIKEN .

Ni l'éloge ni le blâme ne font l'objet d'une véritable critique. Discriminer justement, établir fermement, prescrire sagement et attribuer honnêtement, tels sont les véritables buts et devoirs de la critique . — SIMMS .

La censure et la critique n'ont jamais fait de mal à personne. S'ils sont faux, ils ne peuvent pas vous faire de mal, sauf si vous manquez de caractère viril ; et si c'est vrai, ils montrent à un homme ses points faibles et le mettent en garde contre l'échec et les ennuis. — GLADSTONE .

Il est facile de critiquer un auteur, mais il est difficile de l' apprécier. — VAUVENARGUES .

Il est beaucoup plus facile d'être critique que d'avoir raison.— BEACONSFIELD .

Il y a un certain esprit intrusif qui, sous couvert de savantes recherches, va fouiller les traces de l'histoire, démolir ses monuments, gâcher et mutiler ses plus beaux trophées. Il faut prendre soin de justifier les grands noms d'une érudition aussi pernicieuse. — WASHINGTON IRVING .

Celui qui reprocherait à un auteur son obscurité devrait examiner son propre esprit pour voir si cela y est bien clair. Au crépuscule, l'écriture la plus claire est illisible. — GOETHE .

Un homme doit purger sa peine pour chaque commerce, sauf la censure; les critiques sont toutes toutes faites.

Rusé. — Dans une grande entreprise, il n'y a rien de plus fatal qu'une gestion rusée. — JUNIUS .

La ruse mène à la fourberie ; il n'y a qu'un pas de l'un à l'autre, et cela est très glissant ; mentir ne fait que la différence ; ajoutez cela à la ruse, et c'est de la fourberie. — LA BRUYÈRE .

La ruse est l'art de cacher nos propres défauts et de découvrir les faiblesses des autres. — HAZLITT .

Un homme rusé n'en va pas autant que lui-même . — BEECHER .

Les animaux à qui la nature a donné la faculté que nous appelons la ruse savent toujours quand s'en servir, et s'en servent avec sagesse ; mais quand l'homme descend à la ruse, il fait des erreurs et trahit. — THOMAS PAINE .

Le moyen le plus sûr de se soumettre à la tromperie, c'est de se croire plus rusé que les autres . — LA ROCHEFOUCAULD .

La mort. — Le doigt de Dieu l' a touché et il s'est endormi. — TENNYSON .

Mais non! ce regard n'est pas le dernier ; Nous pouvons encore nous rencontrer là où habitent les séraphins, où l'amour ne déplore plus le passé, et ne souffle plus ce mot flétrissant : Adieu ! —Peabody.

Comme il est beau pour un homme de mourir sur les murs de Sion ! être appelé comme une sentinelle usée et fatiguée, pour retirer son armure et reposer au paradis. — NP WILLIS .

J'ai regardé, et voici un cheval pâle ; et le nom qui était assis sur lui était Mort. — APOCALYPSE 6:8 .

Lorsque nous voyons nos ennemis et nos amis s'éloigner devant nous, n'oublions pas que nous sommes soumis à la loi générale de la mortalité et que nous serons bientôt là où notre destin sera fixé pour toujours . — DR JOHNSON .

J'ai vu ceux qui sont parvenus à une contemplation intrépide de l'avenir, par foi dans la doctrine qu'enseigne notre religion. De tels hommes étaient non seulement calmes et soutenus, mais joyeux à l'heure de la mort ; et je n'ai jamais quitté une chambre aussi malade sans l'espoir que ma fin finale pourrait être comme la leur . — SIR HENRY HALFORD .

On peut vivre en conquérant, en roi ou en magistrat ; mais il doit mourir en tant qu'homme. Le lit de la mort ramène chaque être humain à sa pure individualité ; à la contemplation intense de la relation la plus profonde et la plus solennelle de toutes, la relation entre la créature et son Créateur. C'est ici que la gloire et la renommée ne peuvent nous aider ; que toutes les choses extérieures ne doivent pas nous aider ; que même les amis, l'affection, l'amour et le dévouement humains ne peuvent pas nous secourir. — WEBSTER .

Il n'y a pas de mort. Ce que nous appelons la mort n'est qu'un autre nom, plus triste, pour la vie. — Stoddard.

Mourir , — dormir, — Pas plus ; — et par un sommeil dire que nous mettons fin aux douleurs du cœur et aux mille secousses naturelles dont la chair est héritière. —Shakespeare.

Tout ce que la nature a prescrit doit être bon ; et comme la mort nous est naturelle, il est absurde de la craindre. La peur perd son sens lorsque nous sommes sûrs qu'elle ne peut pas nous préserver, et nous devons prendre la résolution d'y faire face, de l'impossibilité d' y échapper. — STEELE .

Il n'y a rien de certain dans la vie de l'homme si ce n'est qu'il doit la perdre. — OWEN MEREDITH .

La mort vole les riches et soulage les pauvres . — JL BASFORD .

La mort est la libératrice de celui que la liberté ne peut libérer, la médecin de celui que la médecine ne peut guérir et la consolatrice de celui que le temps ne peut consoler . — COLTON .

La mort, ainsi appelée, est une chose qui fait pleurer les hommes, et pourtant un tiers de la vie se passe dans le sommeil. — Byron.

Le plus beau jour de la vie est celui où on la quitte. — FRÉDÉRIC LE GRAND .

La mort est délicieuse. La mort est l'aube — Le réveil d'une nuit lasse Des fièvres vers la vérité et la lumière. —Joaquín Miller.

L'heure cachée et la peur si lointaine, La mort se rapproche encore, sans jamais paraître proche. -Le pape.

Tout ce qui vit doit mourir, Traversant la nature vers l'éternité. — Shakespeare.

La mort nous donne le sommeil, la jeunesse éternelle et l'immortalité. — RICHTER .

Vous ne devez ni craindre ni souhaiter votre dernier jour . — MARTIAL .

Aucun homme ne sait qu'il doit mourir ; il sait que, quelle que soit la partie du monde où il réside, quelles que soient ses circonstances, quelle que soit la force de son emprise actuelle sur la vie, même si il ressemble à une proie de la mort, sa destinée ultime est DE mourir .

Ce n'est en aucun cas un fait que la mort soit le pire de tous les maux ; quand il vient, c'est un soulagement pour les mortels épuisés par les souffrances. — METASTASIO .

Dieu donne enfin la tranquillité. — WHITTIER .

La mort a dix mille portes différentes pour que les hommes puissent sortir. —John Webster.

La mort aura son jour.— SHAKESPEARE .

La mort ne vient qu'une fois.— BEAUMONT ET FLETCHER .

Ce n'est pas moi qui meurs, quand je meurs, mais mon péché et ma misère.
— GOTTHOLD .

La mort est la couronne de la vie.— JEUNE .

Vivez donc, afin que, lorsque votre appel vient rejoindre la caravane
innombrable, qui se déplace vers ce royaume mystérieux, où chacun
prendra sa chambre dans les salles silencieuses de la mort, vous n'allez pas,
comme l'esclave de carrière la nuit, flagellé vers son donjon; mais soutenu
et apaisé par une confiance inébranlable, approche-toi de ta tombe, comme
quelqu'un qui tire les draperies de son lit autour de lui et se couche pour
des rêves agréables. —Bryant.

Dette. — Qui emprunte, emprunte , s'afflige. — TUSSER .

Les créanciers ont une meilleure mémoire que les débiteurs ; et les créanciers
sont une secte superstitieuse, de grands observateurs de jours et d'heures
fixes. — FRANKLIN .

L'homme risque la condition et perd les vertus de l'homme libre, dans la
mesure où il habitue ses pensées à considérer sans angoisse ni honte sa chute
dans l'esclavage du débiteur . — LYTTON .

Le paiement des dettes est, après la grâce de Dieu, le meilleur moyen au
monde de vous délivrer de mille tentations du péché et de la vanité . —
DELANY .

Ne vous endettez pas, ni pour les marchandises vendues, ni pour l'argent
emprunté ; contentez-vous de vouloir des choses qui ne sont pas d'une
nécessité absolue, plutôt que de faire monter le score. — SIR M. HALE .

La dette est la pire pauvreté. — MG LICHTWER .

Délicatesse. — La délicatesse est la véritable teinte de la vertu. —
MARGUERITE DE VALOIS .

Beaucoup de choses sont trop délicates pour être pensées ; beaucoup
d'autres, à parler. — NOVALIS .

Une apparence de délicatesse est inséparable de la douceur et de la douceur
de caractère. — MME SIGOURNEY .

La vraie délicatesse, cette plus belle feuille de cœur de l'humanité, se
manifeste de manière plus significative dans les petites choses . — MARY
HOWITT .

La délicatesse est aux affections ce que la grâce est à la beauté. — DEGERANDO .

Les hommes faibles tirent souvent du principe même de leur faiblesse une certaine susceptibilité, une certaine délicatesse et un certain goût qui les rendent, sous ce rapport, bien supérieurs aux hommes d'esprit plus fort et plus conséquent, qui se moquent d' eux . — GREVILLE .

La délicatesse est à l'esprit ce que le parfum est au fruit . — ACHILLE POINCELOT .

Illusion. — Les illusions, comme les rêves, sont dissipées par notre éveil aux dures réalités de la vie. — ARC DALLAS .

Aucun homme n'est heureux sans une sorte d'illusion. Les idées fausses sont aussi nécessaires à notre bonheur que les réalités. — BOVEE .

Nous vivons toujours dans une certaine illusion, et au lieu de prendre les choses telles qu'elles sont et d'en tirer le meilleur parti, nous suivons un ignis fatuus et perdons, dans sa poursuite, la joie que nous pourrions atteindre . — JAMES ELLIS .

Désespoir. — Il est impossible pour cet homme de désespérer qui se souvient que son Aide est tout-puissant. — JEREMY TAYLOR .

Le désespoir est la conclusion des imbéciles.— BEACONSFIELD .

Celui qui désespère mesure la Providence selon son propre petit modèle contractuel. — SUD .

Le désespoir est l'infidélité et la mort. — WHITTIER .

Le désespoir fait une figure méprisable et descend d'un original méchant. C'est le fruit de la peur, de la paresse et de l'impatience ; cela fait valoir un défaut d'esprit et de résolution, et souvent aussi d'honnêteté. Je ne désespérerais pas, si je ne voyais le malheur inscrit dans le livre du destin, signé et scellé par la nécessité . — COLLIER .

Là où le Christ apporte sa croix, il apporte sa présence ; et là où Il est, personne n'est désolé, et il n'y a pas de place pour le désespoir . — MME BROWNING .

C'est l'homme vraiment courageux qui ne se décourage jamais. — CONFUCIUS .

La religion convertit le désespoir, qui détruit, en résignation, qui soumet. — LADY BLESSINGTON .

Terrible est leur sort, ceux que le doute a poussés à censurer le sort et à renoncer à l'espoir pieux. —Battie.

Régime. — Un régime simple est préférable. — PLINE .

Les choses sucrées au goût se révèlent aigres dans la digestion. — SHAKESPEARE .

En général, l'humanité, depuis le progrès de la cuisine, mange environ deux fois plus que ce que la nature lui demande. — FRANKLIN .

Des difficultés. — Les difficultés fortifient l'esprit, ainsi que le travail le corps. — SÉNÈQUE .

Il n'y a pas de mérite là où il n'y a pas de procès ; et, jusqu'à ce que l'expérience marque la force, les lâches peuvent passer pour des héros, la foi pour le mensonge. — AARON HILL .

Les difficultés sont les missions de Dieu ; et lorsque nous sommes envoyés vers eux, nous devrions considérer cela comme une preuve de la confiance de Dieu — comme un compliment de Dieu. — BEECHER .

Ce sont les difficultés qui donnent naissance aux miracles. — RÉVÉREND DR SHARPE .

Qu'est-ce que la difficulté ? Seulement un mot indiquant le degré de force requis pour accomplir des objets particuliers ; un simple avis de la nécessité d'un effort; un épouvantail pour les enfants et les imbéciles ; seulement un simple stimulus pour les hommes. — SAMUEL WARREN .

La difficulté est un instructeur sévère, placé sur nous par l'ordonnance suprême d'un tuteur et d'un législateur paternel, qui nous connaît mieux que nous-mêmes, comme il nous aime mieux aussi. Celui qui lutte avec nous fortifie nos nerfs et aiguise notre habileté. Notre antagoniste est notre aide.— BURKE .

Rares sont les difficultés qui résistent aux attaques réelles ; ils volent, comme l'horizon visible, devant ceux qui avancent.

Discipline. — Pas de douleur, pas de paume ; pas d'épines, pas de trône ; pas de fiel, pas de gloire ; pas de croix, pas de couronne.— WILLIAM PENN .

Aucune mauvaise propension du cœur humain n'est si puissante qu'elle ne puisse être maîtrisée par la discipline . — SÉNÈQUE .

Discorde. — Notre vie est pleine de discorde ; mais par la patience et la vertu, cette même discorde peut être transformée en harmonie. — JAMES ELLIS .

Les artisans de paix seront appelés fils de Dieu, venus établir la paix entre Dieu et l'homme. Comment donc appelleront les semeurs de discorde, sinon les enfants du diable ? Et que doivent-ils chercher sinon la part de leur père ? — SAINT BERNARD .

Discrétion. — Souvenez-vous du dicton divin : Celui qui garde sa bouche garde sa vie . — SIR WALTER RALEIGH .

Il existe bien d'autres qualités brillantes dans l'esprit de l'homme, mais aucune n'est aussi utile que la discrétion . — ADDISON .

La discrétion dans le discours est plus que l'éloquence. — BACON .

La discrétion et la vaillance sont les jumeaux de l'honneur. — BEAUMONT ET FLETCHER .

La meilleure partie de la valeur est la discrétion. — SHAKESPEARE .

La discrétion est plus nécessaire aux femmes que l'éloquence, parce qu'elles ont moins de peine à bien parler que de parler peu. — PÈRE DU BOSC .

Apprenons-nous cet arrêt honorable pour ne pas surpasser la discrétion. — Shakespeare.

La discrétion est la perfection de la raison et un guide pour remporter tous les devoirs de la vie . — ADDISON .

Une grande capacité sans discrétion aboutit presque invariablement à une fin tragique. — GAMBETTA .

Dissimulation. — La dissimulation, même la plus innocente dans sa nature, est toujours source d'embarras ; que le dessein soit mauvais ou non, l'artifice est toujours dangereux et presque inévitablement honteux . — LA BRUYÈRE .

Robe. — En matière de tenue vestimentaire, les gens doivent toujours se tenir au-dessous de leurs capacités. — MONTESQUIEU .

Ceux qui sont incapables de briller autrement que par leur tenue feraient bien de considérer que le contraste entre eux et leurs vêtements tourne à leur désavantage. — SHENSTONE .

Et pourquoi prends-tu la pensée pour les vêtements? Considérez les lis des champs, comment ils poussent : ils ne travaillent ni ne filent. — Matthieu 6 :28 .

Une majorité de femmes semblent se considérer envoyées au monde dans le seul but d'exposer des produits secs ; et ce n'est que lorsqu'ils jouent le rôle d'un bloc de modiste animé qu'ils ont le sentiment d'accomplir leur mission appropriée. — ABBA GOOLD WOOLSON .

Aucun homme n'est estimé pour ses vêtements gais, sauf par les imbéciles et les femmes . — SIR WALTER RALEIGH .

Ceux qui pensent que pour bien s'habiller, il faut s'habiller de manière extravagante ou grandiose commettent une grave erreur. Rien ne devient aussi bien la vraie beauté féminine que la simplicité . — GEORGE D. PRENTICE .

Ton habitude est aussi coûteuse que ta bourse peut l'acheter, mais elle n'est pas exprimée en fantaisie ; riche, pas criard ; car l'habillement proclame souvent l' homme. — SHAKESPEARE .

Aucun vrai bonheur ne se trouve dans le violet qui traîne sur le sol. — Parnel.

Si une femme allait procéder à son exécution, elle demanderait un peu de temps pour parfaire sa toilette. — CHAMFORT .

Les hommes de qualité ne paraissent jamais plus aimables que lorsque leur tenue est simple. Leur naissance, leur rang, leur titre et ses appendices sont pour le moins odieux ; et comme ils n'ont pas besoin de l'aide de l'habillement, ainsi, en en refusant l'avantage, ils font asseoir leur supériorité plus facilement. — SHENSTONE .

On sait qu'un vêtement ample et facile contribue beaucoup à donner aux deux sexes ces belles proportions de corps qui se remarquent dans les statues grecques et qui servent de modèles à nos artistes actuels. — ROUSSEAU .

Dès qu'une femme commence à s'habiller « bruyamment », ses manières et sa conversation participent du même élément . — HALIBURTON .

La tenue vestimentaire a un effet moral sur la conduite de l'humanité. Qu'un gentleman se retrouve avec des bottes sales, un vieux surtout, une cravate sale et une négligence générale en matière de tenue vestimentaire, il trouvera selon toute probabilité une disposition correspondante par négligence d' *adresse* . — SIR JONAH BARRINGTON .

 Nous sacrifions pour nous habiller, jusqu'à ce que les joies et le confort du foyer cessent. La robe assèche notre cave et garde notre garde-manger propre ; éteint nos feux, et introduit la faim, le gel et le malheur, là où la paix et l'hospitalité pourraient régner.

La tenue vestimentaire change les mœurs. — VOLTAIRE .

Boire. — Malheur à ceux qui se lèvent de bon matin pour suivre les boissons fortes. — ÉSAÏE 5 : 11 .

Tout excès est mauvais, mais l'ivresse est de la pire espèce. Cela gâte la santé, démonte l'esprit et détruit l'homme. Il révèle des secrets, est querelleur, lascif, impudent, dangereux et fou. Celui qui est ivre n'est pas un homme, parce qu'il est, depuis si longtemps, dépourvu de la raison qui distingue un homme d'une bête . — WILLIAM PENN .

Certains des maux domestiques de l'ivresse sont des maisons sans fenêtres, des jardins sans clôtures, des champs sans labourage, des granges sans toit, des enfants sans vêtements, sans principes, sans morale ou sans manières . — FRANKLIN .

L'ivresse est le vice d'une bonne constitution ou d'une mauvaise mémoire, d'une constitution si perfidement bonne qu'elle ne plie jamais jusqu'à se briser ; ou d'un souvenir qui se souvient des plaisirs de s'enivrer, mais oublie les douleurs de devenir sobre. — COLTON .

L'ivresse habituelle est la quintessence de chaque crime . — DOUGLAS JERROLD .

Ô esprit invisible du vin, si tu n'as pas de nom pour être connu, appelons-toi diable ! * * * O, que les hommes mettent un ennemi à leur bouche pour leur voler leur cervelle ; que nous devrions, avec joie, réjouissances, plaisir et applaudissements, nous transformer en bêtes ! — SHAKESPEARE .

Toute coupe démesurée n'est pas bénie , et l'ingrédient est un diable. — SHAKESPEARE .

Il vaudrait mieux pour un homme être soumis à n'importe quel vice plutôt qu'à l'ivresse : car toutes les autres vanités et péchés sont recouvrés, mais un ivrogne ne se débarrassera jamais du délice de la bestialité . — SIR WALTER RALEIGH .

L'homme a des qualités mauvaises aussi bien que bonnes qui lui sont propres. L'ivresse le place autant au-dessous du niveau des brutes que la raison l'élève au-dessus d'elles . — SIR G. SINCLAIR .

De tous les vices, prenez garde à l'ivresse ; les autres vices ne sont que les fruits d'affections désordonnées ; ce désordre bannit même la raison ; les autres vices ne font qu'altérer l'âme, ce qui détruit ses deux principales facultés, l'entendement et la volonté ; d'autres vices font leur propre chemin : cela fait place à tous les vices ; celui qui est ivrogne est qualifié pour tous les vices. — QUARLES .

Il n'y a pratiquement aucun crime devant moi qui ne soit causé directement ou indirectement par des boissons fortes. — JUGE COLERIDGE .

Méfie-toi de l'ivresse, de peur que tous les hommes de bien ne se méfient de toi ; là où règne l'ivresse, la raison est un exil, la vertu un étranger, Dieu un ennemi ; le blasphème est de l'esprit, les serments sont de la rhétorique et les secrets sont des proclamations . — QUARLES .

Devoir. — Le devoir pousse partout, comme les enfants, comme l'herbe. — EMERSON .

Périssez la discrétion lorsqu'elle interfère avec le devoir. — HANNAH MORE .

Les habitants de ce pays ont montré par les plus hautes preuves que la nature humaine peut donner, que partout où mène le chemin du devoir et de l'honneur, aussi escarpé et accidenté qu'il soit, ils sont prêts à l'emprunter . — JAMES A. GARFIELD .

La vraie manière de se rendre heureux, c'est d'aimer son devoir et d'y trouver notre plaisir . DE MOTTEVILLE .

Que celui qui tâtonne péniblement dans l'obscurité ou dans une lumière incertaine, et prie avec véhémence pour que l'aube mûrisse en jour, prenne bien à cœur ce précepte : « Fais le devoir qui est le plus proche de toi », que tu sais être un devoir ! Ton deuxième devoir sera déjà devenu plus clair. — CARLYLE .

Craignez Dieu et gardez ses commandements : car c'est tout le devoir de l'homme. — ECCLÉSIASTE 12 :13 .

Aussi banal que cela puisse paraître, cet accomplissement de son devoir incarne l'idéal le plus élevé de vie et de caractère. Il n'y a peut-être rien d'héroïque là-dedans ; mais le sort commun des hommes n'est pas héroïque. — SAMUEL SOURIT .

Qui échappe à un devoir évite un gain. — THEODORE PARKER .

Faisons notre devoir dans notre magasin ou notre cuisine, au marché, dans la rue, au bureau, à l'école, à la maison, aussi fidèlement que si nous étions au premier rang d'une grande bataille, et que nous savions que la victoire de l'humanité dépendait de notre courage, de notre force et de nos compétences. Lorsque nous ferons cela, les plus humbles d'entre nous serviront dans cette grande armée qui assure le bien-être du monde . — THEODORE PARKER .

Dans toute profession, les tâches quotidiennes et communes sont les plus utiles.

Laissez les hommes rire lorsque vous sacrifiez le désir au devoir, s'ils le veulent. Vous avez le temps et l'éternité pour vous réjouir. — THEODORE PARKER .

Ne vous laissez pas distraire de votre devoir par les vaines réflexions que le monde stupide pourrait faire sur vous, car leurs censures ne sont pas en votre pouvoir et ne devraient par conséquent pas faire partie de vos préoccupations . — EPICTÈTE .

C'est ton devoir souvent de faire ce que tu ne voudrais pas ; ton devoir aussi, de laisser inachevé ce que tu voudrais faire. — THOMAS À KEMPIS .

Il n'y a aucun mal auquel nous ne pouvons ni faire face ni fuir sans que la conscience du devoir soit ignorée. Le sens du devoir nous poursuit toujours. Elle est omniprésente, comme la Divinité. Si nous prenons les ailes du matin et demeurons dans les extrémités des mers, le devoir accompli ou le devoir violé est toujours avec nous, pour notre bonheur ou notre malheur. Si nous disons que les ténèbres nous couvriront, dans les ténèbres comme dans la lumière, nos obligations sont encore avec nous. Nous ne pouvons pas échapper à leur pouvoir, ni fuir leur présence. Ils sont avec nous dans cette vie, seront avec nous à sa fin, et dans cette scène d'une solennité inconcevable qui se déroule encore plus loin, nous nous retrouverons encore entourés par la conscience du devoir, pour nous faire souffrir partout où il a été violé, et pour nous consoler dans la mesure où Dieu nous a donné la grâce de l' accomplir. — WEBSTER .

tôt . — Quiconque a goûté l'haleine du matin sait que les heures les plus vivifiantes et les plus délicieuses de la journée se passent ordinairement au lit ; bien que ce soit l'intention évidente de la nature que nous en jouissions et en profitions. — SOUTHEY .

rester dans un état si sombre plus longtemps que la nature ne le demande ? quand chaque muse Et chaque plaisir épanoui attend à l'extérieur, Pour bénir la promenade matinale sauvagement sournoise ? —Thomson.

La différence entre se lever à cinq heures et à sept heures du matin pendant quarante ans, en supposant qu'un homme se couche à la même heure le soir, équivaut presque à dix années supplémentaires dans la vie d'un homme. — DODDRIDGE .

J'aurais écrit sur les rideaux de votre lit et sur les murs de votre chambre : « Si vous ne vous levez pas tôt, vous ne pouvez progresser en rien. » — CHATHAM .

Quand on commence à se retourner dans le lit, il est temps de se lever. — WELLINGTON .

Rares sont ceux qui ont vécu jusqu'à un grand âge, et encore moins se sont distingués, qui n'avaient pas l'habitude de se lever tôt. — DR JOHN TODD .

A côté de la tempérance, d'une conscience tranquille, d'un esprit joyeux et d'habitudes actives, je place le lever tôt comme moyen de santé et de bonheur. — FLINT .

Ainsi nous améliorons les plaisirs de la journée, Tandis que les mortels insipides dorment leur temps. -Mme. Centlivre .

Aucun homme ne peut se promettre ne serait-ce que cinquante ans de vie, mais chacun peut, s'il le veut, vivre dans la proportion de cinquante ans sur quarante ; qu'il se lève tôt, afin d'avoir le jour devant lui, et qu'il fasse le la majeure partie de la journée, en décidant de la consacrer à deux sortes de connaissances seulement : celles par qui quelque chose peut être obtenu, et celles de qui quelque chose peut être appris. — COLTON .

Le célèbre Apollonius étant de très bonne heure à la porte de Vespasien, et le trouvant remuant, conjectura de là qu'il était digne de gouverner un empire, et dit à son compagnon : « Cet homme sera sûrement empereur, il est si tôt. » — CAUSSIN .

Le sérieux. — Sans sérieux, aucun homme n'est jamais grand ni ne fait de très grandes choses. Il peut être le plus intelligent des hommes, il peut être brillant, divertissant, populaire ; mais il voudra du poids. Aucun tableau émouvant n'a jamais été peint sans la profondeur de l'ombre. — PETER BAYNE .

Un homme est soulagé et gai quand il a mis tout son cœur dans son travail et fait de son mieux ; mais ce qu'il a dit ou fait autrement ne donnera aucune paix. — EMERSON .

La patience n'est qu'une faculté ; le sérieux le dévouement de toutes les facultés. Le sérieux est la cause de la patience ; il donne de l'endurance, surmonte la douleur, renforce la faiblesse, brave les dangers, soutient l'espoir, fait la lumière sur les difficultés et diminue le sentiment de lassitude à les surmonter. — BOVEE .

sérieux approfondi, ardent et sincère. — DICKENS .

Celui qui veut faire quelque chose de grand dans cette courte vie doit s'appliquer à l'œuvre avec une telle concentration de ses forces que les spectateurs oisifs, qui ne vivent que pour s'amuser, ressemblent à de la folie . — JOHN FOSTER .

Économie. — L'économie est une caisse d'épargne dans laquelle les hommes déposent des sous et reçoivent des dollars en retour. — HW SHAW .

L'économie représente la moitié de la bataille de la vie ; il n'est pas si difficile de gagner de l'argent que de bien le dépenser. — SPURGEON .

Que l'honnêteté et l'industrie soient vos compagnons constants et dépensez un centime de moins que vos gains évidents ; alors ta poche enveloppée de cuir commencera bientôt à prospérer et ne pleurera plus jamais avec le mal de ventre vide ; ni les créanciers ne t'insulteront, ni ne voudront t'opprimer, ni la faim ne te mordra, ni la nudité ne te gèlera . — FRANKLIN .

Celui qui, alors qu'il ne le devrait pas, dépense trop, aura, lorsqu'il ne le voudrait pas, trop peu à dépenser . — FELTHAM .

L'économie est la mère de l'intégrité, de la liberté et de l'aisance, et la belle sœur de la tempérance, de la gaieté et de la santé . — DR JOHNSON .

Méfiez-vous des petites dépenses ; une petite fuite fera couler un grand navire. — FRANKLIN .

Si vous savez dépenser moins que ce que vous obtenez, vous avez la pierre philosophale. — FRANKLIN .

Soyez économe, mais pas au prix de toute libéralité. Ayez l'âme d'un roi et la main d'un sage économiste. — JOUBERT .

Un centime économisé équivaut à deux pence clairs, une épingle par jour équivaut à une gran par an. —Franklin.

Les individus qui économisent de l'argent sont de meilleurs ouvriers ; s'ils ne font pas mieux le travail, ils se comportent mieux et sont plus respectables ; et j'aimerais mieux avoir dans mon métier cent hommes qui économisent de l'argent que deux cents qui dépenseraient chaque shilling qu'ils gagnent. Dans la mesure où les individus économisent un peu d'argent, leur moralité est bien meilleure ; ils épousent si peu, et on donne un ton supérieur à leur morale, et ils se comportent mieux en sachant qu'ils ont un petit intérêt dans la société.

Aucun homme n'est riche dont les dépenses dépassent ses moyens ; et personne n'est pauvre dont les revenus dépassent ses dépenses . — HALIBURTON .

Éducation. — Le véritable ordre de l'apprentissage devrait être d'abord ce qui est nécessaire ; deuxièmement, ce qui est utile, et troisièmement, ce qui est ornemental. Renverser cet arrangement, c'est comme commencer à construire au sommet de l' édifice. — MME SIGOURNEY .

Un père demande si son fils peut interpréter Homère, s'il comprend Horace et peut goûter Virgile ; mais combien rarement demande-t-il, examine-t-il ou réfléchit-il s'il peut contenir ses passions, — s'il est reconnaissant, généreux, humain, compatissant, juste et bienveillant . — LADY HERVEY .

Le monde n'est sauvé que par le souffle des écoliers. — Le TALMUD .

C'est l'école allemande qui détruisit Napoléon III. Depuis lors, la France fabrique des canons monstrueux et entraîne encore des soldats, mais elle construit également des écoles . — BEECHER .

Une éducation complète et généreuse permet à un homme d'accomplir avec justice, compétence et magnanimité toutes les fonctions de paix et de guerre . — MILTON .

La connaissance ne comprend pas tout ce que contient le grand terme d'éducation. Les sentiments doivent être disciplinés, les passions doivent être contenues ; des motifs vrais et dignes doivent être inspirés ; un sentiment religieux profond doit être inculqué et une moralité pure inculquée en toutes circonstances. Tout cela est compris dans l'éducation. — WEBSTER .

Ce n'est pas l'érudition seule, mais l'érudition imprégnée de religion, qui parle à la grande masse de la société. Nous n'avons aucune confiance dans l'efficacité des instituts de mécanique, ni même des écoles primaires et élémentaires, pour édifier une paysannerie vertueuse et bien conditionnée aussi longtemps qu'elle reste séparée des leçons de la piété chrétienne.

À moins que votre tonneau ne soit parfaitement propre, tout ce que vous y versez devient aigre . — HORACE .

La Prusse est grande parce que son peuple est intelligent. Ils connaissent l'alphabet. L'alphabet conquiert le monde.— GW CURTIS .

Après la liberté et la justice, vient ensuite l'éducation populaire, sans laquelle ni la justice ni la liberté ne peuvent être maintenues de manière permanente. —JAMES A. GARFIELD .

Il vaut mieux un garçon à naître que non instruit. — GASCOIGNE .

De la diffusion de l'éducation parmi le peuple repose la préservation et la perpétuation de nos institutions libres. — WEBSTER .

L'éducation commence dès les genoux de la mère, et chaque mot prononcé devant les petits enfants tend à la formation du caractère. Que les parents gardent cela à l'esprit. — OSÉE BALLOU .

Ne demandez pas si un homme a fait des études universitaires ; demandez si un collège est passé par lui ; s'il est une université ambulante. — CHAPIN .

Le but de l'éducation devrait être de nous apprendre plutôt comment penser que quoi penser, — plutôt d'améliorer notre esprit, afin de nous permettre de penser par nous-mêmes, plutôt que de charger la mémoire des pensées d'autres hommes . — BEATTIE .

Dans quelle vie sans limites l'éducation nous fait entrer. Chaque vérité acquise grâce à elle étend un instant de temps en un être illimité, élargit positivement notre existence et nous confère des qualités que le temps ne peut ni affaiblir ni détruire . — CHAPIN .

Tout ce qu'une université ou une école supérieure peut faire pour nous n'est encore que ce que la première école a commencé à faire : nous apprendre à lire. Nous apprenons à lire dans diverses langues, dans diverses sciences ; nous apprenons l'alphabet et les lettres de toutes sortes de livres. Mais le lieu où nous devons acquérir des connaissances, même théoriques, ce sont les livres eux-mêmes. Cela dépend de ce que nous lisons, après que toutes sortes de professeurs ont fait de leur mieux pour nous. La véritable université de nos jours est une collection de livres. — CARLYLE .

Si vous souffrez que votre peuple soit mal instruit et que ses mœurs soient corrompues dès son enfance, et que vous le punissez ensuite pour les crimes auxquels sa première éducation l'a disposé, vous faites d'abord des voleurs, puis vous les punissez. — SIR THOMAS MORE .

C'est cette éducation qui forme l' esprit commun, De même que la brindille est courbée, l'arbre est incliné. -Le pape.

Égotisme. — En résumé, un homme ne parle jamais de lui-même sans perte ; on croit toujours à ses accusations contre lui-même, jamais à ses louanges. — MONTAIGNE .

Soyez votre personnage comme il veut, cela se saura ; et personne ne le prendra sur parole. — CHESTERFIELD .

On préfère dire du mal de soi plutôt que de ne pas parler de soi du tout. — LA ROCHEFOUCAULD .

Il n'est jamais permis de dire, dis-je. — MADAME NECKER .

Plus vous parlez de vous, plus vous risquez de mentir. — ZIMMERMANN .

Quels hypocrites nous semblons être chaque fois que nous parlons de nous-mêmes ! Nos paroles semblent si humbles, tandis que nos cœurs sont si fiers. — LIÈVRE .

Plus on parle de soi, moins on aime entendre parler d'un autre. — LAVATER .

Souhaitez-vous que les hommes parlent en bien de vous ? Alors ne parlez jamais en bien de vous-même. — PASCAL .

Celui qui croit pouvoir trouver en lui-même les moyens de se passer des autres se trompe lourdement ; mais celui qui pense que les autres ne peuvent se passer de lui se trompe encore plus. — LA ROCHEFOUCAULD .

Éloquence. — Les harangues improvisées et orales auront toujours cet avantage sur celles qu'on lit sur un manuscrit ; chaque éclat d' éloquence ou étincelle de génie qu'ils peuvent contenir, si étudiés qu'ils aient été auparavant, apparaîtra au public comme l'effet de l'inspiration soudaine du talent. — COLTON .

La véritable éloquence consiste à dire tout ce qui est nécessaire et rien que ce qui est nécessaire . — LA ROCHEFOUCAULD .

En effet, la véritable éloquence ne consiste pas dans la parole. On ne peut pas l'amener de loin. Le travail et l'apprentissage peuvent travailler dur pour cela, mais ils travailleront en vain. Les mots et les phrases peuvent être organisés de toutes les manières, mais ils ne peuvent pas l'entourer. Il doit exister chez l'homme, dans le sujet et dans l' occasion . — WEBSTER .

Il y a autant d'éloquence dans le ton de la voix, dans les yeux et dans l'air de celui qui parle, que dans le choix de ses mots. — LA ROCHEFOUCAULD .

Emploi. — La vie languira souvent, même entre les mains de ceux qui sont occupés, s'ils n'ont pas un emploi subsidiaire à celui qui constitue leur activité principale. — BLAIR .

La rouille pourrit l'acier qui utilise des conserves.— LYTTON .

L'indolence est la stagnation ; l'emploi, c'est la vie. — SÉNÈQUE .

Le diable ne tente pas les gens qu'il trouve convenablement employés. — JEREMY TAYLOR .

Le travail, que Galien appelle « le médecin de la nature », est si essentiel au bonheur humain que l'indolence est à juste titre considérée comme la mère de la misère . — BURTON .

Enthousiasme. — L'enthousiasme est la hauteur de l'homme ; c'est le passage de l'humain au divin. — EMERSON .

Toute production de génie doit être une production d' enthousiasme. — BEACONSFIELD .

Reconnaissons la beauté et la puissance du véritable enthousiasme ; et quoi que nous puissions faire pour nous éclairer nous-mêmes et éclairer les autres, évitez de vérifier ou de refroidir un seul sentiment sérieux. — TUCKERMAN .

Rien n'est plus contagieux que l'enthousiasme ; il déplace les pierres, il charme les brutes. L'enthousiasme est le génie de la sincérité, et la vérité ne remporte aucune victoire sans lui. — LYTTON .

Chaque mouvement grand et imposant dans les annales du monde est le triomphe de l'enthousiasme. — EMERSON .

L'homme le plus enthousiaste dans une cause est rarement choisi comme leader. —ARTHUR HELPS .

Gardons-nous de perdre notre enthousiasme. Glorifions-nous toujours de quelque chose et efforçons-nous de conserver notre admiration pour tout ce qui ennoblir et notre intérêt pour tout ce qui enrichirait et embellirait notre vie . — PHILLIPS BROOKS .

Envie. — Il n'y a pas de passion aussi fortement enracinée dans le cœur humain que l'envie. — SHERIDAN .

L'homme envieux maigrit à cause de la graisse de son prochain. L'envie est la fille de l'orgueil, l'auteur du meurtre et de la vengeance, la initiatrice de la sédition secrète et la perpétuelle tourmenteuse de la vertu. L'envie est la vase immonde de l'âme ; un venin, un poison ou du vif-argent qui consume la chair et dessèche la moelle des os. — SOCRATE .

Comme un papillon de nuit ronge un vêtement, ainsi l'envie consume un homme . — SAINT CHRYSOSTOME .

Nous devons nous garder de toute apparence d'envie, comme d'une passion qui implique toujours l'infériorité où qu'elle réside . — PLINE .

L'envie basse se flétrit devant la joie d'autrui , Et hait cette excellence qu'elle ne peut atteindre. —Thomson.

L'homme envieux souffre dans toutes les occasions qui devraient lui procurer du plaisir. Le goût de sa vie est inversé ; et les objets qui procurent la plus haute satisfaction à ceux qui sont exemptés de cette passion donnent les douleurs les plus rapides à ceux qui y sont soumis. Toutes les perfections de leurs semblables sont odieuses. La jeunesse, la beauté, la valeur et la sagesse sont des provocations de leur mécontentement. Quel état misérable et apostat! être offensé par l'excellence et haïr un homme parce que nous l'approuvons ! — STEELE .

La véritable marque de naître avec de grandes qualités, c'est de naître sans envie. — LA ROCHEFOUCAULD .

L'éloge des envieux est bien moins honorable que leur censure ; ils ne louent que ce qu'ils peuvent surpasser, mais ce qui les dépasse, ils censurent . — COLTON .

L'envie — la pourriture des os. — PROVERBES 14:30 .

Il n'y a aucune garde à garder contre l'envie, parce que personne ne sait où elle habite, et les hommes généreux et innocents sont rarement jaloux et méfiants jusqu'à ce qu'ils sentent la blessure.

les arbres fruitiers. — SAADI .

L'émulation cherche les mérites, pour s'exalter par une victoire ; l'envie repère les défauts, afin d'en abaisser un autre par une défaite. — COLTON .

L'envie est une passion si pleine de lâcheté et de honte, que personne n'a jamais eu la confiance nécessaire pour la posséder. — ROCHESTER .

Éternité. — Celui qui mettra souvent l'éternité et le monde devant lui, et qui osera les regarder tous deux avec constance, constatera que plus il les contemple souvent, le premier grandira et le second moins. — COLTON .

Soyons des aventuriers d'un autre monde. C'est au moins une chance juste et noble ; et rien là-dedans ne vaut nos pensées ou nos passions. Si nous sommes déçus, nous ne sommes toujours pas pires que le reste de nos semblables mortels ; et si nous réussissons à répondre à nos attentes, nous sommes éternellement heureux. — BURNET .

L'éternité n'a pas de cheveux gris ! Les fleurs se fanent, le cœur se flétrit, l'homme vieillit et meurt, le monde repose dans le sépulcre des siècles, mais le temps n'écrit pas de rides sur le front de l'éternité . — MGR HEBER .

 Le vide voûté du ciel pourpre Qui s'étend partout , Qui s'étend depuis l' œil ébloui, Dans l'espace qui ne finit jamais ; Un matin dont le soleil levé ne se couchera jamais ; Un jour qui vient sans midi, Telle est l'éternité. — Claire.

"Qu'est-ce que l'éternité ?" » était une question posée autrefois à l'Institution des Sourds et Muets de Paris, et la réponse belle et frappante fut donnée par l'un des élèves : « La vie du Tout-Puissant. » — JOHN BATE .

Si les gens voulaient seulement pourvoir à l'éternité avec la même sollicitude et le même souci réel que pour cette vie, ils ne pourraient pas manquer du ciel . — TILLOTSON .

Mal. — Faire un mal pour éviter un mal ne peut pas être bien. — COLERIDGE .

Le mal que font les hommes vit après eux; Les bons sont souvent enterrés avec leurs os. —Shakespeare.

Le mal est provoqué par le manque de pensée, ainsi que par le manque de cœur. -Capot.

Vaincre le mal par le bien est le bien, résister au mal par le mal est le mal . — MOHAMMED .

Nous ne pouvons pas faire du mal aux autres sans le faire à nous-mêmes . — DESMAHIS .

Tout mal auquel nous ne succombons pas est un bienfaiteur. De même que l'habitant des îles Sandwich croit que la force et la valeur de l'ennemi qu'il tue lui appartiennent, de même nous acquérons la force de la tentation à laquelle nous résistons . — EMERSON .

Si vous faites ce que vous ne devriez pas, vous devez supporter ce que vous ne feriez pas. — FRANKLIN .

le mal nécessaire n'existe sûrement pas. — SOUTHEY .

Dans l'histoire de l'humanité, il est très courant que lorsque les maux sont devenus insupportables, ils ont atteint le point de guérison . — CHAPIN .

Même dans le mal, ce nuage sombre qui plane sur la création, nous discernons des rayons de lumière et d'espoir, et nous parvenons peu à peu à voir dans la souffrance et la tentation des preuves et des instruments des desseins les plus sublimes de la sagesse et de l'amour . — CHANNING .

Exemple. — L'exemple est plus puissant que le précepte. Les gens regardent mes six jours dans la semaine pour voir ce que je veux dire le septième. — RÉVÉREND R. CECIL .

Les gens s'améliorent rarement lorsqu'ils n'ont d'autre modèle que eux-mêmes à copier . — GOLDSMITH .

Un homme sage et bon tournera à son avantage les exemples de toutes sortes. Le bien, il fera ses modèles et s'efforcera de les égaler ou de les surpasser. Le mal qu'il évitera par tous les moyens. — THOMAS À KEMPIS .

Personne ne prêche mieux que la fourmi, et elle ne dit rien. — FRANKLIN .

Aucune réprimande ou dénonciation n'est aussi puissante que l'influence silencieuse d'un bon exemple . — OSÉE BALLOU .

Je suis convaincu que nous sommes moins convaincus par ce que nous entendons que par ce que nous voyons . — HÉRODOTE .

Les conseils sont peut-être erronés, mais les exemples font leurs preuves.— HW SHAW .

Si tu désires voir ton enfant vertueux, qu'il ne voie pas les vices de son père ; tu ne peux pas réprimander ce que les enfants voient pratiqué en toi ; jusqu'à ce que la raison soit mûre, les exemples dirigent plus que les préceptes ; tel que ton comportement est devant le visage de tes enfants, tel est généralement le leur dans le dos de leurs parents. — QUARLES .

L'exemple est un comportement contagieux.— CHARLES READE .

La chaire « enseigne » seulement à être honnête ; le marché « s'entraîne » aux excès et à la fraude ; et l'enseignement n'a pas la dîme de l'efficacité de la formation. Le Christ n'a jamais écrit de tract, mais il a fait le bien. — HORACE MANN .

Les meilleurs professeurs de l'humanité sont la vie des grands hommes . — DR JOHNSON .

Excès. — L'excès entraîne toujours sa propre rétribution. — OUIDA .

Le malheur est que lorsque l'homme a trouvé du miel, il entre dans le festin avec un appétit si vorace, qu'il détruit habituellement son propre plaisir par l'excès et la satiété. — KNOX .

Dorer l'or raffiné, peindre le lys, Jeter un parfum sur la violette, Lisser la glace ou ajouter une autre teinte À l'arc-en-ciel, ou avec une bougie allumée Rechercher le bel œil du ciel pour garnir, C'est du gaspillage et du ridicule. excès. —Shakespeare.

Les excès de notre jeunesse sont des traites sur notre vieillesse, payables avec intérêts, environ trente ans après la date. — COLTON .

Le corps opprimé par les excès pèse sur l'esprit et déprime jusqu'à la terre toute portion de l'esprit divin dont nous avions été dotés. — HORACE .

Chaque morceau d'une faim satisfaite n'est qu'un nouveau travail pour une digestion fatiguée. — SUD .

Même si le plaisir est innocent, l'excès est toujours criminel. — SAINT EVREMOND .

Exercice. — Un homme doit souvent faire de l'exercice, ou jeûner, ou prendre des médicaments, ou être malade . — SIR W. TEMPLE .

C'est l'exercice seul qui soutient les esprits et maintient l'esprit en vigueur . — CICÉRON .

Il existe de nombreux troubles que vous ne pouvez pas guérir par la Bible et le livre de cantiques, mais que vous pouvez guérir par une bonne transpiration et une bouffée d' air frais. — BEECHER .

L'exercice est la principale source d'amélioration de toutes nos facultés . — BLAIR .

Vous ne vivrez jamais jusqu'à mon âge sans vous retenir en faisant de l'exercice. — SIR P. SIDNEY .

Expérience. — Pour la maison de la Vérité, il n'y a qu'une seule porte, qui est l'expérience. — BAYARD TAYLOR .

L'expérience jointe au bon sens, Pour les mortels est une providence. -Vert.

L'expérience coûte terriblement cher au lycée, mais il enseigne comme aucun autre. — CARLYLE .

Aucun homme n'a jamais été doté d'un jugement aussi correct et judicieux, pour régler sa vie, sans que les circonstances, le temps et l'expérience ne lui apprennent quelque chose de nouveau et ne lui apprennent que, parmi les choses qu'il croyait connaître le mieux, il savait rien; et que ces idées, qui en théorie paraissaient les plus avantageuses, se révélèrent, une fois mises en pratique, totalement inapplicables. — TERENCE .

L'expérience est une meule ; et c'est une chance pour nous si nous pouvons en être éclairés, et non rectifiés. — HW SHAW .

Cela peut nous consoler dans toutes nos calamités et afflictions que celui qui perd quelque chose et en tire la sagesse gagne par la perte . — L'ESTRANGE

.

À volontaire les hommes, les injures qu'ils se procurent eux-mêmes,
doivent être leurs maîtres d'école. —Shakespeare.

L'expérience est une école chère, mais les imbéciles n'apprennent dans aucune autre, et ils y sont rares ; car il est vrai que nous pouvons donner des conseils, mais nous ne pouvons pas donner de conduite. — FRANKLIN .

Tout n'est qu'une sagesse du bout des lèvres qui a besoin d'expérience. — SIR P. SIDNEY .

Extravagance. — Celui qui est extravagant deviendra vite pauvre ; et la pauvreté renforcera la dépendance et invitera à la corruption. — DR JOHNSON .

L'homme qui construit et qui veut de quoi payer, fournit une maison d'où il peut s'enfuir. -Jeune.

Foi. — Ce que nous croyons, nous devons le croire entièrement et sans réserve ; c'est pourquoi le seul objet de foi parfait et satisfaisant est Dieu. Une foi qui se fixe des limites, qui croit autant et pas plus, qui fait confiance jusqu'ici et pas plus loin, n'est rien.

La foi est la clé qui ouvre le cabinet des trésors de Dieu ; le messager du roi du monde céleste, pour apporter toutes les fournitures dont nous avons besoin de la plénitude qu'il y a en Christ . — J. STEPHENS .

La foi construit un pont entre ce monde et l' autre. — JEUNE .

Il est impossible d'être un héros en quoi que ce soit à moins d'être d'abord un héros dans la foi. — JACOBI .

La foi n'est pas l'idée paresseuse selon laquelle un homme peut, avec une confiance insouciante, jeter son fardeau sur le Sauveur et ne plus s'inquiéter, un oreiller sur lequel il endort sa conscience jusqu'à ce qu'il tombe dans la perdition ; mais un principe vivant et vigoureux, agissant par l'amour, et inséparablement lié à la vraie repentance comme motif et à la sainte obéissance comme fruits.

La foi est la racine de toutes les bonnes œuvres. Une racine qui ne produit rien est morte. — MGR WILSON .

La personne qui a une ferme confiance en l'Être Suprême est puissante par sa puissance, sage par sa sagesse, heureuse par son bonheur . — ADDISON .

La plus haute probabilité historique peut être invoquée à l'appui de la proposition selon laquelle, s'il était possible d'anéantir la Bible et avec elle toutes ses influences, nous devrions détruire avec elle tout le système spirituel du monde moral. — EDWARD EVERETT .

Il avait une grande foi dans les miches de pain Pour les affamés, jeunes et vieux, Et dans l'espérance inspirée ; paroles aimables qu'il a dites À ceux qu'il a protégés du froid. En paroles, il n'a pas mis sa confiance ; Sa foi dans les mots qu'il n'a jamais écrits ; Il aimait partager sa tasse et sa croûte avec toute l'humanité qui en avait besoin. Il a mis sa confiance dans le Ciel et il a bien travaillé de la main et de la tête ; Et ce qu'il donnait en aumône Adoucit son sommeil et son pain quotidien.

y discernera un arc-en-ciel. — MGR HORNE .

Foi en Dieu, foi en l'homme, foi au travail : telle est la courte formule dans laquelle nous pouvons résumer les enseignements des fondateurs de la Nouvelle- Angleterre, credo assez ample pour cette vie et l'autre. — LOWELL .

Notoriété. — Nul ne méprise plus vivement la renommée que ceux qui n'y ont aucun droit possible. — J. PETIT- SENN .

Celui qui veut acquérir de la renommée ne doit pas avoir peur de la censure. La crainte de la censure est la mort du génie. — SIMMS .

Bien que la célébrité soit de la fumée, ses vapeurs sont de l'encens pour les pensées humaines. — BYRON .

Il vit dans la gloire qui est mort pour la cause de la vertu. — SHAKESPEARE .

Quels que soient les applaudissements temporaires des hommes ou les expressions de l'opinion publique, on peut affirmer sans crainte de contradiction qu'aucune renommée véritable et permanente ne peut être fondée, sauf dans les travaux qui favorisent le bonheur de l' humanité . — CHARLES SUMNER .

La renommée vient généralement à ceux qui pensent à autre chose , — très rarement à ceux qui se disent : « Allez, soyons maintenant un individu célèbre ! » — HOLMES .

C'est une ambition bien indiscrète et bien gênante, qui tient tant à la gloire ; sur ce que le monde dit de nous ; chercher toujours l'approbation des autres ; être toujours inquiet de l'effet de ce que nous faisons ou disons ; crier toujours, entendre les échos de nos propres voix . — LONGFELLOW .

Le chemin vers la gloire est comme le chemin vers le ciel : à travers de nombreuses tribulations. — STERNE .

Je ne méprise ni la renommée, ni l'appel à ses faveurs : elle vient à l'improviste , si elle vient du tout. -Le pape.

Écrivez votre nom avec gentillesse, amour et miséricorde dans le cœur des milliers de personnes avec lesquelles vous entrez en contact année après année, et vous ne serez jamais oublié. — CHALMERS .

Le fait de sécher une seule larme a plus de renommée honnête que de répandre des mers de sang. — Byron.

Mode. — Le sourire de la mode a donné l'esprit à l'ennui et la grâce à la difformité, et a tout mis à la mode tour à tour, sauf la vertu. — COLTON .

Une femme serait au désespoir si la nature l'avait formée telle que la mode la fait paraître. — MLLE. DE L'ESPINASSE .

La mode n'est pas l'opinion publique, ni le résultat de l'incarnation de l'opinion publique. Il se peut que l'opinion publique condamne la forme du bonnet, comme elle se risque à le faire toujours, et avec la certitude d'avoir raison neuf fois sur dix : mais la mode le mettra sur la tête de chaque femme en Amérique ; et, s'il s'agissait littéralement d'une couronne d'épines, elle sourirait de contentement sous l' imposition. — JG HOLLAND .

La mode est l'une des dernières influences sous lesquelles un être humain qui se respecte ou qui comprend la grande fin de la vie souhaiterait être placé . — CHANNING .

Il suffisait à l'Impératrice de France de changer la position d'un ruban pour faire bruir tous les rubans de la chrétienté. Un seul mot d'elle a bouleversé le marché mondial des os de baleine. — JG HOLLAND .

Une femme du monde est toujours amoureuse... d' elle-même.— LA ROCHEFOUCAULD .

Le changement de modes est l'impôt que l'industrie impose sur la vanité des riches. — CHAMFORT .

Mode, un mot que les fripons et les imbéciles peuvent utiliser pour excuser leur fourberie et leur folie. —Churchill.

Peur. — La crainte du Seigneur est le début de la sagesse. — PSAUME 111 :10 .

ne crains rien dans un monde comme celui-ci, et tu sauras bientôt combien il est sublime de souffrir et d'être fort. —Longfellow.

Ne craignez pas les orgueilleux et les hautains ; craignez plutôt celui qui craint Dieu. — SAADI .

La peur guide plus vers leur devoir que la gratitude ; car un homme qui est vertueux par l'amour de la vertu, par l'obligation qu'il croit avoir envers le Donateur de tous, il y en a dix mille qui ne sont bons que par l'appréhension du châtiment . — ORFÈVRE .

La crainte de Dieu est liberté, joie et paix ; Et fait cesser tous les maux qui nous tourmentent ici. — Waller.

Le Seigneur est ma lumière et mon salut ; de qui dois-je avoir peur ? — PSAUME 27 : 1 .

La peur est implantée en nous comme un préservateur du mal. — DR JOHNSON .

Dieu a semé la peur dans l'âme aussi véritablement qu'il a semé l'espoir ou le courage. La peur est une sorte de cloche, ou de gong, qui incite l'esprit à vivre vite et à éviter l'approche du danger. C'est le signal de ralliement de l'âme. — BEECHER .

Il n'y a pas de peur en amour ; mais l'amour parfait bannit la crainte, parce que la crainte a un tourment. — 1 JEAN 4 :18 .

La peur est l'impôt que la conscience paie sur la culpabilité. — GEORGE SEWELL .

N'ayez crainte ; car je suis avec toi. — ÉSAÏE 43:5 .

Fidélité. — À Dieu, à ton pays et à ton ami, sois fidèle. — VAUGHAN .

Celui qui est fidèle en peu de choses est le seigneur des villes. Peu importe que vous prêchiez à l'abbaye de Westminster ou que vous enseigniez à une classe hétéroclite, soyez donc fidèle. La fidélité est tout.— GEORGE MACDONALD .

Ses paroles sont des liens, ses serments sont des oracles ; Son amour sincère, ses pensées immaculées ; Ses larmes, purs messagers envoyés de son cœur ; Son cœur est aussi loin de la fraude que le ciel de la terre. — Shakespeare.

Rien n'est plus noble, rien de plus vénérable que la fidélité. La fidélité et la vérité sont les excellences et les dons les plus sacrés de l' esprit humain. — CICÉRON .

Donnez-nous un homme, jeune ou vieux, haut ou bas, sur lequel nous savons que nous pouvons totalement compter, qui tiendra bon lorsque les autres échoueront ; l'ami fidèle et vrai, le conseiller honnête et intrépide, l'adversaire juste et chevaleresque, — dans celui-là il y a un fragment du Rocher des Âges. — DEAN STANLEY .

Flatterie. — Ceux qui sont généralement bons à flatter ceux qui ne sont bons à rien d'autre. — SUD .

Si quelqu'un me flatte, je le flatterai encore, même s'il était mon meilleur ami. — FRANKLIN .

Pas de flatterie , mon garçon ! un honnête homme ne peut pas vivre avec cela ; C'est un petit art sournois, dont les fripons se servent pour cajoler et adoucir les imbéciles . Si tu as de la flatterie dans ta nature, débarrasse -la ; Ou envoyez-le au tribunal, car il y prospérera. — Bien sûr.

Un homme qui flatte une femme espère soit la trouver idiote, soit en faire une. — RICHARDSON .

Les flatteurs sont la pire espèce d' ennemis. — TACITE .

Il vaut mieux tomber parmi les corbeaux que parmi les flatteurs ; car ceux-là ne dévorent que les morts, ceux-là les vivants . — ANTISTHÈNE .

Rien n'est un plus grand exemple de mauvaises manières que la flatterie. — SWIFT .

Les hommes trouvent plus facile de flatter que de louer. — JEAN PAUL .

C'est une vieille maxime dans les écoles : La flatterie est la nourriture des imbéciles ; Pourtant, de temps en temps, vos hommes d' esprit daigneront en prendre un peu. -Rapide.

Ah ! quand les moyens qui permettent d'acheter cette louange disparaissent , le souffle dont est faite cette louange disparaît. —Shakespeare.

La flatterie est de la fausse monnaie, qui ne serait pas courante sans notre vanité . — LA ROCHEFOUCAULD .

Celui qui flatte est le plus bas de tous les hommes , sauf celui qui courtise la flatterie. —Hannah Plus.

Ne vous mêlez pas de celui qui flatte de ses lèvres. — PROVERBES 20:19 .

Les hommes sont comme des cruches de pierre, — vous pouvez les trimballer où vous voulez par les oreilles. — DR JOHNSON .

Félicitez un insensé pour son esprit et un fripon pour son honnêteté, et ils vous recevront dans leur sein. — FIELDING .

Fleurs. — Les fleurs sont les choses les plus douces que Dieu ait jamais faites et dans lesquelles Dieu a oublié d'investir une âme. — BEECHER .

Dans les pays de l'Est, ils parlent en fleurs, Et ils racontent en guirlande leurs amours et leurs soucis : Chaque fleur qui s'épanouit dans leurs berceaux de jardin porte Sur ses feuilles une langue mystique. —Percival.

Comme le cœur universel de l'homme bénit les fleurs ! Ils sont enroulés autour du berceau, de l'autel du mariage et du tombeau . — MME LM ENFANT .

Il n'y a pas la moindre fleur qui ne semble relever la tête et avoir un aspect agréable, dans le sens secret de la bonté de son Créateur céleste. — SUD .

Les fleurs savaient prêcher la divinité avant que les hommes sachent les disséquer et les botaniser. — HN HUDSON .

Et avec une affection crédule et enfantine, nous voyons leurs tendres bourgeons se développer ; Emblèmes de notre propre grande résurrection, Emblèmes d'un pays brillant et meilleur. —Longfellow.

Des imbéciles. — Celui qui pourvoit à cette vie, mais ne se soucie pas de l'éternité, est sage un instant, mais insensé pour toujours. — TILLOTSON .

Le sage n'a pas moins de folies que l'insensé ; mais on a dit que c'est là que réside la différence : les folies de l'insensé sont connues du monde, mais elles lui sont cachées ; les folies des sages sont connues de lui-même, mais cachées au monde. — COLTON .

Les gens ne sont jamais aussi près de faire le fou que lorsqu'ils se croient sages. — LADY MONTAGU .

Pardonner en nous-mêmes les absurdités que nous ne pouvons souffrir chez les autres n'est ni meilleur ni pire que d'être plus disposé à être fou soi-même qu'à ce que les autres le soient .

Ce n'est sûrement pas un imbécile qui a des pensées imprudentes, mais celui qui les exprime. — BISHOP HALL .

Il serait plus facile de doter un insensé d'intelligence que de le persuader qu'il n'en avait pas. — BABINET .

A trente ans, l'homme se soupçonne d'être un imbécile ; Il le sait à quarante ans et réforme son projet ; A cinquante ans, il gronde son infâme retard, pousse son objectif prudent à résoudre, résout — et re-résout ; puis meurt de la même manière. -Jeune.

C'est la qualité particulière d'un insensé de percevoir les défauts des autres et d'oublier les siens . — CICÉRON .

Les imbéciles se précipitent là où les anges craignent de mettre les pieds. — PAPE .

Un imbécile est souvent aussi dangereux à gérer qu'un fripon, et toujours plus incorrigible. — COLTON .

Gagnez toujours les imbéciles en premier. Ils parlent beaucoup, et ils s'en tiennent à ce qu'ils ont dit une fois ; alors qu'il est toujours temps, jusqu'au dernier moment, de présenter au sage des arguments qui peuvent changer entièrement son opinion. — AIDE .

Les jeunes gens pensent que les vieillards sont des imbéciles ; mais les vieillards savent que les jeunes hommes sont des imbéciles. — CHAPMAN .

Seul un imbécile a toujours raison.— LIÈVRE .

Les gens n'ont pas le droit de se ridiculiser, à moins qu'ils n'aient aucun parent qui puisse en rougir. — HALIBURTON .

Abstention. — Apprenez de Jésus à aimer et à pardonner. Que le sang de Jésus, qui implore pour vous pardon au ciel, l'obtienne de vous pour vos frères ici sur terre . — VALPY .

couple le plus gentil et le plus heureux trouvera l'occasion de s'abstenir ; Et quelque chose qu'ils vivent chaque jour Pour avoir pitié, et peut-être pardonner. —Cowper.

C'est une chose noble et grande de couvrir les imperfections et d'excuser les défauts d'un ami ; tirer un rideau devant ses taches et déployer ses perfections ; enterrer ses faiblesses sous silence, mais proclamer ses vertus sur les toits. — SUD .

Le pardon. — Si vous pardonnez aux hommes leurs offenses, votre Père céleste vous pardonnera aussi. — MATTHIEU 6:14 .

Celui qui ne peut pas pardonner aux autres brise le pont sur lequel il doit passer lui-même ; car tout homme a besoin d'être pardonné. — LORD HERBERT .

Ceux qui pardonnent le plus seront les plus pardonnés. — BAILEY .

Les braves ne savent pardonner que.— STERNE .

L'Évangile vient immédiatement au pécheur avec rien de moins qu'un pardon complet comme point de départ de tous ses efforts pour être saint. Il ne dit pas : « Va et ne pèche plus, et je ne te condamnerai pas ». Il dit immédiatement : « Je ne te condamne pas non plus : va et ne pèche plus. » — HORATIUS BONAR .

La vie, qui a toujours besoin de pardon, doit, pour son premier devoir, pardonner. — LYTTON .

Hélas! si mon meilleur ami, qui a donné sa vie pour moi, se souvenait de tous les cas dans lesquels je l'ai négligé et les plaidait contre moi en jugement, où devrais-je cacher ma tête coupable au jour de la récompense ? Je prierai donc pour que des bénédictions soient accordées à mes amis, même s'ils cessent de l'être, et à mes ennemis, même s'ils continuent à l'être. — COWPER .

nous ont offensés. — LE NOTRE PÈRE .

La manière de pardonner de Dieu est complète et chaleureuse : à la fois pardonner et oublier ; et si le tien ne l'est pas, tu n'as aucune part de la sienne. — LEIGHTON .

Courage. — Le plus grand homme est celui qui choisit le bien avec une résolution invincible ; qui résiste aux tentations les plus douloureuses de l'intérieur et de l'extérieur ; qui porte joyeusement les fardeaux les plus lourds ; qui est le plus calme dans les tempêtes, et dont la confiance dans la vérité, dans la vertu, dans Dieu, est la plus inébranlable . — CHANNING .

La force implique une fermeté et une force d'esprit qui nous permettent de faire et de souffrir comme nous le devons. Il s'élève sur une opposition et, comme une rivière, gonfle d'autant plus que son cours est arrêté . — JEREMY COLLIER .

Je considère que le vrai courage est la possession tranquille de soi d'un homme et l'accomplissement de son devoir sans être dérangé, quel que soit le mal qui l'assaille ou le danger qui se trouve sur son chemin . — LOCKE .

Fortune. — C'est une folie de faire de la fortune la maîtresse des événements, car en elle-même elle n'est rien, mais est gouvernée par la prudence. — DRYDEN .

L'homme prudent décide réellement de sa propre fortune. — PLAUTE .

Que la fortune fasse le pire, quoi qu'elle nous fasse perdre, pourvu qu'elle ne nous fasse jamais perdre notre honnêteté et notre indépendance . — PAPE .

Certains naissent grands, certains atteignent la grandeur et certains se voient imposer la grandeur . — SHAKESPEARE .

Chaque homme est l'architecte de sa propre fortune. — SALLUSTE .

La malchance des bons tourne leur face vers le ciel ; et la bonne fortune des méchants baisse la tête vers la terre . — SAADI .

La fortune sourit aux audacieux. — CICÉRON .

Moins on mérite la fortune, plus on l'espère. — MOLIÈRE .

Liberté. — Je préférerais être un homme libre parmi les esclaves plutôt qu'un esclave parmi des hommes libres. — SWIFT .

Il y a deux libertés : la fausse, où l'homme est libre de faire ce qu'il veut ; le vrai, où un homme est libre de faire ce qu'il doit. — CHARLES KINGSLEY .

La cause de la liberté est la cause de Dieu. — BOWLES .

Les murs de pierre ne font pas une prison, Ni les barreaux de fer une cage ; Les esprits innocents et tranquilles prennent ça pour un ermitage; Si j'ai la liberté dans mon amour, et si je suis libre dans mon âme , seuls les anges qui planent au-dessus jouissent d' une telle liberté. —Richard Lovelace.

 Et jamais les fils de Colombie ne seront esclaves, Tant que la terre portera une plante ou que la mer roulera ses vagues. —Robert Traiter Paine.

De nombreux hommes politiques ont l'habitude de poser comme une évidence qu'aucun peuple ne devrait être libre tant qu'il n'est pas apte à user de sa liberté. La maxime est digne du fou de la vieille histoire, qui résolut de ne pas entrer dans l'eau avant d'avoir appris à nager . — MACAULAY .

Avoir la liberté, c'est seulement avoir ce qui est absolument nécessaire pour nous permettre d'être ce que nous devrions être et de posséder ce que nous devrions posséder . — RAHEL .

Lorsque la Liberté, du haut de sa montagne, déploya son étendard dans les airs, elle déchira la robe azur de la nuit et y plaça les étoiles de gloire . Elle mêla à ses magnifiques teintures Le baudrier laiteux des cieux, Et raya son blanc pur et céleste De les traînées de la lumière du matin. —Joseph Rodman Drake.

La liberté n'est pas un caprice mais une possibilité d' élargissement. — CA BARTOL .

Les flatteries ne nous fascineront pas, pas plus que les menaces de « licol » ne nous intimideront. Car, sous Dieu, nous sommes déterminés à ce que, où que ce soit, quand ou quelle que soit la manière dont nous serons appelés à faire notre sortie, nous mourrons en hommes libres . — JOSIAH QUINCY .

Qui donc est libre ? Le sage, qui entretient bien un empire sur lui-même ; à qui ni les chaînes, ni le besoin, ni la mort, n'inspirent une peur servile ; Qui répond avec audace à son désir chaleureux ; Qui peut mépriser les dons les plus vains de l'ambition ? Ferme en lui-même, qui compte sur lui-même ; Poli et rond, qui suit sa propre route, et brise le malheur avec une force supérieure. —Horace.

La seule liberté qui vaut la peine d'être possédée est celle qui élargit l'énergie, l'intellect et les vertus d'un peuple. — CHANNING .

Il était l'homme libre que la vérité affranchissait ; Qui, en premier lieu, a brisé les liens de Satan ; Qui a brisé les liens du péché, et pour son âme, Malgré les imbéciles consulté sérieusement. — Goberge.

Amitié. — L'amitié est la seule chose au monde dont toute l'humanité est d'accord sur l'utilité. — CICÉRON .

L'homme qui vous salue Tom ou Jack, et prouve en vous frappant dans le dos le sentiment de votre grand mérite, est un tel ami, qu'il fallait être vraiment son ami pour pardonner ou pour le supporter. —Cowper.

C'est en effet un ami qui se révèle un ami dans le besoin. — PLAUTE .

Ton propre ami et l'ami de ton père, n'abandonne pas. — PROVERBES 27:10 .

fidèle à Dieu, à votre pays et à votre ami.— VAUGHAN .

Il n'y a pas d'homme si dépourvu d'amis qui ne puisse trouver un ami assez sincère pour lui dire des vérités désagréables. — LYTTON .

L'amitié qui fait le moins de bruit est bien souvent la plus utile ; c'est pourquoi je préférerais un ami prudent à un ami zélé. — ADDISON .

Une légère connaissance du monde doit convaincre tout homme que les actions, et non les paroles, sont le véritable critère de l'attachement des amis ; et que les professions de bonne volonté les plus libérales sont bien loin d'en être les marques les plus sûres. — George WASHINGTON .

Aucun ami n'est un ami jusqu'à ce qu'il se révèle un ami. — BEAUMONT ET FLETCHER .

Les qualités de vos amis seront celles de vos ennemis : amis froids, ennemis froids ; moitié amis, moitié ennemis; Ennemis fervents, amis chaleureux. — LAVATER .

N'achetez pas d'amis par des cadeaux ; quand tu cesseras de donner de tels, tu cesseras d' aimer. — FULLER .

La difficulté n'est pas si grande de mourir pour un ami que de trouver un ami pour lequel il vaut la peine de mourir. — HENRY HOME .

La véritable amitié se développe lentement et ne prospère jamais à moins qu'elle ne soit greffée sur un stock de mérite connu et réciproque. — CHESTERFIELD .

Il n'y a rien de plus convenable à un homme sage que de choisir ses amis, car c'est par eux que tu seras jugé pour ce que tu es : qu'ils soient donc sages et vertueux, et qu'aucun de ceux qui te suivent pour un gain ; mais faites l'élection plutôt de vos meilleurs que de vos inférieurs . — SIR WALTER RALEIGH .

C'est ainsi que du choix des amis dépend notre bon ou mauvais nom. — Gay.

Nous pouvons avoir beaucoup de connaissances, mais nous ne pouvons avoir que peu d'amis ; cela a fait dire à Aristote que celui qui a beaucoup d'amis n'en a pas. — DR JOHNSON .

Un acte par lequel nous nous faisons un ami et un ennemi est un jeu perdu ; parce que la vengeance est un principe bien plus fort que la gratitude. — COLTON .

Cette amitié ne durera pas jusqu'à la fin qui est commencée pour une fin. — QUARLES .

Soyez lent à tomber dans l'amitié ; mais quand tu es là, reste ferme et constant. — SOCRATE .

amour qui se sacrifie. — PELOUBET .

Les faux amis sont comme notre ombre, restant près de nous pendant que nous marchons au soleil, mais nous quittant dès l'instant où nous passons dans l' ombre . — BOVEE .

Soyez lent à choisir un ami, plus lent à changer. — FRANKLIN .

Le plus grand médicament est un véritable ami.— SIR W. TEMPLE .

Les vrais amis ne nous rendent visite dans la prospérité que lorsqu'ils sont invités, mais dans l'adversité, ils viennent sans invitation . — THÉOPHRASTE

.

Les amitiés soudaines arrivent rarement à maturité. — MLLE. DE SCUDÉRI .

fait l'amitié avec un fripon ? jugeait un partenaire dans le commerce. — Gay.

Tu peux être sûr que celui qui te parlera en privé de tes défauts est ton ami, car il risque ton aversion et risque ta haine. — SIR WALTER RALEIGH .

Il est heureux d'avoir un véritable ami à sa disposition ; mais il est plus vraiment heureux de n'avoir pas besoin de son ami . — WARWICK .

Je n'inscrirais pas sur ma liste d'amis (bien que doué de manières polies et de bon sens, mais manquant de sensibilité) l' homme qui pose inutilement le pied sur un ver. —Cowper.

Le vrai bonheur ne consiste pas dans la multitude d'amis, mais dans la valeur et le choix. — DR JOHNSON .

Frugalité. — La frugalité est fondée sur le principe selon lequel toutes les richesses ont des limites. — BURKE .

La frugalité peut être appelée la fille de la prudence, la sœur de la tempérance et la mère de la liberté. — DR JOHNSON .

Le monde n'a pas encore appris les richesses de la frugalité. — CICÉRON .

Futurité. — Il est vain de toujours regarder vers l'avenir et de ne jamais agir en direction de lui. — JF BOYES .

La meilleure préparation pour l'avenir est le présent bien entretenu, le dernier devoir accompli. — GEORGE MACDONALD .

Cependant , ne faites confiance à aucun avenir agréable; Laissons le passé mort enterrer ses morts ; Agissez , — agissez dans le présent vivant, Cœur intérieur et Dieu au-dessus de votre tête ! —Longfellow.

L'état d'esprit de cet homme qui ressent un intérêt trop intense pour les événements futurs doit être des plus déplorables . — SÉNÈQUE .

Dieu ne permettra pas à l'homme d'avoir la connaissance des choses à venir ; car s'il avait la prescience de sa prospérité, il serait négligent ; et, comprenant son adversité, il serait insensé. — SAINT AUGUSTIN .

Ne te vante pas de demain ; car tu ne sais pas ce qu'un jour peut produire . — PROVERBES 27 : 1 .

L'âge d'or n'est pas dans le passé, mais dans le futur ; non pas dans l'origine de l'expérience humaine, mais dans sa fleur consommée ; ne s'ouvrant pas en Eden, mais hors de Gethsémani. — CHAPIN .

Pourquoi quelqu'un serait-il assez impertinent et officieux pour me dire que toute perspective d'un État futur n'est que fantaisie et illusion ? Y a-t-il un mérite à être le messager de mauvaises nouvelles ? Si c'est un rêve, laissez-moi en profiter, car cela fait de moi à la fois un homme plus heureux et meilleur. — ADDISON .

Comme notre âme devient étroite lorsqu'elle est absorbée par le bien ou le mal présent ! c'est seulement la pensée de l'avenir qui les rend grands. — RICHTER .

S'il n'y avait pas de vie future, nos âmes n'en auraient pas soif. — RICHTER .

Jeu d'argent. — Il n'y a rien qui fatigue un beau visage comme les veillées de la table de cartes et ces passions coupantes qui les accompagnent naturellement. Les yeux creux, les regards hagards et le teint pâle sont les indications naturelles. — STEELE .

Les jeux de hasard sont des pièges pour attraper les écoliers novices et les hobereaux de campagne béants, qui commencent avec une guinée et finissent avec une hypothèque. — CUMBERLAND .

Tout jeu, puisqu'il implique le désir de profiter aux dépens d'autrui, implique une violation du dixième commandement . — WHATELY .

Il n'y a qu'un seul bon coup de dés, c'est de les jeter. — CHATFIELD .

Je considère tout homme comme un suicidé à partir du moment où il prend désespérément le boîte à dés dans sa main ; et tout ce qui suit dans sa fatale carrière à partir de cette époque n'est qu'aiguiser le poignard avant de le frapper au cœur. — CUMBERLAND .

C'est l'enfant de l'avarice, le frère de l'iniquité et le père du mal. — WASHINGTON .

Générosité. — Toute mon expérience du monde m'enseigne que dans quatre-vingt-dix-neuf cas sur cent, le côté sûr et le côté juste d'une question sont le côté généreux et le côté miséricordieux. — MME JAMESON .

Celui qui donne ce qu'il voudrait aussi bien jeter, donne sans générosité ; car l'essence de la générosité est dans le sacrifice de soi. — HENRY TAYLOR .

La générosité n'est que bienveillance dans la pratique . — MGR KEN .

Le plaisir secret d'un acte généreux est le grand pot-de-vin du grand esprit. — DRYDEN .

S'il y a une mesure plus vraie d'un homme que par ce qu'il fait, ce doit être par ce qu'il donne. — SUD .

Certains sont imprudemment libéraux ; et plus de plaisir à offrir des cadeaux qu'à payer des dettes . — SIR P. SIDNEY .

Lorsque vous donnez, ne vous accordez aucun crédit pour votre générosité, à moins que vous ne vous refusiez quelque chose pour pouvoir donner. — HENRY TAYLOR .

Le généreux qui est toujours juste, et le juste qui est toujours généreux, peuvent, à l'improviste, s'approcher du trône du ciel . — LAVATER .

Les hommes aux dispositions les plus nobles se croient plus heureux lorsque les autres partagent leur bonheur avec eux. — DUNCAN .

En donnant, un homme reçoit plus qu'il ne donne ; et plus est proportionnel à la valeur de la chose donnée. — GEORGE MACDONALD .

Dodons nos aumônes à nos capacités, de peur de provoquer Dieu à proportionner ses bénédictions à nos aumônes . — BEVERIDGE .

L'ami de tout le monde n'est souvent l'ami de personne, ou bien, dans sa simplicité, il vole sa famille pour aider des étrangers et devient le frère d'un mendiant. Il y a de la sagesse dans la générosité, comme dans tout le reste. — SPURGEON .

Génie. — Le génie est une immense capacité à se donner du mal. — CARLYLE .

Le génie donne toujours le meilleur d'abord, la prudence enfin . — LAVATER .

UN génie celui qui n'a qu'un seul talent .

Le talent s'use, le génie s'use ; le talent conduit un coupé en fait ; génie, un char solaire en fantaisie.— OUIDA .

Un génie inutilisé n'est pas plus un génie qu'un boisseau de glands n'est une forêt de chênes . — BEECHER .

La première et la dernière chose qu'on exige du génie, c'est l'amour de la vérité. — GOETHE .

Le génie ne peut jamais mépriser le travail.— ABEL STEVENS .

Et le génie possède une puissance électrique, que la terre ne pourra jamais dompter ; Les soleils brillants peuvent brûler et les nuages sombres s'abaisser. Son éclair est toujours le même. —Lydia M. Enfant.

Le génie doit naître et ne peut jamais être enseigné.— DRYDEN .

Le génie est l'or de la mine, le talent est le mineur qui travaille et le fait ressortir . — LADY BLESSINGTON .

Une seule science conviendra à un génie ; L'art est si vaste, l'esprit humain est si étroit. -Le pape.

Je ne connais rien de tel que le génie, — le génie n'est que travail et diligence. — HOGARTH .

Les hommes de génie sont souvent ennuyeux et inertes dans la société ; comme le météore flamboyant, lorsqu'il descend sur terre, n'est qu'une pierre. — LONGFELLOW .

Le génie, sans religion, n'est qu'une lampe sur la porte extérieure d'un palais. Cela peut servir à projeter une lueur de lumière sur ceux qui sont dehors pendant que l'habitant est assis dans l'obscurité. — HANNAH MORE .

Le génie est censé être un pouvoir de produire des excellences qui sont hors de portée des règles de l'art : un pouvoir qu'aucun précepte ne peut enseigner et qu'aucune industrie ne peut acquérir . — SIR J. REYNOLDS .

Gentilhomme. — La bienséance et la considération pour autrui sont les deux principales caractéristiques d'un gentleman. — BEACONSFIELD .

Être un gentleman ne dépend pas du tailleur ou des toilettes. De bons vêtements ne sont pas de bonnes habitudes. Un gentleman n'est qu'un gentleman , ni plus ni moins ; un diamant poli, qui était d'abord un diamant brut. — MGR DOANE .

Qu'est-ce qu'être un gentleman ? Est-ce être honnête, doux, généreux, courageux, sage et, possédant toutes ces qualités, les exercer de la manière extérieure la plus gracieuse ? Un gentleman doit-il être un fils fidèle, un vrai mari, un père honnête ? Sa vie devrait-elle être décente, ses factures à payer, son goût élevé et élégant, ses objectifs dans la vie élevés et nobles ? — THACKERAY .

Le goût de la beauté et le goût de ce qui est décent, juste et aimable perfectionnent le caractère du gentilhomme et du philosophe. Et l'étude d'un tel goût ou d'une telle saveur sera, comme nous le supposons, toujours le grand emploi et le grand souci de celui qui désire aussi bien être sage et bon qu'agréable et poli . — SHAFTESBURY .

L'éducation commence le gentleman, mais la lecture, la bonne compagnie et la réflexion doivent l' achever. — LOCKE .

Vous pouvez y compter, la religion est, par essence, la chose la plus gentleman au monde. Il sera seul gentilize , s'il n'est pas mélangé avec du cant ; et je ne connais rien d'autre qui le fera, seul. Certainement pas l'armée, que l'on considère comme la grande embellisseuse des mœurs . — COLERIDGE .

Il est le meilleur gentleman qui soit le fils de ses propres mérites, et non l'héritier dégénéré de la vertu d'autrui. — VICTOR HUGO .

Peut-être que convenance est un mot aussi proche qu'un autre pour désigner les manières d'un gentleman ; l'élégance est nécessaire au bon gentleman ; la dignité est le propre des nobles ; et majesté aux rois.— HAZLITT .

Celui qui fait des actions douces est doux.

Gentleman est un terme qui ne s'applique à aucun poste, mais à l'esprit et aux sentiments de chaque poste . — TALFOURD .

De la progéniture du gentilhomme Jafeth , sont venus Habraham , Moyses , Aron et les profettys ; et aussi le roi de la droite lignée de Marie, dont ce gentilhomme Jhésus est né.— JULIANA BERNERS .

Douceur. — La vraie douceur est fondée sur le sentiment de ce que nous devons à Celui qui nous a créés et à la nature commune que nous partageons tous. Elle naît d'une réflexion sur nos propres défauts et besoins, et d'une vision juste de la condition et du devoir de l'homme. C'est un sentiment natif accru et amélioré par principe . — BLAIR .

Nous ne croyons pas, ou nous oublions, que « le Saint-Esprit est descendu, non sous la forme d'un vautour, mais sous la forme d'une colombe. » — EMERSON .

La douceur dans la démarche est ce qu'est la simplicité dans la robe. Des gestes violents ou des mouvements rapides inspirent un manque de respect involontaire. — BALZAC .

Le cosmétique le meilleur et le plus simple pour les femmes est une douceur constante et une sympathie pour les intérêts les plus nobles de leurs semblables. Cela conserve et donne à ses traits une expression indélébile, fraîche et agréable. Si les femmes se rendaient compte que la dureté les rend laides, ce serait le meilleur moyen de conversion . — AUERBACH .

La douceur, qui appartient à la vertu, doit être soigneusement distinguée de l'esprit mesquin des lâches et de l'assentiment complaisant des courtisans . — BLAIR .

Cadeaux. — Les œuvres de charité posthumes sont l'essence même de l'égoïsme, lorsqu'elles sont léguées par ceux qui, de leur vivant, ne se sépareraient de rien. — COLTON .

Donnez librement à celui qui mérite bien et ne demande rien : et c'est une manière de se donner à soi-même. — FULLER .

Le don, pour être vrai, doit être le flux de celui qui le donne vers moi, correspondant à mon flux vers lui. — EMERSON .

Le seul don est une partie de toi-même. * * * C'est pourquoi le poète apporte son poème ; le berger, son agneau ; le fermier, le maïs ; le mineur, une pierre précieuse ; le marin, le corail et les coquillages ; le peintre, son tableau ; la jeune fille, un mouchoir de sa propre couture.— EMERSON .

Un cadeau : sa nature, sa valeur et son apparence ; le silence ou la pompe qui l'accompagne ; le style dans lequel il vous parvient — peut décider de la dignité ou de la vulgarité du donateur. — LAVATER .

L'amour de Dieu donne de telle manière qu'il jaillit du cœur d'un Père, source de tout bien. Le cœur de celui qui donne rend le cadeau cher et précieux ; comme entre nous nous disons d'un don même insignifiant : « Il vient d'une main que nous aimons », et nous ne regardons pas tant le don que le cœur . — LUTHER .

Il n'y a aucune grâce dans un bienfait qui colle aux doigts. — SÉNÈQUE .

Gloire. — La vraie gloire naît de la tranquille conquête de nous-mêmes ; et sans cela, le conquérant n'est que le premier esclave. — THOMSON .

Le bois brûle parce qu'il contient les éléments nécessaires à cet effet ; et un homme devient célèbre parce qu'il a en lui l'étoffe nécessaire. La renommée ne se cherche pas, et toute poursuite de celle-ci est vaine. Une personne peut, en effet, par une conduite habile et divers moyens artificiels, se faire une sorte de nom ; mais si le joyau intérieur manque, tout est vanité et ne durera pas un jour . — GOETHE .

Le chemin de la gloire cesserait d'être ardu s'il était banal et foulé ; et les grands esprits doivent être prêts non seulement à saisir les opportunités, mais aussi à les saisir. — COLTON .

La vraie gloire consiste à faire ce qui mérite d'être écrit, à écrire ce qui mérite d'être lu, et à vivre de manière à rendre le monde plus heureux et meilleur pour notre vie. — Pline .

La gloire détend souvent et affaiblit l'esprit ; la censure stimule et contracte, l' un et l'autre à l'extrême. La simple renommée est peut-être le médium approprié. — SHENSTONE .

Gourmandise. — La gourmandise est la source de toutes nos infirmités et la fontaine de toutes nos maladies. De même qu'une lampe est étouffée par une surabondance d'huile, un feu éteint par un excès de combustible, ainsi la santé naturelle du corps est détruite par un régime intempérant. — BURTON .

J'en suis arrivé à la conclusion que l'humanité consomme deux fois trop de nourriture. — SYDNEY SMITH .

Les gros ventres ont des pâtés maigres ; et des morceaux délicats
Enrichissent les côtes, mais ruinent tout l'esprit. —Shakespeare.

Les plaisirs du palais nous traitent comme des voleurs égyptiens qui étranglent ceux qu'ils embrassent . — SÉNÈQUE .

Quand je vois une table à la mode dressée dans toute sa splendeur, il me semble voir des gouttes et des hydropisies, des fièvres et des léthargies, avec d'innombrables autres maladies embusquées parmi les plats. La nature se délecte du régime le plus clair et le plus simple. Tous les animaux, à l'exception de l'homme, se limitent à un seul plat. Les herbes sont la nourriture de telle espèce, les poissons de telle autre et la chair d'une troisième. L'homme tombe sur tout ce qui se présente sur son chemin ; pas le moindre fruit ou excroissance de la terre, à peine une baie ou un champignon peut lui échapper. — ADDISON .

Dieu. — Dans toutes tes actions, pense que Dieu te voit ; et dans toutes ses actions, travaillez à le voir ; cela te fera le craindre ; cela te poussera à l'aimer ; la crainte de Dieu est le commencement de la connaissance, et la connaissance de Dieu est la perfection de l'amour. — QUARLES .

Dieu doit être l'objet de tous nos désirs, la fin de toutes nos actions, le principe de toutes nos affections et la puissance gouvernante de toute notre âme . — MASSILLON .

Dieu gouverne le monde, et nous n'avons qu'à faire notre devoir avec sagesse et à lui laisser le problème. — JOHN JAY .

Ceux qui nient l'existence d'un Dieu détruisent la noblesse de l'homme ; Car certainement l'homme est comme les bêtes dans son corps ; et s'il n'est pas comme Dieu dans son esprit, c'est une créature ignoble. — BACON .

Dieu est tout amour ; c'est Lui qui a tout fait, et Il aime tout ce qu'Il a fait. — HENRY BROOKE .

Avec quelle tranquillité pouvons-nous nous remettre entre les mains de Celui qui porte le monde, de Celui qui a créé et qui pourvoit aux joies même des insectes, avec autant de soin que s'il était leur père. — RICHTER .

Je crains Dieu, et à côté de Dieu, je crains surtout celui qui ne le craint pas. — SAADI .

Un ennemi de Dieu n'a jamais été un véritable ami de l'homme . — YOUNG .

Dieu agit d'une manière mystérieuse pour accomplir ses merveilles ; Il plante ses pas dans la mer et chevauche la tempête. —Cowper.

Il n'y a jamais eu d'homme d'une solide compréhension, dont les appréhensions soient sobres et avisées par une inspection pensive, mais qui n'ait trouvé par une irrésistible nécessité un vrai Dieu et un être éternel. — SIR WALTER RALEIGH .

 Qui guide en bas et règne en haut, Le grand disposateur et le roi puissant ; Il n'y en a pas de plus grand que Lui, et personne après Lui , Qui puisse être, est ou ait été. —Horace.

Tu es, ô Dieu, la vie et la lumière de tout ce monde merveilleux que nous voyons ; Son éclat le jour, son sourire la nuit, Ne sont que des reflets captés de Toi ! Où que nous tournions, ta gloire brille, et tout ce qui est beau et lumineux est à toi ! —Moore.

De Dieu dérivé, à Dieu par nature joint. Nous agissons selon les ordres de son esprit puissant : et bien que les prêtres soient muets et les temples immobiles, Dieu ne veut jamais qu'une voix exprime sa volonté. —Rowe.

L'impossibilité même dans laquelle je me trouve de prouver que Dieu n'existe pas me découvre son existence. — BRUYÈRE .

Nous trouvons en Dieu toutes les excellences de la lumière, de la vérité, de la sagesse, de la grandeur, de la bonté et de la vie. La lumière donne de la joie et du bonheur ; la vérité donne satisfaction ; la sagesse donne l'apprentissage et l'instruction ; la grandeur excite l'admiration ; la bonté produit l'amour et la gratitude ; la vie donne l'immortalité et assure la jouissance.— JONES DE NAYLAND .

Nous avons un ami et un protecteur dont, si nous ne nous éloignons pas de lui, ni la puissance ni l'esprit ne peuvent nous séparer. Avec sa force, poursuivons notre voyage à travers les tempêtes, les troubles et les dangers du monde. Quelle que soit leur rage et leur gonflement, même si les montagnes tremblent sous les tempêtes, notre rocher ne bougera pas : nous avons un ami qui ne nous abandonnera jamais ; un refuge, où nous pouvons reposer en paix et rester debout à la fin des jours. C'est Lui qui vit et qui était mort ; qui est vivant pour toujours ; et possède les clés de l'enfer et de la mort. — MGR HEBER .

C'est un état des plus malheureux que d'être éloigné de Dieu : l'homme n'a pas besoin de plus grand malheur que d'être laissé à lui-même . — FELTHAM .

L'homme qui oublie les merveilles et les miséricordes du Seigneur est sans aucune excuse ; car nous sommes continuellement entourés d'objets qui peuvent servir à rappeler de manière frappante la puissance et la bonté de Dieu. — SLADE .

Dieu est la lumière qui, sans se voir elle-même, rend toutes choses visibles et se revêt de couleurs. Ton œil ne sent pas son rayon, mais ton cœur sent sa chaleur. — RICHTER .

Un sentiment secret de la bonté de Dieu n'est en aucun cas suffisant. Les hommes devraient en faire des expressions solennelles et extérieures lorsqu'ils reçoivent ses créatures pour leur soutien ; un service et un hommage non seulement qui lui sont dus, mais qui leur sont profitables. — DEAN STANHOPE .

Tout est de Dieu. S'Il agite simplement la main, Les brumes s'accumulent, les pluies tombent épaisses et bruyantes ; Jusqu'à ce que , avec un sourire de lumière sur mer et terre, Lo ! Il regarde en arrière depuis le nuage qui s'éloigne.

Les anges de la vie et de la mort lui appartiennent également ; Sans sa permission, ils ne franchissent aucun seuil ; Qui donc souhaiterait ou oserait, en croyant cela, fermer la porte à ses messagers ? —Longfellow.

"Dieu vit tout ce qu'il avait fait, et voici, c'était très bon." * * * Partout où je tourne mes yeux, voici les monuments de sa grandeur ! de sa bonté ! * * * Ce que le monde contient de bien vient de sa miséricorde gratuite et non partagée : ce qu'il présente de mal réel vient de nous-mêmes . — MGR BLOMFIELD .

Or. — L'or, comme le soleil, qui fond la cire et durcit l'argile, dilate les grandes âmes et contracte les mauvais cœurs . — RIVAROL .

Il y a deux métaux, dont l'un est tout-puissant dans le cabinet et l'autre dans le camp : l'or et le fer. Celui qui sait les appliquer tous deux peut en effet atteindre la station la plus élevée. — COLTON .

L'or est le trésor de César , l'homme est celui de Dieu ; ton or a l'image de César , et tu as celui de Dieu ; donnez donc à César ce qui est à César , et à Dieu ce qui est À Dieu .

La rouille immonde ronge les trésors cachés ; Mais l'or, lorsqu'on l'utilise, engendre davantage d'or. —Shakespeare.

L'or est le rideau du fou, qui cache tous ses défauts au monde. — FELTHAM

.

Ô maudite convoitise de l'or ! quand, pour toi , l' insensé abandonne son intérêt pour les deux mondes. — Blair.

Combien peu, comme Daniel, ont Dieu et l'or ensemble ! — GEORGE VILLIERS .

L'or ne falsifie qu'une chose , c'est le cœur humain . — MARGUERITE DE VALOIS .

Bonté. — Une bonne action n'est jamais perdue ; celui qui sème la courtoisie récolte l'amitié, et celui qui sème la bonté récolte l'amour. — BASILE .

Il n'y a que les grandes âmes qui savent combien il y a de gloire à être bonnes. — SOPHOCLE .

Faites le bien furtivement et rougis de trouver la gloire. — PAPE .

Chaque jour doit être caractérisé par au moins un acte d' amour particulier.— LAVATER .

Celui qui est un homme bon a parcouru les trois quarts du chemin pour devenir un bon chrétien, quel que soit l'endroit où il habite, ou quel que soit son nom. — SUD .

Un homme bon est plus gentil avec son ennemi que les méchants ne le sont avec leurs amis.— BISHOP HALL .

Vivez pour quelque chose. Faites le bien et laissez derrière vous un monument de vertu que la tempête du temps ne pourra jamais détruire.

Écrivez votre nom avec gentillesse, amour et miséricorde dans le cœur des milliers de personnes avec lesquelles vous entrez en contact année après année ; tu ne seras jamais oublié. Non, votre nom, vos actes seront aussi lisibles sur les cœurs que vous laisserez derrière vous que les étoiles sur le front du soir. Les bonnes actions brilleront comme les étoiles du ciel . — CHALMERS .

Celui qui fait le bien pour le bien ne recherche ni louange ni récompense, bien qu'il soit enfin sûr des deux . — WILLIAM PENN .

Qu'est-ce qui est beau, comme le remarque Horace Smith, mais qui a l'air bien ? Soyez bonne, soyez féminine, soyez douce, généreuse dans vos sympathies, soucieuse du bien-être de tous ceux qui vous entourent ; et, ma parole, vous ne manquerez pas de paroles aimables d' admiration . — WHITTIER .

Du bien que nous pouvons tous faire ; et si nous faisons tout ce qui est en notre pouvoir, si petit que soit ce pouvoir, nous avons rempli notre part et pouvons être aussi près de la perfection que ceux dont l'influence s'étend sur les royaumes et dont les bonnes actions sont ressenties et applaudies par des milliers de personnes . BOWDLER .

Gouvernement. — L'administration du gouvernement, comme une tutelle, doit être dirigée vers le bien de ceux qui confèrent et non de ceux qui reçoivent la confiance . — CICÉRON .

Le pouvoir exercé avec violence a rarement été de longue durée, mais le tempérament et la modération produisent généralement une permanence en toutes choses . — SÉNÈQUE .

Aucun gouvernement, pas plus qu'un individu, ne sera longtemps respecté sans être vraiment respectable . — MADISON .

Le meilleur gouvernement n'est pas celui qui rend les hommes les plus heureux, mais celui qui rend heureux le plus grand nombre. — DUCLOS .

Aucun homme n'entreprend un métier qu'il n'a appris, même le plus bas ; pourtant chacun se croit suffisamment qualifié pour le plus dur de tous les métiers, celui de gouvernement . — SOCRATE .

Dans les premiers âges, les hommes gouvernaient par la force ; maintenant, ils gouvernent par leur cerveau, et aussi longtemps qu'il n'y aura qu'un seul homme au monde capable de penser et de planifier, il se tiendra de la tête et des épaules au-dessus de celui qui ne le peut pas. — BEECHER .

La fonction propre d'un gouvernement est de permettre aux gens de faire le bien facilement et de faciliter le mal . — GLADSTONE .

Tous les gouvernements libres sont gérés par la sagesse et la folie combinées du peuple . — JAMES A. GARFIELD .

Ceux qui pensent doivent gouverner ceux qui travaillent. — ORFÈVRE .

La grâce. — Que la grâce et la bonté soient la principale pierre d'appui de tes affections. — DRYDEN .

La grâce mère de toutes les grâces est la bonne volonté chrétienne. — BEECHER .

Toutes les actions et attitudes des enfants sont gracieuses parce qu'ils sont la progéniture luxuriante et immédiate du moment, dépourvue d'affectation et libre de toute prétention . — FUSELI .

La grâce a été définie, l'expression extérieure de l'harmonie intérieure de l' âme . — HAZLITT .

Gratitude. — La gratitude est une vertu qui dispose l'esprit à un sentiment intérieur et à une reconnaissance extérieure d'un bénéfice reçu, ainsi qu'à une disposition à le rendre, ou similaire, selon les circonstances de l'auteur et les capacités du destinataire. étendre à.

Celui qui reçoit un bon service ne doit jamais l'oublier ; celui qui le rend ne doit jamais s'en souvenir . — CHARRON .

O Seigneur, qui me prête la vie, prête-moi un cœur rempli de gratitude. — SHAKESPEARE .

Ce qui cause une telle erreur de calcul dans la quantité de gratitude que les hommes attendent pour les faveurs qu'ils ont rendues, c'est que l'orgueil de celui qui donne et celui de celui qui reçoit ne peuvent jamais s'entendre sur la valeur du bienfait . — LA ROCHEFOUCAULD .

Si la gratitude est due aux enfants envers leurs parents terrestres, combien plus la gratitude de la grande famille des hommes est due à notre Père céleste ! — OSÉE BALLOU .

Tombe. — Là, les méchants cessent de troubler ; et là, ceux qui sont fatigués se reposent. Là, les prisonniers reposent ensemble ; ils n'entendent pas la voix de l'oppresseur. Les petits et les grands sont là ; et le serviteur est libre de son maître. — JOB 3:17, 18, 19 .

Nous allons sur la tombe d'un ami en disant : « Un homme est mort » ; mais les anges se pressent autour de lui et disent : « Un homme est né. » — BEECHER .

Toujours l'idée d'un calme ininterrompu couve autour de la tombe. C'est un port où les tempêtes de la vie ne frappent jamais, et où les formes qui ont été ballottées par ses vagues irritantes restent silencieuses pour toujours. Là, l'enfant se blottit aussi paisiblement que jamais dans les bras de sa mère, et les mains de l'ouvrier restent immobiles à ses côtés, et le cerveau du penseur est enveloppé d'un mystère silencieux, et le cœur brisé de la pauvre fille est baigné dans un baume qui en extrait son secret. malheur, et est sous la garde d'un organisme de bienfaisance qui couvre tout blâme. — CHAPIN .

Il y a une voix du tombeau plus douce qu'un chant. Il y a un souvenir des morts vers lequel on se tourne même des charmes des vivants. Oh, la tombe !… la tombe ! Il enterre chaque erreur, couvre chaque défaut, éteint chaque ressentiment ! De son sein paisible ne jaillissent que de affectueux regrets et de tendres souvenirs. — WASHINGTON IRVING .

Quelle est la tombe ? C'est un port frais et ombragé, où le chrétien épuisé et fatigué par la route accidentée de la vie, oubliant toutes les peines, les joies et les douleurs de la vie, dépose son pauvre corps pour se reposer , dort et se réveille au ciel.

Grandeur. — Celui qui, dans les questions de droit, de vertu ou de devoir, se place au-dessus de tout ridicule, est vraiment grand, et finira par rire avec une gaieté plus vraie que jamais on s'est moqué de lui. — LAVATER .

Le plus grand homme est celui qui choisit le bien avec une résolution invincible, qui résiste aux tentations les plus douloureuses de l'intérieur et de l'extérieur, qui porte avec joie les fardeaux les plus lourds, qui est le plus calme dans les tempêtes et le plus intrépide face à la menace et aux froncements de sourcils, dont la confiance dans la vérité, dans la vertu. , sur Dieu, est des plus inébranlables. Je crois que cette grandeur est la plus commune parmi la multitude, dont les noms ne sont jamais entendus. — CHANNING .

Les grands esprits, comme le ciel, se plaisent à faire le bien, bien que les sujets ingrats de leurs faveurs soient stériles en retour. —Rowe.

Les grandes vérités sont des portions de l'âme de l'homme ; Les grandes âmes sont les portions de l'éternité. —Lowell.

Aucune preuve plus triste ne peut être donnée par un homme de sa propre petitesse que l'incrédulité envers les grands hommes . — CARLYLE .

Si le titre de grand homme doit être réservé à celui qui ne peut être accusé d'une indiscrétion ou d'un vice, qui a passé sa vie à établir l'indépendance, la gloire et la prospérité durable de son pays ; qui a réussi tout ce qu'il a entrepris, et dont les succès n'ont jamais été gagnés aux dépens de l'honneur, de la justice, de l'intégrité ou par le sacrifice d'un seul principe — ce titre ne sera pas refusé à Washington . — SPARKS .

Seul est grand celui qui a les habitudes de la grandeur ; qui, après avoir accompli ce que personne sur dix mille ne pourrait accomplir, décède comme Samson et « n'en parle ni à son père ni à sa mère ». — LAVATER .

Celui qui parvient à sa propre idée de la grandeur doit toujours en avoir un niveau très bas dans son esprit . — HAZLITT .

Dans la vie, nous trouverons beaucoup d'hommes grands et quelques hommes bons, mais très peu d'hommes à la fois grands et bons. — COLTON .

Un homme vraiment grand se reconnaît à trois signes : la générosité dans le dessein, l'humanité dans l'exécution et la modération dans le succès. — BISMARCK .

Rien ne peut rendre un homme vraiment grand si ce n'est d'être vraiment bon et de participer à la sainteté de Dieu. — MATTHEW HENRY .

Les plus grandes vérités sont les plus simples ; les plus grands hommes le sont aussi.

Certains naissent grands, certains atteignent la grandeur et certains se voient imposer la grandeur . — SHAKESPEARE .

Aucun homme n'a atteint la véritable grandeur s'il n'a pas senti, dans une certaine mesure, que sa vie appartient à sa race et que ce que Dieu lui donne, il le lui donne pour l'humanité . — PHILLIPS BROOKS .

Rien n'est plus simple que la grandeur ; en effet, être simple, c'est être grand. — EMERSON .

Chagrin. — Le chagrin est la culture de l'âme, c'est le véritable engrais. — MADAME DE GIRARDIN .

Les chagrins légers sont plaintifs, mais les grands sont muets. — SÉNÈQUE .

Si les chagrins intérieurs de chaque homme pouvaient être lus, écrits sur son front, combien de ceux qui excitent aujourd'hui l'envie sembleraient être l'objet de pitié ? — MÉTASTASE .

L'excès de chagrin pour le défunt est une folie ; car c'est une injure pour les vivants, et les morts ne le savent pas. — XÉNOPHON .

Toutes les joies de la terre n'apaiseront pas notre soif de bonheur ; tandis qu'un seul chagrin suffit pour envelopper la vie d'un voile sombre et la frapper de néant sur tous les points . — MADAME SWETCHINE .

Quel argument en faveur des liens sociaux est l'observation selon laquelle en communiquant notre chagrin nous avons moins, et en communiquant notre plaisir nous avons plus . — GREVILLE .

Ils pleurent vraiment sans témoin. — BYRON .

Hélas! Je n'ai pas de mots pour dire mon chagrin ; Exprimer mon chagrin serait un certain soulagement ; Les souffrances légères nous donnent le loisir de nous plaindre ; Nous gémissons, nous ne pouvons pas parler, avec une douleur encore plus grande. —Dryden.

C'est une folie de s'arracher les cheveux de chagrin, comme si le chagrin pouvait être apaisé par la calvitie . — CICÉRON .

Le Dr Holmes dit, à la fois avec humour et vérité, que les veuves en pleurs sont les plus faciles à consoler. — HW SHAW .

Qui ne parvient pas à s'affliger lorsque l'occasion l'appelle, Ou s'afflige trop, ne mérite pas d'être béni : Son cœur est inhumain ou efféminé. -Jeune.

Un grand chagrin rend sacrés ceux sur qui sa main est posée. La joie peut élever, l'ambition glorifier, mais le chagrin seul peut consacrer. — HORACE GREELEY .

Tout le monde peut maîtriser un chagrin, sauf celui qui l' a. —SHAKESPEARE .

Grognement. — Lorsqu'un homme est rempli du Saint-Esprit, il est le tout dernier homme à se plaindre des autres. — DL MOODY .

Chacun doit voir quotidiennement des exemples de gens qui se plaignent par simple habitude de se plaindre. — GRAVES .

Il y a une fâcheuse disposition chez un homme à s'occuper beaucoup plus des défauts de ses compagnons qui l'offensent, que de leurs perfections qui lui plaisent. — GREVILLE .

Aucun talent, aucun abnégation, aucun cerveau, aucun caractère n'est requis pour s'établir dans une entreprise grincheuse ; mais ceux qui sont animés par un véritable désir de faire le bien ont peu de temps pour murmurer ou se plaindre . — ROBERT WEST .

Je plains l'homme qui peut voyager de Dan à Beer Sheva et crier : « Tout est stérile. » — STERNE .

Culpabilité. — Ne pensez pas que la culpabilité ait besoin des torches allumées des Furies pour l'agiter et la tourmenter. Leurs propres fraudes, leurs crimes, leurs souvenirs du passé, leurs terreurs de l' avenir, telles sont les fureurs domestiques qui sont toujours présentes à l'esprit des impies . — ROBERT HALL .

La culpabilité seule, comme une frénésie cérébrale dans son humeur fiévreuse, remplit l'air léger de terreurs visionnaires et de formes informes de peur. — JUNIUS .

La culpabilité, même si elle peut atteindre une splendeur temporelle, ne peut jamais conférer un véritable bonheur ; les conséquences néfastes de nos crimes survivent longtemps à leur commission et, comme les fantômes des assassinés, hantent à jamais les pas du malfaiteur ; tandis que les chemins de la vertu, bien que rarement ceux de la grandeur du monde, sont toujours ceux de l'agrément et de la paix . — SIR WALTER SCOTT .

Celui qui est conscient de desseins secrets et obscurs qui, s'ils étaient connus, le détruiraient, recule et évite perpétuellement l'observation publique, et a peur de tout ce qui l'entoure, et bien plus encore de tout ce qui est au-dessus DE lui .

Ceux dont la culpabilité réside dans leur sein, imaginent que chaque œil voit leur blâme. — SHAKESPEARE .

La vie n'est pas le bien suprême ; mais de tous les maux terrestres, le principal est la culpabilité. — SCHILLER .

Ceux qui s'engagent autrefois dans des desseins iniques se trompent misérablement lorsqu'ils pensent qu'ils iront jusqu'ici et pas plus loin ; une faute en engendre une autre, un crime en rend un autre nécessaire ; et ainsi ils sont continuellement poussés vers le bas dans une profondeur de culpabilité qu'au début de leur carrière ils auraient préféré mourir plutôt que d'avoir encourue . — SOUTHEY .

Que la méchanceté s'échappe comme elle peut à la barre, elle ne manque jamais de se rendre justice à elle-même ; car tout coupable est son propre bourreau. — SÉNÈQUE .

Habitude. — Les habitudes sont vite prises ; mais quand nous nous efforçons de les dépouiller, ils sont écorchés vifs. — COWPER .

La loi de la moisson est de récolter plus que ce que l'on sème. Semez un acte, et vous récolterez une habitude ; semez une habitude, et vous récolterez un caractère ; semez un personnage et vous récoltez un destin. — GD BOARDMAN .

Une seule mauvaise habitude gâchera un caractère par ailleurs irréprochable, comme une goutte d'encre souille la page d'un blanc pur. — OSÉE BALLOU .

Les habitudes sont comme les rides du front d'un homme ; si vous lissez l'un, j'aplanirai l' autre. — HW SHAW .

Une grande partie de la vertu chrétienne consiste en de bonnes habitudes . — PALEY .

L'habitude est dix fois plus naturelle.— WELLINGTON .

L'habitude est le plus impérieux de tous les maîtres. — GOETHE .

Je gouvernerai ma vie et mes pensées comme si le monde entier voyait l'une et lisait l'autre ; car que signifie faire de quelque chose un secret pour mon prochain, quand à Dieu (qui est le chercheur de nos cœurs) toutes nos intimités sont ouvertes ? — SÉNÈQUE .

La volonté qui cède la première fois avec une certaine réticence le fait la deuxième fois avec moins d'hésitation, et la troisième fois sans aucune hésitation, jusqu'à ce que l'habitude soit adoptée . — HENRY GILES .

Il est presque aussi difficile de faire désapprendre à un homme ses erreurs que ses connaissances. — COLTON .

Les habitudes, bien qu'à leur début comme la ligne vaporeuse de l'araignée, tremblant à chaque brise, peuvent à la fin se révéler comme des liens d'acier trempé, liant un être immortel à la félicité ou au malheur éternels. — MME SIGOURNEY .

Je ne serai l'esclave d'aucune habitude ; donc adieu le tabac. — OSÉE BALLOU .

Bonheur. — Celui qui est bon est heureux. — HABBINGTON .

Si nous apprécions le bonheur solide , ce joyau repose dans notre poitrine ; Et ce sont des imbéciles qui errent : Le monde n'a rien à donner, Nos joies doivent découler de nous-mêmes , Et de cette chère cabane, notre maison. -Coton.

Le cours commun des choses est en faveur du bonheur ; le bonheur est la règle, la misère l'exception. Si l'ordre était inversé, notre attention serait attirée sur des exemples de santé et de compétence, plutôt que sur la maladie et le besoin. — PALEY .

Le bonheur et la vertu réagissent l'un sur l'autre , — les meilleurs ne sont pas seulement les plus heureux, mais les plus heureux sont généralement les meilleurs. — LYTTON .

Dieu aime voir ses créatures heureuses ; notre plaisir légitime est le sien ; ils ne connaissent pas Dieu qui pense lui plaire en se rendant malheureux. Les idolâtres pensaient que c'était un service approprié pour Baal de se couper et de se transpercer ; jamais aucun saint homme n'a cherché à remercier le vrai Dieu en se faisant du tort. — BISHOP HALL .

Le vrai bonheur est assez bon marché, mais combien cher nous payons sa contrefaçon ! — OSÉE BALLOU .

Les degrés de bonheur varient selon les degrés de vertu, et par conséquent, la vie la plus vertueuse est la plus heureuse. — NORRIS .

Sans une forte affection, sans humanité de cœur et sans gratitude envers cet Être dont le code est la miséricorde et dont le grand attribut est la bienveillance envers tout ce qui respire, le vrai bonheur ne pourra jamais être atteint . — DICKENS .

Le mieux que nous puissions espérer dans ce monde est le contentement ; si nous visons quelque chose de plus élevé, nous ne rencontrerons que chagrin et déception. Un homme devrait diriger toutes ses études et ses efforts pour se rendre facile maintenant et heureux plus tard . — ADDISON .

Être heureux, ce n'est pas seulement être libéré des douleurs et des maladies du corps, mais aussi de l'anxiété et du dépit de l'esprit ; non seulement pour jouir des plaisirs des sens, mais aussi pour la paix de la conscience et la tranquillité de l'esprit . — TILLOTSON .

Le bonheur dans ce monde, quand il vient, vient par hasard. Faites-en l'objet de notre poursuite, et cela nous mènera à une chasse aux oies sauvages, et nous ne l'atteindrons jamais. Suivez un autre objet, et très probablement nous découvrirons que nous avons attrapé le bonheur sans en rêver . — HAWTHORNE .

Le bonheur du cœur tendre s'augmente de ce qu'il peut retirer de la misère des autres . — J. PETIT- SENN .

Il n'y a pas d'homme qui ne puisse faire son paradis. — BEAUMONT ET FLETCHER .

Le bonheur de la vie est composé de fractions infimes, de petites charités vite oubliées d'un baiser, d'un sourire, d'un regard aimable, d'un compliment sincère déguisé en raillerie enjouée, et des innombrables autres infimes pensées et pensées agréables. sentiment.— COLERIDGE .

Être heureux n'est pas le but pour lequel vous êtes placé dans ce monde . — FROUDE .

Le bonheur du genre humain dans ce monde ne consiste pas à être dépourvu de passions, mais à apprendre à les commander. — DES FRANÇAIS .

Notre bonheur dans ce monde dépend des affections que nous pouvons inspirer. — DUCHESSE DE PRASLIN .

Haine. — La passion de la haine est si durable et si invétérée que le plus sûr pronostic de mort chez un malade est un désir de réconciliation . — BRUYÈRE .

Nous détestons certaines personnes parce que nous ne les connaissons pas ; et nous ne les connaîtrons pas parce que nous les détestons. — COLTON .

Si vous haïssez vos ennemis, vous contracterez une habitude d'esprit si vicieuse qu'elle éclatera peu à peu sur ceux qui sont vos amis ou sur ceux qui vous sont indifférents. — PLUTARQUE .

La haine est le vice des âmes étroites ; ils le nourrissent de toutes leurs petitesses , et en font le prétexte de basses tyrannies. — BALZAC .

C'est la nature de la disposition humaine de haïr celui que vous avez blessé. — TACITE .

La vie est trop courte pour en consacrer une heure à cette mauvaise passion. — LAMARTINE .

La haine que nous portons à nos ennemis nuit moins à leur bonheur qu'au nôtre. — J. PETIT- SENN .

La haine des personnes apparentées les unes aux autres est la plus violente. — TACITE .

Quand notre haine est trop vive, elle nous place au-dessous de ceux que nous haïssons. — LA ROCHEFOUCAULD .

Santé. — La seule façon pour un homme riche d'être en bonne santé est, par l'exercice et l'abstinence, de vivre comme s'il était pauvre. — SIR W. TEMPLE .

Il y a cette différence entre ces deux bénédictions temporelles, la santé et l'argent : l'argent est le plus envié, mais le moins apprécié ; la santé est la plus appréciée, mais la moins enviée : et cette supériorité de cette dernière est encore plus évidente si l'on considère que l'homme le plus pauvre ne se séparerait pas de la santé pour de l'argent, mais que le plus riche se séparerait volontiers de tout son argent pour la santé. — COLTON .

Refusez d'être malade. Ne dites jamais aux gens que vous êtes malade ; ne le possédez jamais pour vous-même. La maladie est une de ces choses auxquelles un homme doit résister par principe dès le début . — LYTTON .

Tout le plaisir de la raison, toutes les joies des sens, résident en trois mots, santé, paix et compétence : mais la santé consiste en la seule tempérance ; Et paix, ô Vertu ! la paix est à toi. -Le pape.

Ô santé bénie ! tu es au-dessus de tout l'or et du trésor ; c'est toi qui agrandis l'âme et ouvre toutes ses forces pour recevoir l'instruction et savourer la vertu. Celui qui t'a n'a pas grand-chose à souhaiter de plus, et celui qui est assez malheureux pour te vouloir, veut tout avec toi . — STERNE .

Les gens qui prennent toujours soin de leur santé sont comme des avares qui accumulent un trésor dont ils n'ont jamais assez d'esprit pour jouir . — STERNE .

La santé et la bonne humeur sont au corps humain comme le soleil à la végétation. — MASSILLON .

Un moyen très efficace pour la préservation de la santé est un esprit calme et joyeux, non affligé de passions violentes ni distrait par des soucis immodérés. — JOHN RAY .

Les exigences de santé et le style vestimentaire féminin imposé par la coutume sont en antagonisme direct les uns avec les autres. — ABBA GOOLD WOOLSON .

Car la vie n'est pas vivre, mais être bien . — MARTIAL .

De la santé au travail, du contentement en matière de santé naît.— BEATTIE .

De nos jours, la moitié de nos maladies proviennent de la négligence du corps due au surmenage du cerveau — LYTTON .

La règle est simple : soyez sobre et modéré, et vous serez en bonne santé. — FRANKLIN .

Cœur. — Garde ton cœur en toute diligence ; car c'est de là que naissent les enjeux de la vie. — PROVERBES 4:23 .

Les pauvres se détournent trop souvent sans être entendus, des cœurs qui se ferment contre eux avec un bruit qui sera entendu dans le ciel. — Longfellow.

Celui qui a le plus de cœur connaît le plus de chagrin. — BAILEY .

Toutes les offenses viennent du cœur. — SHAKESPEARE .

De nombreuses fleurs s'ouvrent au soleil, mais une seule le suit constamment. Cœur, sois le tournesol, non seulement ouvert pour recevoir la bénédiction de Dieu, mais constant dans ton regard vers Lui. — RICHTER .

C'est de l'abondance du cœur que la bouche parle . — MATTHIEU 12 :34 .

Pensez-vous que quelqu'un peut émouvoir le cœur, sauf Celui qui l'a créé ? — JOHN LYLY .

Lorsqu'un jeune homme se plaint qu'une jeune femme n'a pas de cœur, il est presque certain qu'elle a le sien. — GD PRENTICE .

Le cœur ne s'améliore jamais avec l'âge, je crains plutôt pire ; toujours plus dur. Un jeune menteur sera un vieux ; et un jeune coquin ne deviendra qu'un plus grand coquin à mesure qu'il vieillira. — CHESTERFIELD .

Un cœur à résoudre, une tête à inventer et une main à exécuter. — GIBBON .

Le cœur qui a autrefois été baigné dans la pure fontaine de l'amour conserve pour toujours le pouls de la jeunesse. — LANDOR .

Un cœur aimant emporte avec lui, sous tous les parallèles de latitude, la chaleur et la lumière des tropiques. Il plante son Éden dans le désert et le lieu solitaire, et sème de fleurs la désolation grise des rochers et des mousses . — WHITTIER .

Personne d'autre que Dieu ne peut satisfaire les désirs d'une âme immortelle ; que, comme le cœur a été fait pour Lui, Lui seul peut le remplir. — TRANCHÉE .

Il y a des trésors cachés dans le cœur, des trésors de charité, de piété, de tempérance et de sobriété. Ces trésors, l'homme les emporte avec lui au-delà de la mort, lorsqu'il quitte ce monde . — ÉCRITURES BOUDDHIQUES .

Le cœur est trompeur par-dessus tout et désespérément méchant ; qui peut le savoir ? — JÉRÉMIE 17:9 .

Paradis. — Le généreux qui est toujours juste, et le juste qui est toujours généreux, peuvent, à l'improviste, s'approcher du trône du ciel. — LAVATER .

Les rachetés y marcheront . — ÉSAÏE 35 :9 .

Si notre Créateur a si généreusement pourvu à notre existence ici-bas, qui n'est que momentanée, et à nos besoins temporels, qui seront bientôt oubliés, combien plus a-t-il dû faire pour notre plaisir dans le monde éternel ! — OSÉE BALLOU .

Le ciel ne fait pas la sainteté, mais la sainteté fait le ciel. — PHILLIPS BROOKS .

Je ne peux pas me contenter de moins que le paradis . — BAILEY .

Les portes du ciel ne sont pas aussi voûtées que les palais des princes ; ceux qui y entrent doivent se mettre à genoux . — DANIEL WEBSTER .

Celui qui pense rarement au ciel n'y parviendra probablement pas ; car la seule façon d'atteindre la cible est de garder l'œil fixé dessus. — Mgr HORNE .

Pureté parfaite, plénitude de joie, liberté éternelle, repos parfait, santé et fruit, sécurité complète, bien substantiel et éternel. — HANNAH MORE .

Le ciel est le jour dont la grâce est l'aube ; le fruit riche et mûr dont la grâce est la jolie fleur ; le sanctuaire intérieur de ce temple le plus glorieux dont la grâce forme l'approche et la cour extérieure. — RÉVÉREND DR. GUTHRIE .

Rien n'est plus éloigné que la terre du ciel ; rien n'est plus proche que le ciel de la terre. — LIÈVRE .

Le ciel sera hérité par tout homme qui a le ciel dans son âme. "Le royaume de Dieu est en vous." - BEECHER .

Bienheureux est le pèlerin qui, en tout lieu et à tout moment de son exil dans le corps, invoquant le saint nom de Jésus, évoque sa terre céleste natale, où son bienheureux Maître, le Roi des saints et des anges, attend de le recevoir. Bienheureux est le pèlerin qui ne cherche pas une demeure pour lui-même dans ce monde ; mais il aspire à être dissous et à être avec Christ au ciel. — THOS. À KEMPIS .

Héros. — Les grands hommes ont besoin d'être portés sur les épaules du monde entier pour concevoir leurs grandes idées ou accomplir leurs grandes actions. Autrement dit, il doit y avoir une atmosphère de grandeur autour d'eux. Un héros ne peut être un héros que dans un monde héroïque. — HAWTHORNE .

Des troupes de héros sans distinction meurent.— ADDISON .

Personne, dit-on, n'est un héros pour son valet de chambre. Bien sûr; car il faut être un héros pour comprendre un héros. Le valet de chambre, j'ose le dire, a un grand respect pour quelqu'un de sa trempe. — GOETHE .

Il y a plus d'héroïsme dans l'abnégation que dans les faits d' armes. — SÉNÈQUE .

Nous pouvons tous être des héros par nos vertus, dans nos foyers, dans nos vies . — JAMES ELLIS .

Chaque homme est un héros et un oracle pour quelqu'un ; et pour cette personne, tout ce qu'il dit a une valeur accrue. — EMERSON .

Histoire. — L'histoire fait qu'un jeune homme est vieux, sans rides ni cheveux gris, — lui privilégiant l'expérience de la vieillesse, sans ses infirmités ni ses inconvénients. — THOMAS FULLER .

L'histoire enseigne tout, même l' avenir. — LAMARTINE .

C'est lorsque l'heure du conflit est passée que l'histoire parvient à une juste compréhension du conflit et est prête à s'exclamer : « Voici, Dieu est ici, et nous ne l'avons pas connu ! » — BANCROFT .

Je considère que c'est là le rôle principal de l'histoire : sauver les actions vertueuses de l'oubli où les condamnerait par le manque de documents, et faire en sorte que les hommes aient peur d'être considérés comme infâmes aux yeux de la postérité, à cause de leurs expressions dépravées et de leurs expressions dépravées. actions de base . — TACITE .

Ne pas savoir ce qui s'est passé autrefois, c'est rester toujours un enfant. Si l'on ne fait aucun usage des travaux des âges passés, le monde restera toujours dans l'enfance de la connaissance. — CICÉRON .

L'histoire est le dépositaire de grandes actions, le témoin du passé, l'exemple et l'instructeur du présent, et le moniteur de l' avenir . — CERVANTES .

Il n'y a pas d'histoire digne d'attention si ce n'est celle d'un peuple libre ; l'histoire d'un peuple soumis au despotisme n'est qu'un recueil d' anecdotes . — CHAMFORT .

L'histoire n'est que le rouleau déroulé de la prophétie . — JAMES A. GARFIELD .

L'histoire du monde est un poème divin dont l'histoire de chaque nation est un chant et chaque homme une parole. Ses accents ont résonné tout au long des siècles, et bien que se soient mêlés les discordes des canons en guerre et des hommes mourants, pourtant, pour le philosophe et l'historien chrétien – l'humble auditeur – il y a eu une mélodie divine qui parcourait la chanson qui parle de espoir et jours heureux à venir.— JAMES A. GARFIELD .

Maison. — Il n'y a pas de bonheur dans la vie, il n'y a pas de misère, comme celle qui naît des dispositions qui consacrent ou profanent une maison. — CHAPIN .

La politique du bon vieux gentleman était de faire sentir à ses enfants que la maison était l'endroit le plus heureux du monde ; et j'apprécie ce délicieux sentiment de foyer comme l'un des cadeaux les plus précieux qu'un parent puisse offrir. — WASHINGTON IRVING .

Il est le plus heureux, qu'il soit roi ou paysan, celui qui trouve la paix dans sa maison . — GOETHE .

aboiement honnête du chien de garde. Bay, la bouche profonde, nous accueille alors que nous approchons de la maison ; C'est doux de savoir qu'il y a un œil qui marquera notre venue et qui paraîtra plus brillant quand nous arriverons. — Byron.

"Au milieu des plaisirs et des palais, même si nous pouvons parcourir,
Même si humble, il n'y a pas d'endroit comme chez soi. —John Howard
Payne.

Il y a quelque chose d'étrange, que les imbéciles ressentent sans cerveau , et
que même les hommes sages ne peuvent expliquer, planté dans l'homme,
pour le lier à cette terre, dans les liens les plus chers, d'où il a tiré sa
naissance. —Churchill.

Le premier symptôme certain d'un esprit en bonne santé est le repos du cœur
et le plaisir ressenti à la maison . — JEUNE .

N'êtes-vous pas surpris de constater à quel point la paix de la conscience est
indépendante de l'argent et combien de bonheur peut être condensé dans le
foyer le plus humble ? — JAMES HAMILTON .

Respire là un homme à l'âme si morte, qui ne s'est jamais dit : Ceci est à
moi, ma terre natale ! Dont le cœur n'a jamais brûlé en lui, Comme il a
ramené ses pas chez lui , Après avoir erré sur un rivage étranger ! —Scott.

Lorsque la maison est gouvernée selon la Parole de Dieu, on peut demander
aux anges de passer une nuit avec nous, et ils ne se retrouveront pas hors de
leur élément . — SPURGEON .

Efforcez-vous, comme vous le jugez bon, d'autres choses ; mais n'ayez aucun
scrupule à avoir la liberté d'égayer votre maison. Des meubles gais et un jardin
brillant sont un spectacle de jour en jour et rendent la vie plus joyeuse. —
CHARLES BUXTON .

Dans toutes mes errances autour de ce monde de soucis, Dans toutes mes
douleurs — et Dieu m'a donné ma part — j'avais encore l'espoir de
couronner mes dernières heures, Au milieu de ces humbles berceaux pour
me coucher ; Pour épuiser le cierge de la vie à la fin, Et empêcher la
flamme de s'éteindre, par le repos : J'avais encore des espoirs, car l'orgueil
nous accompagne encore, Au milieu des amoureux pour montrer mon livre
- appris compétence, Autour de mon feu un groupe du soir pour dessiner,
Et raconter tout ce que j'ai ressenti et tout ce que j'ai vu ; Et comme un
lièvre que les chiens et les cornes poursuivent, halète jusqu'à l'endroit d'où
il s'est d'abord envolé, j'avais encore l'espoir, mes longues contrariétés
passées, d' y revenir — et de mourir enfin chez moi. -Orfèvre.

La maison est le séminaire de toutes les autres institutions . — CHAPIN .

Honnêteté. — Pour être honnête, dans l'évolution de ce monde, c'est être
un homme choisi parmi dix mille . — SHAKESPEARE .

L'homme qui s'arrête dans son honnêteté ne veut pas d'un méchant. — H. MARTYN .

L'homme qui est suffisamment conscient de la rectitude de ses intentions au point d'être disposé à ouvrir son sein à l'inspection du monde possède l'un des piliers les plus solides d'un caractère décidé. La conduite d'un tel homme sera ferme et régulière, car il n'a rien à craindre du monde et est sûr de l'approbation et du soutien du ciel . — WIRT .

L'honnêteté n'a besoin ni de déguisement ni d'ornement ; soyez clair.— OTWAY .

"L'honnêteté est la meilleure politique;" mais celui qui agit selon ce principe n'est pas un HONNÊTE homme .

Le premier pas vers la grandeur est d'être honnête, dit le proverbe ; mais le proverbe ne parvient pas à énoncer des arguments suffisamment convaincants. L'honnêteté n'est pas seulement « le premier pas vers la grandeur », c'est la grandeur elle-même . — BOVEE .

Que l'honnêteté soit comme le souffle de ton âme, et n'oublie jamais d'avoir un sou, lorsque toutes tes dépenses sont énumérées et payées : alors tu atteindras le point de bonheur, et l'indépendance sera ton bouclier et ton bouclier, ton casque et ta couronne ; alors ton âme ne marchera pas droitement, ne s'abaissera pas vers le misérable en soie parce qu'il a des richesses, ni n'empochera un abus parce que la main qui l'offre porte une bague sertie de diamants . — FRANKLIN .

Rien ne réussit vraiment qui ne soit basé sur la réalité ; l'imposture, au sens large, ne réussit jamais. Dans la vie de l'individu, comme dans la vie plus globale de l'État, la prétention n'est rien et le pouvoir est tout. — WHIPPLE .

Plus un homme est honnête, moins il affecte l'air d'un saint. — LAVATER .

Aucun homme n'est obligé d'être riche ou grand, ni même d'être sage ; mais tout homme est tenu d'être honnête. — SIR BENJAMIN RUDYARD .

Un honnête homme est l'œuvre la plus noble de Dieu. — PAPE .

Lorsque les hommes cesseront d'être fidèles à leur Dieu, celui qui s'attend à ce qu'ils le soient les uns envers les autres sera très déçu . — MGR HORNE .

S'il pense vraiment qu'il n'y a pas de distinction entre la vertu et le vice, pourquoi, monsieur, lorsqu'il quitte nos maisons, comptons nos cuillères . — DR JOHNSON .

Toute autre connaissance est nuisible à celui qui n'a pas d'honnêteté et de bon caractère. — MONTAIGNE .

Aucun héritage n'est aussi riche que l'honnêteté . — SHAKESPEARE .

Ce qui devient est honnête, et tout ce qui est honnête doit toujours être convenable . — CICÉRON .

Espoir. — Tout ce qui arrive dans le monde entier arrive par l'espérance. Aucun laboureur ne semerait un grain de maïs s'il n'espérait qu'il pousserait et donnerait l'épi. Combien plus l'espérance nous aide-t-elle sur le chemin de la vie éternelle ! — LUTHER .

« As -tu de l'espoir ? » ont-ils demandé à John Knox, alors qu'il était mourant. Il ne dit rien, mais leva le doigt et le montra vers le haut, et ainsi mourut . — CARLYLE .

Les richesses du ciel, l'honneur qui vient de Dieu seul, et les plaisirs à sa droite, l'absence de tout mal, la présence et la jouissance de tout bien, et ce bien qui dure pour l'éternité, ne nous sera plus jamais enlevé, ne devant jamais être diminuées au moindre degré, mais augmentant toujours, telles sont les couronnes qui forment la contexte de cette couronne tendue à nos espérances . — MGR HORNE .

Une espérance religieuse non seulement soutient l'esprit sous ses souffrances, mais la fait s'en réjouir. — ADDISON .

L'espoir est comme l'aile d'un ange, s'élevant vers le ciel et portant nos prières au trône de Dieu . — JEREMY TAYLOR .

L'espoir est notre vie quand d'abord notre vie devient claire, L'espoir et la joie, à peine traversés par des lignes de peur : Pourtant le jour vient où nous ne voudrions plus espérer — Mais dans la mesure où nous devons faire face à la vie , Luttant avec ceci et cela — et qui sait pourquoi ? L'espoir ne nous livrera pas à la certitude, mais il doit quand même demeurer à nos côtés. —Wm. Morris.

L'espoir jaillit éternellement dans le sein humain. L'homme ne l'est jamais, mais il doit toujours être béni. -Le pape.

Une propension à l'espoir et à la joie est une véritable richesse ; celui qui a peur et au chagrin, la vraie pauvreté . — HUME .

Le véritable espoir repose sur l'énergie du caractère. Un esprit fort espère toujours, et a toujours des raisons d'espérer, parce qu'il connaît la mutabilité des affaires humaines et combien une circonstance insignifiante peut changer le cours entier des événements. Un tel esprit aussi repose sur lui-même ; elle ne se limite pas à des vues partielles ou à un objet particulier. Et si finalement tout devait être perdu, il s'est sauvé lui-même. — VON KNEBEL .

L'espérance, comme la lumière scintillante du cierge , Orne et réjouit le chemin ; Et pourtant, à mesure que la nuit s'assombrit , Émet un rayon plus brillant. -Orfèvre.

Hospitalité. — Comme bien d'autres vertus, l'hospitalité est pratiquée dans sa perfection par les pauvres. Si les riches faisaient leur part, comment les malheurs de ce monde seraient-ils allégés ! — MME KIRKLAND .

Ce n'est pas la quantité de viande, mais la gaieté des convives qui fait le festin. — CLARENDON .

Il y a une émanation du cœur dans une véritable hospitalité qui ne peut être décrite, mais qui est immédiatement ressentie et met immédiatement l'étranger à son aise . — WASHINGTON IRVING .

N'oubliez pas de recevoir des étrangers : car c'est ainsi que certains ont reçu des anges à leur insu. — HÉBREUX 13 : 2 .

Béni soit cet endroit où les invités joyeux se retirent pour s'arrêter du labeur et entretenir leur feu du soir ; Béni soit cette demeure, où le besoin et la douleur se réparent, et où chaque étranger trouve une chaise toute prête : bénis soient ces festins avec une abondance simple couronnée, où toute la famille rougeâtre autour rit des plaisanteries ou des farces qui ne manquent jamais, ou soupire de pitié. à quelque triste conte, Ou presser l'étranger timide vers sa nourriture, Et apprendre le luxe de faire le bien. -Orfèvre.

Humilité. — La suffisance de mon mérite, c'est de savoir que mon mérite n'est pas suffisant. — SAINT AUGUSTIN .

Les hautes montagnes sont stériles, mais les basses vallées sont couvertes de blé ; et en conséquence, les pluies de la grâce de Dieu tombent sur les cœurs humbles et les âmes humbles. — WORTHINGTON .

Celui qui sacrifie une offrande entière sera récompensé pour une offrande entière ; celui qui offre un holocauste aura la récompense d'un holocauste ; mais celui qui offre l'humilité à Dieu et à l'homme sera récompensé d'une récompense comme s'il avait offert tous les sacrifices du monde . — LE TALMUD .

La véritable humilité – la base du système chrétien – est le fondement bas mais profond et ferme de toutes les vertus . — BURKE .

Par l'humilité et la crainte du Seigneur naissent la richesse, l'honneur et la vie. — PROVERBES 22 : 4 .

"Si vous demandez, quel est le premier pas sur le chemin de la vérité ? Je réponds par l'humilité", dit Saint Austin. "Si vous demandez, quelle est la deuxième ? Je dis l'humilité. Si vous demandez, quelle est la troisième ? Je réponds la même chose : l'humilité." N'est-ce pas comme les échelons du Temple, par lesquels nous descendons à la connaissance de nous-mêmes et montons à la connaissance de Dieu ? Atteindrions-nous la miséricorde ? l'humilité nous aidera. — C. SUTTON .

Bienheureux les doux : car ils hériteront de la terre. — MATTHIEU 5 : 5 .

Rien ne peut être plus éloigné que la véritable humilité et la servilité . — BEECHER .

Quelqu'un a qualifié Sir Richard Steele de « le plus vil de l'humanité », et il a rétorqué avec une fière humilité : « Ce serait un monde glorieux si je l'étais. » — BOVEE .

L'humilité est le plus grand honneur du chrétien ; et plus les hommes montent haut, plus ils s'éloignent du ciel. — BURDER .

La grâce qui rend toute autre grâce aimable. — ALFRED MERCIER .

Si tu désires l'amour de Dieu et des hommes, sois humble ; car le cœur orgueilleux, comme il n'aime que lui-même, n'est aimé que de lui-même ; la voix de l'humilité est la musique de Dieu, et le silence de l'humilité est la rhétorique de Dieu. L'humilité s'impose là où ni la vertu, ni la force, ni la raison ne peuvent prévaloir. — QUARLES .

Les épis de maïs les plus pleins et les meilleurs pendent le plus bas vers le sol . — MGR REYNOLDS .

Si tu veux trouver beaucoup de faveur et de paix auprès de Dieu et des hommes, sois très bas à tes propres yeux ; pardonne-toi peu, et beaucoup aux autres. — LEIGHTON .

Après les croix et les pertes, les hommes deviennent plus humbles et plus sages. — FRANKLIN .

Dépêchez-vous. — Il n'y a pas deux choses plus différentes que la rapidité et l'expédition . La hâte est la marque d'un esprit faible, l'envoi d'un esprit fort. Un homme faible en fonction, comme un écureuil en cage, travaille éternellement, mais en vain, et est constamment en mouvement sans prendre le temps ; comme un tourniquet, il gêne tout le monde, mais n'arrête personne ; il parle beaucoup, mais dit très peu ; regarde tout, mais ne voit rien ; et a cent fers au feu, mais très peu d'entre eux sont chauds, et avec ceux qui le sont, il ne se brûle que les doigts . — COLTON .

Hypocrisie. — Si le monde méprise les hypocrites, quelle doit être leur estime au ciel ? — MADAME ROLAND .

L'hypocrisie elle-même fait un grand honneur, ou plutôt justice, à la religion, et reconnaît tacitement qu'elle est un ornement de la nature humaine. L'hypocrite ne prendrait pas tant de peine à revêtir l'apparence de la vertu, s'il ne savait pas que c'est le moyen le plus approprié et le plus efficace de gagner l'amour et l'estime de l'humanité . — ADDISON .

Les paroles de sa bouche étaient plus douces que le beurre, mais la guerre était dans son cœur : ses paroles étaient plus douces que l'huile, pourtant elles étaient des épées dégainées. — PSAUME 55 :21 .

L'hypocrisie est une folie. Il est beaucoup plus facile, plus sûr et plus agréable d'être ce qu'un homme cherche à paraître, que de conserver l'apparence d'être ce qu'il n'est pas. — CECIL .

Les hypocrites accomplissent les corvées du diable sous la livrée du Christ. — MATTHEW HENRY .

Porter de longs visages, comme si notre Créateur, le Dieu de bonté, était un entrepreneur de pompes funèbres. —Pierre Pindare.

L'hypocrisie est le plus souvent revêtue de l'apparence de la religion. — OSÉE BALLOU .

Un tel homme n'oubliera ni le culte familial, ni les moqueries envers son prochain. Il ne trairea pas ses vaches le premier jour de la semaine sans porter un masque de sabbat sur le visage, ni ne l'enlèvera pendant qu'il abreuve le lait de ses clients . — GEORGE MACDONALD .

Si jamais Satan se moque, ce doit être des hypocrites ; ce sont les plus grandes dupes qu'il ait. — COLTON .

Oisiveté. — Je considère l'indolence comme une sorte de suicide. — CHESTERFIELD .

Il y a des gens qui ont le génie parfait pour ne rien faire et le faire assidûment . — HALIBURTON .

La paresse grandit chez les gens ; cela commence par des toiles d'araignées et se termine par des chaînes de fer. Plus un homme a d'affaires à faire, plus il est capable d'en accomplir ; car il apprend à économiser son temps. — JUGE HALE .

Si vous me demandez quel est le véritable péché héréditaire de la nature humaine, imaginez-vous que je répondrai l'orgueil, ou le luxe, ou l'ambition, ou l'égoïsme ? Non; Je dirai indolence. Celui qui vaincra l'indolence vaincra tout le reste. En effet, tous les bons principes doivent stagner sans activité mentale. — ZIMMERMANN .

Un pauvre oisif ne peut pas être un honnête homme . — ACHILLE POINCELOT .

L'absence d'occupation n'est pas le repos, Un esprit tout à fait vide est un esprit en détresse . —Cowper.

La paresse rend toutes choses difficiles, mais l'industrie est facile ; et celui qui se lève tard doit trotter toute la journée, et a peine à rattraper son travail la nuit ; tandis que la paresse voyage si lentement que la pauvreté le rattrape bientôt. — FRANKLIN .

Les mauvaises pensées s'immiscent dans un esprit au chômage, aussi naturellement que les vers naissent dans une mare stagnante . — DU LATIN .

atelier du diable. — BUNYAN .

Si vous êtes oisif, vous êtes sur le chemin de la ruine ; et il y a peu d'endroits où s'arrêter. C'est plutôt un précipice qu'une route. — BEECHER .

La ruine de la plupart des hommes date d'un moment d'inutilité. — HILLARD .

Le temps, avec toute sa célérité, avance lentement vers celui dont le seul emploi est de surveiller son vol. — DR JOHNSON .

Un oisif est une montre qui a besoin de ses deux mains, Aussi inutile si elle marche que lorsqu'elle est debout. —Cowper.

Immigration. — Si vous deviez renvoyer de ce pays vers l'Europe les ministres des Affaires étrangères de l'Évangile, et les avocats étrangers, et les marchands étrangers, et les philanthropes étrangers, quel vol de nos chaires, de nos salles d'audience, de nos entrepôts et de nos bienfaisants ! institutions, et quel recul de tous les intérêts monétaires, miséricordieux, moraux et religieux du pays ! Ce mélange ici de toutes les nationalités sous la bénédiction de Dieu produira dans soixante-quinze ou cent ans le style d'homme et de femme le plus magnifique que le monde ait jamais vu. Ils auront l'esprit d'une race, l'éloquence d'une autre race, la gentillesse d'une autre, la générosité d'une autre, le goût esthétique d'une autre, la haute moralité d'une autre, et lorsque cet homme et cette femme se manifesteront, leur cerveau et nerf et muscle un entrelacement des fibres de toutes les nationalités, rien que le nouvel appareil photographique électrique, qui peut voir clairement à travers le corps, l'esprit et l'âme, peut en prendre une image adéquate. — T. DEWITT TALMAGE .

Immortalité. — L'immortalité est la glorieuse découverte du christianisme. — CHANNING .

Nous sommes nés pour une destinée plus élevée que celle de la terre ; il existe un royaume où l'arc-en-ciel ne s'efface jamais, où les étoiles s'étaleront devant nous comme des îles endormies sur l'océan, et où les êtres qui passent devant nous comme des ombres resteront en notre présence pour toujours . — LYTTON .

Il doit en être ainsi... Platon, tu raisonnes bien. Ailleurs d'où vient cet espoir agréable, ce désir affectueux, ce désir d' immortalité ? Ou d'où vient cette crainte secrète et cette horreur intérieure De tomber dans le néant ? Pourquoi l' âme se replie- t - elle sur elle-même et sursaute-t-elle devant la destruction ? C'est la Divinité qui s'agite en nous ; C'est le ciel lui-même qui indique un ci-après, et laisse entendre l'éternité à l'homme. Les étoiles disparaîtront, le soleil lui-même pâlira avec l'âge et la nature sombrera avec les années, mais tu t'épanouiras dans une jeunesse immortelle, indemne au milieu de la guerre des éléments, du naufrage de la matière et de l'effondrement des mondes. —Addison.

La foi en l'au-delà est aussi nécessaire au caractère intellectuel que le caractère moral ; et pour l'homme de lettres, comme pour le chrétien, le présent ne forme que la moindre partie de son existence. — SOUTHEY .

Plus j'approche de la fin, plus j'entends autour de moi les symphonies immortelles qui m'invitent. — Victor HUGO .

Les âmes de tous les hommes sont immortelles, mais les âmes des justes sont immortelles et divines . — SOCRATE .

L'immortalité balaie toutes les douleurs, toutes les larmes, tous les temps, toutes les peurs, et résonne, comme le tonnerre éternel des profondeurs, à mes oreilles cette vérité : Tu vis. pour toujours !— BYRON .

Indépendance. — Ce n'est pas tant la grandeur des moyens d'un homme qui le rend indépendant que la petitesse de ses besoins. — COBBETT .

Ces deux choses, aussi contradictoires qu'elles puissent paraître, doivent aller de pair : la dépendance virile et l'indépendance virile, la confiance virile et l'autonomie virile . — WORDSWORTH .

Nous sommes nous-mêmes la cause du mal ; Nous pouvons être indépendants si nous le voulons. —Churchill.

Que la fortune fasse le pire, quoi qu'elle nous fasse perdre, pourvu qu'elle ne nous fasse jamais perdre notre honnêteté et notre indépendance . — PAPE .

Industrie. — L'industrie est une obligation chrétienne, imposée à notre race pour développer les énergies les plus nobles, et assure la plus haute récompense . — EL MAGOON .

Vois -tu un homme diligent dans ses affaires ? il se tiendra devant les rois. — PROVERBES 22:29 .

Si vous avez de grands talents, l'industrie les améliorera ; si les capacités sont modérées, l'industrie comblera leurs déficiences. Rien n'est refusé au travail bien dirigé ; rien ne peut jamais être atteint sans cela. — SIR J. REYNOLDS .

Si nous sommes travailleurs, nous ne mourrons jamais de faim ; car, chez l'ouvrier, la faim apparaît, mais n'ose pas entrer. Ni l'huissier ni le connétable n'entreront, car l'industrie paie les dettes, tandis que le désespoir augmente. eux.— FRANKLIN .

Il n'y a pas d'art ou de science trop difficile à atteindre pour l'industrie ; c'est le don des langues, qui fait qu'un homme est compris et apprécié dans tous les pays et par toutes les nations ; c'est la pierre philosophale, qui transforme tous les métaux, et même les pierres, en or, et qui ne souffre pas du besoin de pénétrer dans sa demeure ; c'est le passage du nord-ouest qui amène le navire marchand à lui aussi tôt qu'il le désire. En un mot, il vainc tous les ennemis et fait contribuer la fortune elle-même. — CLARENDON .

Le chemin vers la richesse est aussi simple que le chemin vers le marché. Cela dépend principalement de deux mots, industrie et frugalité : c'est-à-dire ne perdre ni temps ni argent, mais utiliser au mieux les deux. Sans industrie et sans frugalité, rien ne va, et avec elles tout. — FRANKLIN .

Le célèbre Galien disait que l'emploi était le médecin de la nature. C'est en effet si important pour le bonheur que l'indolence est à juste titre considérée comme la mère de la misère. — COLTON .

À tous les niveaux, grands ou petits, cette industrie nous soutient tous. — Gay.

Infidélité. — Il n'y a qu'une chose sans honneur, frappée d'une stérilité éternelle, d'une incapacité de faire ou d'être, — le manque de sincérité, l'incrédulité. — CARLYLE .

L'infidélité est l'une de ces monnaies, une masse d'argent de base qui ne passera pas avec un cœur qui aime vraiment, ou une tête qui pense correctement. Et les infidèles sont de pauvres et tristes créatures ; ils portent sur eux un fardeau d'abattement et de désolation, non moins lourd qu'il est invisible. C'est l'aveuglement effrayant de l' âme . — CHALMERS .

Un jeune homme sceptique , conversant un jour avec le célèbre docteur Parr, observa qu'il ne croirait rien qu'il ne puisse comprendre. "Alors, jeune homme, votre credo sera le plus court de tous ceux que je connaisse." - AIDE .

L'infidélité et la foi regardent toutes deux à travers le miroir de la perspective, mais à des fins opposées. L'infidélité regarde par le mauvais côté du verre ; et, par conséquent, voit les objets proches qui sont éloignés, et réduit les grandes choses , diminuant les plus grandes bénédictions spirituelles et éloignant loin de nous les maux menacés. La foi regarde au bon bout, et rapproche nos yeux des bénédictions lointaines dans le temps, et multiplie les miséricordes de Dieu, qui, au loin, ont perdu leur grandeur . — BISHOP HALL .

Personne n'est plus seul dans l'univers qu'un négationniste de Dieu. — RICHTER .

La simple négation, la simple infidélité épicurienne, comme l'observe très justement Lord Bacon, n'ont jamais troublé la paix du monde. Cela ne fournit aucun motif d'action ; cela n'inspire aucun enthousiasme ; il n'y a ni missionnaires, ni croisades, ni martyrs. — MACAULAY .

Lorsqu'une fois l'infidélité pourra persuader les hommes qu'ils mourront comme des bêtes, ils seront bientôt amenés à vivre aussi comme des bêtes. — SUD .

Ingratitude. — S'il y a un crime plus profond que tout le cortège coupable des vices humains, c'est l'ingratitude. — H. BROOKE .

Les hommes peuvent être ingrats, mais la race humaine ne l' est pas. — DE BOUFFLERS .

Souffle, souffle, vent d'hiver, Tu n'es pas aussi méchant Que l'ingratitude de l'homme. —Shakespeare.

Celui qui oublie son ami lui est ingrat ; mais celui qui oublie son Sauveur est impitoyable envers lui-même. — BUNYAN .

Vous pouvez vous appuyer sur cela comme une vérité infaillible, qu'il n'y a pas, et il n'y a jamais eu, de personne remarquablement ingrate, qui ne soit aussi insupportablement fière. En un mot, l'ingratitude est trop basse pour rendre une bonté, trop fière pour la considérer, un peu comme les sommets des montagnes, certes stériles, mais pourtant élevées ; ils ne produisent rien ; ils ne nourrissent personne ; ils n'habillent personne ; pourtant ils sont hauts et majestueux, et regardent de haut le monde entier. — SUD .

L'ingratitude est toujours une sorte de faiblesse. Je n'ai jamais vu des hommes intelligents se montrer ingrats. — GOETHE .

On n'aime rien quand on aime un ingrat. — PLAUTE .

Et dois-je me montrer ingrat ? pensée choquante ! Celui qui est ingrat n'a qu'une seule culpabilité ; tous les autres crimes peuvent passer pour des vertus en lui. — JEUNE .

La terre ne produit rien de plus détestable qu'un homme ingrat. — AUSONIUS .

Savez-vous ce qui est plus dur à supporter que les revers de la fortune ? C'est la bassesse, l'ingratitude hideuse de l'homme . — NAPOLÉON .

est plus tranchant qu'une dent de serpent D' avoir un enfant ingrat. — Shakespeare.

Un homme ingrat fait du mal à tous ceux qui ont besoin d' aide. — PUBLIUS SYRUS .

Innocence. — Nous n'avons pas l'innocence de l'Eden ; mais avec l'aide de Dieu et l'exemple du Christ, nous pouvons avoir la victoire de Gethsémani. — CHAPIN .

Le véritable honneur conscient consiste à ne ressentir aucun péché ; il est armé sans cela, c'est innocent à l'intérieur. —Horace.

L'innocence est une fleur qui se flétrit lorsqu'on la touche, mais ne refleurit pas, bien qu'arrosée de larmes . — HOOPER .

Être innocent, c'est ne pas être coupable ; mais être vertueux, c'est vaincre nos mauvais penchants . — WILLIAM PENN .

Combien de pensées amères l'innocent évite-t-il ! La sérénité et la gaieté sont son lot. L'espoir déverse continuellement son baume dans son âme. Son cœur est au repos, tandis que d'autres sont aiguillonnés et torturés par les piqûres d'une conscience blessée, les remontrances et les soulèvements de principes qu'ils ne peuvent oublier ; perpétuellement taquiné par les tentations récurrentes, déplorant perpétuellement les résolutions vaincues. — PALEY .

Oh, garde-moi innocent ; rendez les autres grands ! — CAROLINE DU DANEMARK .

Il y a des raisonneurs qui confondent fréquemment l'innocence avec la simple incapacité de la culpabilité ; mais celui qui n'a jamais vu, entendu ou pensé à des liqueurs fortes ne peut pas être proposé comme modèle de sobriété . — DR JOHNSON .

Que nos vies soient pures comme des champs de neige, où nos pas laissent une marque, mais pas une tache. — MADAME SWETCHINE .

Il n'y a de courage que dans l'innocence, de constance que dans une cause honnête. — SOUTHERN .

Inspiration. — Ne sommes-nous pas tous d'accord pour appeler la pensée rapide et la noble impulsion le nom d'inspiration ? — GEORGE ELIOT .

La lueur de l'inspiration nous réchauffe ; ce saint ravissement jaillit des graines de l'esprit divin semées dans l'homme . — OVIDE .

Aucun homme n'a jamais été grand sans inspiration divine. — CICÉRON .

Un homme vif et agréable a non seulement le mérite de la vivacité et de l'agréabilité lui-même, mais celui aussi de les éveiller chez les autres . — GREVILLE .

Intellect. — Si un homme vide sa bourse dans sa tête, personne ne peut la lui reprendre. — FRANKLIN .

Alexandre le Grand accordait une telle valeur à l'apprentissage qu'il avait l'habitude de dire qu'il était plus redevable à Aristote de lui avoir donné le savoir qu'à son père Philippe pour la vie . — SAMUEL SOURIT .

Un homme ne peut pas laisser au monde un meilleur héritage qu'une famille bien éduquée. — RÉVÉREND THOMAS SCOTT .

Les temps de calamité et de confusion générales ont toujours été productifs des plus grands esprits. Le minerai le plus pur est produit par le fourneau le plus chaud, et la foudre la plus brillante est provoquée par la tempête la plus sombre. — COLTON .

Le caractère est supérieur à l'intellect. Une grande âme sera forte pour vivre, ainsi que forte pour penser. — EMERSON .

Dieu n'a fixé aucune limite à l'exercice de l'intellect qu'il nous a donné, de ce côté-ci de la tombe. — BACON .

Chaque esprit a été fait pour la croissance, pour la connaissance ; et sa nature est péché lorsqu'elle est vouée à l'ignorance. — CHANNING .

Être capable de discerner que ce qui est vrai est vrai et que ce qui est faux est faux, voilà la marque et le caractère de l'intelligence . — EMERSON .

Intempérance. — Un homme peut choisir s'il aura l'abstinence et la connaissance, ou le bordeaux et l'ignorance. — DR JOHNSON .

L'intempérance tisse le linceul des âmes.— JOHN B. GOUGH .

L'ivresse fait sortir le gardien des tours ; et puis tous les maux qui proviennent d'un cœur lâche, d'une langue déliée et d'un esprit dissolu, nous en sommes responsables . — JEREMY TAYLOR .

Ce n'est pas le signe d'un homme sage ou bon de permettre que la tempérance soit transgressée afin d'acheter la réputation d'un artiste généreux. — ATTERBURY .

Qui a le malheur ? qui a du chagrin ? qui a des disputes ? qui a bavardé ? qui a des blessures sans cause ? qui a les yeux rouges ? Ceux qui s'attardent longtemps devant le vin ; ceux qui vont chercher du vin mélangé. Ne regarde pas le vin quand il est rouge, quand il donne sa couleur dans la coupe, quand il se remue droit : à la fin, il mord comme un serpent et pique comme une vipère . — PROVERBES 23 : 29-32 .

Oh, que les hommes se mettent un ennemi dans la bouche pour leur voler leur cerveau ! — SHAKESPEARE .

Je ne bois jamais. Je ne peux pas le faire, sur un pied d'égalité avec les autres. Cela ne leur coûte qu'une journée ; mais moi trois, — le premier en péché, le second en souffrance et le troisième en repentir. — STERNE .

Les sages mêlent la gaieté à leurs soucis, pour les aider soit à les oublier, soit à les surmonter ; mais recourir à l'ivresse pour le bien-être de l'esprit, c'est guérir la mélancolie par la folie . — CHARRON .

La grandeur, quelle qu'elle soit, n'a pas de plus grand ennemi que l'habitude de boire . — WALTER SCOTT .

L'intempérance est une grande décadence de la beauté. — JUNIUS .

Pécheurs, écoutez et considérez ; si vous condamnez volontairement vos âmes à la bestialité, Dieu les condamnera à une misère perpétuelle. — BAXTER .

L'habitude d'utiliser des esprits ardents, par les hommes en position officielle, a causé plus de tort au public et plus de soucis pour moi que toutes les autres causes. Et si je devais recommencer mon administration, la première question que je poserais, concernant un candidat à un poste, serait : « Utilise-t-il des esprits ardents ? » — JEFFERSON .

Jalousie. — Les gens qui sont jaloux, ou particulièrement soucieux de leurs propres droits et de leur dignité, trouvent toujours suffisamment de ceux qui ne s'en soucient pas pour les mettre continuellement mal à l'aise . — BARNES .

Il en est de la jalousie comme de la goutte. Lorsque de telles maladies sont dans le sang, il n'y a jamais aucune sécurité contre leur apparition, et cela souvent à la moindre occasion et au moment le moins suspecté. — FIELDING .

Toutes les autres passions daignent parfois accepter la logique inexorable des faits ; mais la jalousie regarde les faits en face, les ignore complètement et dit qu'elle en sait beaucoup mieux qu'ils ne peuvent le lui DIRE .

La maladie de l'homme jaloux est d'une nature si maligne qu'elle convertit tout ce qu'il prend en sa propre nourriture. — ADDISON .

Des bagatelles légères comme l'air Sont pour les confirmations jalouses fortes Comme des preuves d'écritures saintes. —Shakespeare.

La jalousie est cruelle comme la tombe : ses charbons sont des charbons ardents, qui ont une flamme très véhémente. — CANTIQUE DES CANTIQUES 8 : 6 .

Pourtant y en a-t-il un plus maudit qu'eux tous, Ce ver aphte, ce monstre, la jalousie, Qui ronge le cœur et se nourrit du fiel, Changeant tous les délices de l'amour en misère, Par peur de perdre sa félicité. —Spenser.

Joie. — La société même de la joie la redouble ; de sorte que, tandis qu'elle éclaire mon ami, elle rebondit sur moi-même, et plus sa bougie brûle fort, plus facilement elle éclairera la mienne. — SUD .

La joie résultant de la diffusion des bénédictions autour de nous est la plus pure et la plus sublime qui puisse jamais pénétrer l'esprit humain, et ne peut être conçue que par ceux qui en ont fait l'expérience. Après les consolations de la grâce divine, elle est le baume le plus souverain aux misères de la vie, tant chez celui qui en est l'objet, que chez celui qui l' exerce. — MGR PORTEUS .

Celui qui participe aux joies d'autrui est un caractère plus humain que celui qui participe à ses chagrins. — LAVATER .

La joie est plus divine que le chagrin ; car la joie est du pain et le chagrin est un médicament. — BEECHER .

Sans gentillesse, il ne peut y avoir de vraie joie. — CARLYLE .

La joie est une chose importante ; la joie est un échange ; Joie vole les monopoleurs : il en faut deux ; Des fruits riches ! Le paradis planté ! jamais arraché par un seul. -Jeune.

Jugement. — Comment déterminer avec justice dans un monde où il n'y a pas d'innocents pour juger les coupables ? — MADAME DE GENLIS .

Qui pourrait vivre si tous étaient jugés avec justice ? — BYRON .

La parole d'un homme n'est la parole de personne ; nous devrions entendre tranquillement les deux côtés. — GOETHE .

Les hommes ne doivent pas être jugés sur leur apparence, leurs habitudes et leur apparence ; mais par le caractère de leur vie et de leurs conversations, et par leurs œuvres . — L'ESTRANGE .

Nous devons tous comparaître devant le tribunal du Christ ; afin que chacun reçoive les choses faites dans son corps, selon ce qu'il a fait, que ce soit bien ou mal. — 2 COR. 17H10 .

Il est très douteux, à mon avis, jusqu'à quel point nous avons le droit de nous juger les uns les autres, puisque naissent en chaque homme les germes de la vertu et du vice. Le développement de l'un ou de l'autre dépend des circonstances. — BALLOU .

Le droit au jugement privé est absolu pour chaque citoyen américain. — JAMES A. GARFIELD .

Ce dont les hommes pensent avoir le plus profité, ils en ont le moins ; et c'est le jugement. — HW SHAW .

Il n'y a pas de jugements aussi sévères que ceux des égarés, des inexpérimentés et des jeunes . — MISS MULOCK .

Le jugement d'un grand peuple est souvent plus sage que celui des hommes les plus sages. — KOSSUTH .

Jugez-vous avec un jugement de sincérité, et vous jugerez les autres avec un jugement de charité. — MAÇON .

C'est avec nos jugements que nos montres ; aucun ne se ressemble, et pourtant chacun croit aux siens. -Le pape.

Justice. — La justice n'offre que ce qui peut être accepté avec honneur ; et ne revendique rien en retour que ce que nous ne devrions même pas vouloir refuser. — DROITS ET DEVOIRS DE LA FEMME .

Sois juste et ne crains rien : que toutes les fins que tu vises soient celles de ton pays, de ton Dieu et de la vérité. —Shakespeare.

Et le ciel que toute vertu garde à l'esprit, E'en aux cendres des justes, est bon. -Le pape.

Celui qui est seulement juste est cruel. — Byron .

Le doux souvenir du juste fleurira quand il dort dans la poussière. —
Paraphrase du Psaume 112 : 6.

La justice est l'assurance que nous avons sur nos vies et nos biens, et
l'obéissance est la prime que nous payons pour cela. — William Penn .

Le ciel est encore au-dessus de tout ; là siège un juge qu'aucun roi ne peut
corrompre. — Shakespeare .

La justice rejette le parti, l'amitié, la parenté et est donc toujours représentée
comme aveugle . — Addison .

Aujourd'hui, nous ne pouvons raisonner sur la justice divine qu'à partir de
ce que nous savons de la justice chez l'homme. Quand nous sommes dans
d'autres scènes, nous pouvons en avoir des idées plus vraies et plus nobles ;
mais tant que nous sommes dans cette vie, nous ne pouvons parler qu'à partir
du volume qui est ouvert devant nous . — Pape .

En matière d'équité entre les hommes, notre Sauveur nous a appris à mettre
mon prochain à la place de moi-même et moi-même à la place de mon
prochain . — Dr Watts .

Les livres sont équilibrés au paradis, pas ici . — HW Shaw .

Soyez juste dans toutes vos actions, et si vous vous joignez à celles qui ne le
sont pas, ne changez jamais d'avis. —Denham.

La vertu de justice consiste dans la modération, telle que réglée par la sagesse.
— Aristote .

La justice est le grand intérêt de l'homme sur terre. C'est le ligament qui unit
les êtres civilisés et les nations civilisées. — Webster .

Gentillesse. — On ne peut remporter une victoire plus glorieuse sur un
autre homme que celle-ci : lorsque le mal a commencé de sa part, la bonté
commence sur la nôtre. — Tillotson .

La vie n'est pas faite de grands sacrifices ou de devoirs, mais de petites choses
dans lesquelles les sourires, la gentillesse et les petites obligations, données
habituellement, sont ce qui gagne et préserve le cœur et assure le confort. —
Sir H. Davy .

La gentillesse a converti plus de pécheurs que le zèle, l'éloquence ou
l'érudition . — FW Faber .

Comme il est facile à un être bienveillant de diffuser du plaisir autour de lui ; et comme un cœur bon est vraiment une fontaine de joie, faisant que tout ce qui se trouve à proximité rafraîchit en sourires ! — WASHINGTON IRVING .

Dites toujours un mot gentil si vous le pouvez, ne serait-ce que pour qu'il puisse arriver, peut-être, avec une singulière opportunité, en entrant dans la chambre obscure de quelque homme triste, comme une belle luciole dont il ne peut que regarder les heureuses circonvolutions, oubliant ses nombreux ennuis . .

Un acte bienveillant peut transformer la fontaine de ton âme en douce étoile du jour de l'amour, qui sur toi brûlera longtemps pendant que ses courants roulent. —Holmes.

Nous pouvons répandre les graines de la courtoisie et de la gentillesse autour de nous à si peu de frais. Certains d'entre eux tomberont inévitablement en bonne terre et grandiront dans la bienveillance dans l'esprit des autres : et tous porteront des fruits de bonheur dans le sein d'où ils sont issus. — BENTHAM .

Il n'y a pas d'embellisseur du teint, de la forme ou du comportement comme le souhait de disperser la joie, et non la douleur, autour de nous . — EMERSON .

Bisous. — Un baiser de ma mère a fait de moi un peintre. — BENJAMIN WEST .

C'est la passion qu'il y a dans un baiser qui lui donne sa douceur ; c'est l'affection d'un baiser qui le sanctifie. — BOVEE .

Il est aussi vieux que la création, et pourtant aussi jeune et frais que jamais. Cela existait déjà, existe toujours et existera toujours. Faites-en confiance, Ève l'a appris au paradis, et un ange lui a enseigné ses beautés, ses vertus et ses variétés, il y a quelque chose de si transcendant en lui . — HALIBURTON .

Quatre lèvres douces, deux âmes pures et une affection éternelle, voilà les jolis ingrédients de l'amour pour un BAISER .

On pourrait penser que si nos lèvres étaient faites de corne et dépassaient d'un pied ou deux de nos visages, les baisers seraient de toute façon finis. Ce n'est pas le cas. Aucune créature ne s'embrasse autant que les oiseaux.— CHARLES BUXTON .

Connaissance. — La connaissance est de deux sortes. Nous connaissons nous-mêmes un sujet, ou nous savons où trouver des informations à ce sujet. — BOSWELL .

Si nous ne plantons pas la connaissance quand nous sommes jeunes, elle ne nous donnera aucune ombre quand nous serons vieux . — CHESTERFIELD .

En lisant des auteurs, quand vous trouvez des passages brillants qui frappent votre esprit, et sur lesquels peut-être vous aurez raison de réfléchir, à une autre époque, ne vous contentez pas de la vue, mais notez-les en noir et blanc ; Un tel respect est sagement manifesté, De même que le sens d'autrui s'approprie le sien. — Byron.

Les connaissances précoces constituent un capital très précieux pour avancer dans la vie. Cela donne un départ avantageux. Si la possession du savoir a une valeur donnée à cinquante, elle a une valeur bien plus grande à vingt-cinq ; car vous en aurez l'usage pendant vingt-cinq des années les plus importantes de votre vie ; et cela vaut plus de cent pour cent d'intérêt. En effet, qui peut estimer l'intérêt de la connaissance ? Son prix est supérieur aux rubis.— WINSLOW .

La connaissance ne s'achète qu'avec un soin las, et la sagesse signifie un monde de douleur. —Joaquín Miller.

Les connaissances que nous avons acquises ne doivent pas ressembler à une grande boutique sans ordre et sans inventaire ; nous devons savoir ce que nous possédons et pouvoir le faire servir à nos besoins. — LEIBNITZ .

La connaissance est à la fois pouvoir et renommée. — RUFUS CHOATE .

La connaissance est liée à l'univers et trouve un ami en toutes choses ; mais l'ignorance est partout étrangère et importune ; mal à l'aise et déplacé . — TUPPER .

Un philosophe persan, interrogé par quelle méthode il avait acquis tant de connaissances, répondit : « En n'étant pas empêché par la honte de poser des questions là où j'étais ignorant. »

Tout être humain dont l'esprit n'est pas débauché sera prêt à donner tout ce qu'il a pour acquérir la connaissance. — DR JOHNSON .

L'apprentissage que vous obtenez par votre propre observation et expérience est bien au-delà de celui que vous obtenez par précepte ; comme la connaissance d'un voyageur dépasse celle qu'on obtient par la lecture. — THOMAS À KEMPIS .

Si vous avez des connaissances, laissez les autres allumer leurs bougies. — FULLER .

La connaissance ne s'acquiert pas sans peine et sans application. C'est difficile et profond de creuser des eaux pures ; mais une fois que vous arrivez à la source, ils se lèvent et vous rencontrent. — FELTON .

La connaissance est fière d'avoir tant appris ; La sagesse est humble, car elle n'en sait plus. — COWPER .

Tous souhaitent posséder la connaissance, mais peu, comparativement parlant, sont prêts à en payer le prix . — JUVÉNAL .

Il était rare qu'une connaissance soit donnée à conserver, mais à transmettre ; la grâce de ce riche joyau se perd dans la dissimulation.— BISHOP HALL .

Il n'y a aucune connaissance pour laquelle un prix aussi élevé soit payé comme la connaissance du monde ; et personne n'en est jamais devenu adepte, sauf aux dépens d'un cœur endurci ou blessé. — LADY BLESSINGTON .

Les fondements sûrs de l'État sont posés dans la connaissance et non dans l'ignorance ; et tout mépris de l'éducation, de la culture, de l'apprentissage par les livres, qui est la sagesse enregistrée de l'expérience de l'humanité, est un mépris du démagogue envers la liberté intelligente, invitant à la dégénérescence et à la ruine nationales. — GW CURTIS .

Travail. — Le travail est l'un des grands éléments de la société, — le grand intérêt substantiel sur lequel nous nous appuyons tous. — DANIEL WEBSTER .

Les travailleurs acharnés sont généralement honnêtes. L'industrie les élève au-dessus de la tentation. — BOVEE .

Le travail corporel soulage les douleurs de l'esprit ; et de là naît le bonheur des pauvres . — LA ROCHEFOUCAULD .

Le travail ne déshonore personne ; malheureusement, on trouve parfois des hommes qui déshonorent le travail. — US GRANT .

Si le pouvoir de travailler dur n'est pas du talent, c'est le meilleur substitut possible. — James A. GARFIELD .

Ce n'est pas le travail qui tue les hommes, c'est l'inquiétude. Le travail est sain, on ne peut guère imposer à un homme plus que ce qu'il peut supporter. Le souci, c'est la rouille sur la lame. Ce n'est pas la révolution qui détruit la machinerie, mais la friction. La peur sécrète des acides, mais l'amour et la confiance sont des jus sucrés. — BEECHER .

Le génie peut concevoir, mais le travail patient doit être consommé. — HORACE MANN .

Dieu donne à chaque oiseau sa nourriture, mais Il ne la jette pas dans le nid. Il ne déterre pas le bien que contient la terre, mais il le met sur notre chemin et nous donne les moyens de l'obtenir nous-mêmes . —JG HOLLAND .

Le travail, vaste comme la terre, a son sommet dans le ciel . —CARLYLE .

Aime le travail ; car si tu n'en veux pas pour la nourriture, tu peux le faire pour la médecine . —WILLIAM PENN .

À côté de la foi en Dieu, il y a la foi dans le travail . —BOVEE .

Le travail est le repos – des chagrins qui nous accueillent ; Reposez -vous de toutes les petites vexations qui nous rencontrent, Reposez -vous des incitations au péché qui nous implorent toujours, Reposez -vous des sirènes du monde qui nous attirent vers le mal. —Frances S. Osgood.

Aucun homme ne naît au monde dont l'œuvre ne naît avec lui. —Lowell.

Travail! tout travail est noble et saint ! Que tes grandes actions soient ta prière à ton Dieu. —Frances S. Osgood.

Langue. — Dans le commerce de la parole, n'utilisez que des pièces d'or et d'argent. — JOUBERT .

La langue désigne l'homme. Un caractère grossier ou raffiné trouve son expression naturellement dans une phraséologie grossière ou raffinée. — BOVEE .

Le langage est l'image et la contrepartie de la pensée. — MARK HOPKINS .

La félicité, et non la maîtrise du langage, est un mérite. — WHIPPLE .

Rire. — Le rire est un exercice des plus sains ; c'est l'une des plus grandes aides à la digestion que je connaisse. — DR HUFELAND .

Les hommes ne montrent pas plus clairement leur caractère que par ce qu'ils trouvent risible. — GOETHE .

Un rire vaut cent gémissements sur n'importe quel marché . — AGNEAU .

Un rire pour être joyeux doit découler d'un cœur joyeux, car sans gentillesse, il ne peut y avoir de vraie joie. — CARLYLE .

Un bon rire chaleureux est une bombe qui explose au bon endroit, tandis que le mécontentement et le mécontentement sont une arme qui renverse l'homme qui la tire. — TALMAGE .

Les gens stupides, qui ne savent pas rire, sont toujours pompeux et vaniteux ; c'est-à-dire dur, peu charitable, non chrétien. — THACKERAY .

L'homme est la seule créature dotée du pouvoir de rire. — GREVILLE .

Apprentissage. — Portez votre apprentissage comme votre montre, dans une poche privée ; et ne le retirez pas et ne le frappez pas, simplement pour montrer que vous en avez un. — CHESTERFIELD .

Celui qui apprend et ne fait aucun usage de son savoir est une bête de somme, avec une charge de livres. — SAADI .

Un peu d'apprentissage est une chose dangereuse ; Buvez profondément ou ne goûtez pas au Pierian printemps : Là, les courants d'air peu profonds enivrent le cerveau, Et boire nous rend largement sobres. -Le pape.

Les trois fondements de l'apprentissage : voir beaucoup, souffrir beaucoup et étudier beaucoup.— CATHERALL .

La fin de l'apprentissage est de connaître Dieu, et à partir de cette connaissance, de l'aimer et de l'imiter, en possédant notre âme de vraie vertu . — MILTON .

L'apprentissage passe pour la sagesse parmi ceux qui veulent les deux. — SIR W. TEMPLE .

L'apprentissage rend l'homme apte à se tenir en compagnie. — JEUNE .

Celui qui n'a aucune envie d'en apprendre davantage aura très tendance à penser qu'il en sait assez. — POWELL .

Il ne fait aucun doute que l'érudition rend l'esprit des hommes doux, aimable et docile au gouvernement ; tandis que l'ignorance les rend grossiers, contrariants et mutins ; et l'évidence du temps clarifie cette affirmation, considérant que les époques les plus barbares, les plus grossières et les plus ignorantes ont été les plus sujettes aux tumultes, aux séditions et aux changements . — LORD BACON .

Celui qui veut du bon sens est malheureux d'avoir du savoir, car il n'a ainsi que plus de moyens de s'exposer ; et celui qui a du sens sait qu'apprendre n'est pas une connaissance, mais plutôt l'art de l' utiliser. — STEELE .

Être fier d'apprendre est la plus grande ignorance. — MGR TAYLOR .

L'apprentissage vaut mieux que la maison ou la terre.— CRABBE .

Libéralité. — Si vous êtes pauvre, distinguez-vous par vos vertus ; si vous êtes riche, par vos bonnes actions.— JOUBERT .

Celui qui diffère sa charité jusqu'à sa mort est, si l'on pèse bien, plutôt libéral à l'égard des biens d'autrui que des siens propres . — BACON .

La libéralité consiste plutôt à donner à propos que beaucoup . — LA BRUYÈRE .

Il y a celui qui disperse et qui pourtant augmente ; et il y a celui qui retient plus que ce qui est convenable, mais qui tend à la pauvreté. — PROVERBES 11 :24 .

La libéralité consiste moins à donner abondamment qu'à donner judicieusement. — LA BRUYÈRE .

L'âme libérale sera engraissée ; et celui qui arrose sera aussi arrosé lui-même. — PROVERBES 11:25 .

Liberté. — Le Dieu qui nous a donné la vie nous a donné en même temps la liberté. — THOMAS JEFFERSON .

C'est la liberté seule qui donne à la fleur De la vie éphémère son éclat et son parfum ; Et sans cela, nous sommes de la mauvaise herbe. —Cowper.

L'amour de la liberté qui n'est pas un véritable principe de comportement respectueux envers l'autorité est aussi hypocrite que la religion qui ne produit pas une bonne vie . — MGR BUTLER .

La liberté doit être limitée pour pouvoir en être appréciée. — BURKE .

La liberté vient de Dieu ; libertés, du diable. —AUERBACH .

Un jour, une heure de liberté vertueuse Vaut toute une éternité de servitude. —Addison.

Si la liberté avec la loi est un feu dans le foyer, la liberté sans loi est un feu dans le sol . — HILLARD .

Peu de personnes jouissent d'une réelle liberté ; nous sommes tous esclaves d'idées ou d'habitudes. — ALFRED DE MUSSET .

La liberté d'un peuple consiste à être gouverné par des lois qu'il a faites lui-même, sous quelque forme que ce soit de gouvernement ; la liberté d' un homme privé, d'être maître de son temps et de ses actions, dans la mesure où cela est conforme aux lois de Dieu et de son pays . — COWLEY .

L'esprit de liberté n'est pas simplement, comme l'imaginent des multitudes, une jalousie de nos propres droits particuliers, mais un respect pour les droits d'autrui et une réticence à ce qu'un homme, haut ou bas, soit lésé et piétiné . CHANNING .

La liberté, sans sagesse, est licence. — BURKE .

Vie. — La vie n'est pas faite de grands sacrifices ou de devoirs, mais de petites choses, dans lesquelles les sourires, la gentillesse, et les petites obligations habituellement données, sont ce qui gagne et préserve le cœur et assure le confort . — SIR HUMPHRY DAVY .

Attrapez donc, ô attrapez l' heure passagère ; Améliorez chaque instant au fil du temps ; La vie est un court été, l'homme est une fleur. Il meurt, hélas ! combien de temps il meurt ! —Dr. Johnson.

La vie n'est qu'un moyen pour atteindre une fin, cette fin, le commencement , le sens et la fin de toutes choses : Dieu. —Bailey.

Au milieu de la vie, nous sommes dans la mort. — SERVICE FUNÉRAIRE DE L'ÉGLISE .

La vie en elle-même n'est ni bonne ni mauvaise, elle est le théâtre du bien ou du mal, comme vous la faites. — MONTAIGNE .

Puisque tout homme qui vit est né pour mourir, et qu'aucun ne peut se vanter d' une félicité sincère, supportons avec un esprit égal ce qui arrive , sans nous réjouir ni trop nous attrister pour des choses qui échappent à nos soins. —Dryden.

Ni aimer ta vie, ni détester ; mais ce que tu vis, vis bien ; combien de temps ou de courte durée permet d'aller au paradis. — Milton.

Les jours de nos années sont de soixante-dix ans ; et si, en raison de leur force, ils durent quatre-vingts ans, leur force est cependant un travail et un chagrin ; car il est bientôt retranché, et nous nous envolons . — PSAUME 90 : 10 .

Une poignée de bonne vie vaut un boisseau d' apprentissage . — GEORGE HERBERT .

La vie me semble trop courte pour être consacrée à nourrir l'animosité ou à enregistrer des torts . — CHARLOTTE BRONTË .

Cet homme vit deux fois et vit bien la première vie. — HERRICK .

Celui qui pense le plus, sent le plus noble, agit le mieux vit le mieux ; et celui dont le cœur bat le plus vite vit le plus longtemps . — JAMES MARTINEAU .

La vie est une période de probation : l'homme mortel a été créé pour résoudre le problème solennel : bien ou mal. —John Quincy Adams.

Vivez vertueusement, mon seigneur, et vous ne pouvez pas mourir trop tôt, ni vivre trop longtemps . — LADY RACHEL RUSSELL .

Notre vie contient mille sources, Et meurt si une disparaît ; Il est étrange qu'une harpe à mille cordes puisse rester accordée si longtemps. —Dr. Watts.

Et celui qui vit pour vivre éternellement n'a jamais peur de mourir. — WILLIAM PENN .

Nous vivons en actes, pas en années ; en pensée, pas en respiration ; En sentiments, pas en chiffres sur un cadran. Nous devrions compter le temps par battements de cœur. Celui qui vit le plus, Celui qui pense le plus, sent le plus noble, agit le mieux. —Bailey.

C'est l'état de l'homme ; aujourd'hui il fait pousser les tendres feuilles de l'espérance, demain fleurit , et porte sur lui ses honneurs rougissants : le troisième jour vient un gel, un gel meurtrier ; Et , quand il pense, bon homme facile, sûrement que sa grandeur est une maturation, lui mord la racine, et puis il tombe. —Shakespeare.

La fin de la vie est d'être semblable à Dieu ; et l'âme qui suit Dieu lui sera semblable ; Il est le début, le milieu et la fin de toutes choses . — SOCRATE .

Car nous ne sommes qu'hier et nous ne savons rien, parce que nos jours sur terre sont une ombre. —JOB 8 :9 .

Vous et moi sommes maintenant presque dans la cinquantaine et ne sommes pas encore aigris et ratatinés par l'usure de la vie. Prions pour être délivrés de cette condition où la vie et la nature n'ont pas de sensations fraîches et douces pour nous . —JAMES A. GARFIELD .

Ce n'est pas la façon dont un homme meurt qui importe, mais la manière dont il vit. — DR JOHNSON .

J'ai dormi et rêvé que la vie était beauté ; Je me suis réveillé et j'ai découvert que la vie était un devoir. —Ellen Sturgis Hooper.

La véritable fin de la vie est de connaître la vie qui ne finit jamais. —WILLIAM PENN .

Que ceux qui réfléchissent à la brièveté de la vie se souviennent de la durée de l'éternité . — MGR KEN .

Lumière. — Il faut rendre grâce à Dieu d'avoir produit cette lumière temporelle, qui est le sourire du ciel et la joie du monde, en l'étalant comme un drap d'or sur la face de l'air et de la terre, et en l'allumant comme une torche par laquelle nous pourrions voir ses œuvres. — CAUSSIN .

Salut, sainte lumière ! progéniture du ciel premier- né. — MILTON .

La lumière elle-même est un excellent correctif. Un millier de torts et d'abus qui se développent dans l'obscurité disparaissent, comme les hiboux et les chauves-souris, avant la lumière du jour . — JAMES A. GARFIELD .

Je suis la lumière du monde. — JEAN 9 :5 .

Il n'est pas étonnant que la lumière soit si fréquemment utilisée par les oracles sacrés comme symbole de nos meilleures bénédictions. À propos de la révélation évangélique, un apôtre dit : « La nuit est loin et le jour est proche. » Un autre, sous l'impression du même événement propice, appliqua ainsi le langage de la prophétie ancienne : « Les gens qui étaient assis dans les ténèbres ont vu une grande lumière ; et pour ceux qui étaient assis dans la région et l'ombre de la mort, la lumière a surgi. » — BASELEY .

La lumière dans le monde vient principalement de deux sources : le soleil et la lampe de l'étudiant. — BOVEE .

Amour. — L'amour est la purification du cœur du moi-même ; il renforce et ennoblit le caractère, donne des motifs plus élevés et un objectif plus noble à chaque action de la vie, et rend l'homme et la femme forts, nobles et courageux. — MISS JUIFSBURY .

Nous ne pouvons jamais volontairement offenser là où nous aimons sincèrement. — ROWLAND HILL .

Il est difficile de savoir à quel moment commence l'amour ; il est moins difficile de savoir que cela a commencé. Mille hérauts le proclament à l'air qui l'écoute, mille messagers le trahissent aux yeux. Le ton, l'acte, l'attitude et le regard, les signaux sur le visage, le télégraphe électrique du toucher, tout cela trahit la citadelle cédante avant que le mot lui-même ne soit prononcé, qui, comme la clé rendue, ouvre chaque avenue et chaque porte d'entrée, et rend la retraite impossible. — LONGFELLOW .

Aimez et vous serez aimé. Tout amour est mathématiquement juste, autant que les deux côtés d'une équation algébrique. — EMERSON .

S'il y a quelque chose qui maintient l'esprit ouvert aux visites des anges et repousse le ministère du mal, c'est bien l'amour humain. — NP WILLIS .

Le premier symptôme du véritable amour chez un jeune homme est la timidité, chez une fille c'est l'audace. Les deux sexes ont tendance à se rapprocher et chacun assume les qualités de l' autre . — VICTOR HUGO .

Le plaisir de l'amant, comme celui du chasseur, est dans la chasse, et la beauté la plus brillante perd la moitié de son mérite, comme la fleur son parfum, lorsque la main volontaire peut l'atteindre trop facilement. Il doit y avoir un doute ; il doit y avoir des difficultés et des dangers. — WALTER SCOTT .

L'amour est de tous les stimulants le plus puissant. Il aiguise l'esprit comme le danger, et la mémoire comme la haine ; cela stimule la volonté comme l'ambition ; il enivre comme le vin. — AB EDWARDS .

Que ceux qui ont toujours aimé aiment maintenant ceux qui n'ont jamais aimé auparavant, Que ceux qui ont toujours aimé aiment maintenant davantage. —Parnel.

L'amour gouverne la cour, le camp, le bosquet, Et les hommes en bas, et les saints en haut ; Car l'amour est le ciel, et le ciel est l'amour. —Scott.

Si tu négliges ton amour pour ton prochain, tu professes en vain ton amour pour Dieu ; car par ton amour pour Dieu l'amour pour ton prochain est engendré, et par l'amour pour ton prochain, ton amour pour Dieu est nourri . — QUARLES .

L'amour est comme la rougeole – c'est encore pire quand il survient tard dans la vie. — JERROLD .

L'amour est fort comme la mort. De nombreuses eaux ne peuvent pas éteindre l'amour, et les flots ne peuvent pas non plus le noyer : si un homme donnait tous les biens de sa maison par amour, il serait totalement méprisé. — CANTIQUE DES CANTIQUES 8 : 6 ET 7 .

L'amour est l'accomplissement de la loi. — ROMAINS 13 :10 .

Les significations les plus douces de l'amour sont tacites ; le cœur plein ne connaît aucune rhétorique des mots. — BOVEE .

Une femme est plus attentionnée dans les affaires d'amour qu'un homme ; parce que l'amour est davantage l'étude et l'affaire de sa vie . — WASHINGTON IRVING .

L'amour, a-t-on dit, coule vers le bas. L'amour des parents pour leurs enfants a toujours été bien plus puissant que celui des enfants pour leurs parents ; et qui parmi les fils des hommes a jamais aimé Dieu d'un millième de l'amour que Dieu nous a manifesté ? — LIÈVRE .

Il vaut mieux désirer que jouir, aimer qu'être aimé. — HAZLITT .

Qui n'a jamais aimé, n'a jamais souffert ; il ne sent rien, qui ne sent rien que pour lui seul. -Jeune.

Amour, pourquoi appelons-nous une seule passion, alors qu'elle est un composé de toutes ? Là où le chaud et le froid, où le piquant et le doux se rencontrent, dans tous leurs équipages ; Où apparaissent les plaisirs mêlés aux douleurs , le chagrin à la joie et l'espoir à la peur. -Rapide.

Rien n'excite plus à tout ce qui est noble et généreux que l'amour vertueux. — HENRY HOME .

L'amour, libre comme l'air, à la vue des liens humains, déploie ses ailes légères, et en un instant s'envole. -Le pape.

Mais il n'y a rien d'aussi doux dans la vie Que le jeune rêve de l'amour. — Moore.

Ils n'aiment pas, ils ne montrent pas leur amour. —Shakespeare.

L'amour protège mieux du froid qu'un manteau. Il sert à la nourriture et aux vêtements.— LONGFELLOW .

Pour que tu sois aimé, sois aimable . — OVIDE .

Tous ces inconvénients sont des incidents de l'amour : reproches, jalousies, querelles, réconciliations, guerre, puis paix . — TÉRENCE .

L'amour s'empare de nous d'un coup, sans prévenir, et notre disposition ou notre faiblesse favorise la surprise ; un regard, un regard de la foire, nous fixe et nous détermine. L'amitié, au contraire, se forme longtemps ; il est de croissance lente, à travers de nombreux essais et des mois de familiarité. — LA BRUYÈRE .

L'amour est un enfant qui parle dans un langage brisé, et pourtant il parle très clairement. —Dryden.

L'amour qui n'a que la beauté pour le maintenir en bonne santé est de courte durée. — ERASMUS .

Aucune corde ou câble ne peut tirer avec autant de force ni se lier aussi rapidement que l'amour peut le faire avec un seul fil. — BURTON .

Il est possible qu'un homme puisse être tellement changé par l'amour qu'on ne puisse pas reconnaître qu'il est la même personne. — TERENCE .

Seuls ceux qui aiment avec leur cœur peuvent animer l'amour des autres . — ABEL STEVENS .

Si un homme aime vraiment une femme, bien sûr, il ne l'épouserait pour rien au monde, s'il n'était pas sûr d'être la meilleure personne qu'elle puisse épouser. — HOLMES .

Le véritable amour est humble, c'est pourquoi il est connu ; Ceint pour le service, ne cherchant pas le sien ; Il ne se vante pas, mais s'exprime avec autodérision. —Abraham Coles.

L'amour sans foi est aussi mauvais que la foi sans amour. — BEECHER .

Homme. — L'homme est l'image et la gloire de Dieu : mais la femme est la gloire de l' homme . — 1 COR. 11:7 .

Savez-vous ce qu'est un homme ? La naissance, la beauté, la forme, le discours, la virilité, le savoir, la douceur, la vertu, la jeunesse, la libéralité, etc., ne sont-ils pas l'épice et le sel qui assaisonnent un homme ? — SHAKESPEARE .

Un homme peut se tordre à sa guise et faire ce qu'il veut, mais il revient inévitablement à la voie à laquelle la nature l' a destiné. — GOETHE .

Les hommes peuvent s'élever sur les tremplins de leur moi mort vers des choses plus élevées. — TENNYSON .

C'est une erreur de supposer qu'un homme s'appartient à lui-même. Aucun homme ne le fait. Il appartient à sa femme, ou à ses enfants, ou à ses parents, ou à ses créanciers, ou à la société sous une forme ou une autre . — GA SALA .

Le récit de la vie se déroule ainsi : L'homme s'insinue dans l'enfance, bondit dans la jeunesse, devient sobre dans la virilité, s'adoucit dans la vieillesse, chancelle dans la seconde enfance et s'endort dans le berceau préparé pour lui, puis pour être surveillé et soigné. .— HENRI GILLES .

Comme l'homme est pauvre, riche, abject, auguste ! Comme l'homme est complexe et merveilleux ! -Jeune.

Il est toute l' encyclopédie des faits. La création de mille forêts tient dans un seul gland ; et l'Egypte, la Grèce, Rome, la Gaule, la Grande-Bretagne, l'Amérique, sont déjà repliées dans le premier homme . — EMERSON .

L'homme est un animal qui cuisine ses victuailles. — BURKE .

L'homme est un animal qui fait des affaires ; aucun autre animal ne fait cela, — un chien ne change pas un os avec un autre. — ADAM SMITH .

Connais-toi donc toi-même, ne présume pas que Dieu scrute ; La véritable étude de l'humanité est l'homme. -Le pape.

Sa vie était douce ; et les éléments donc mélangé en lui, afin que la nature puisse se lever et dire au monde entier : « C'était un homme ! — Shakespeare.

L'homme né d'une femme est de peu de jours et plein de difficultés. — JOB 14 : 1 .

Faites-vous un honnête homme, et alors vous serez sûr qu'il y a un coquin de moins dans le monde . — CARLYLE .

Un homme individuel est un fruit dont il a fallu tous les siècles pour se former et mûrir. Il est fort, non pas pour faire, mais pour vivre ; pas dans ses bras, mais dans son cœur ; non pas en tant qu'agent, mais en tant que fait. — EMERSON .

Quel travail que cet homme ! Comme la raison est noble ! comme les facultés sont infinies ! dans la forme et dans l'émotion, comme c'est expressif et admirable ! en action, comme un ange ! dans l'appréhension, comme c'est comme un dieu ! — SHAKESPEARE .

Il n'y a que trois classes d'hommes : les rétrogrades, les stationnaires et les progressistes . — LAVATER .

Avant que l'homme ne fasse de nous des citoyens, la grande nature a fait de nous des hommes. — LOWELL .

Manières. — Les mauvaises communications corrompent les bonnes manières. — 1 COR. 15H33 .

Celui qui crie, ou utilise le superlatif, ou converse avec chaleur, met en fuite des salons entiers. Si vous souhaitez être aimé, aimez mesurez. — EMERSON .

Les bonnes manières sont l'art de rendre faciles ceux avec qui nous conversons. — SWIFT .

Je pense vraiment qu'après la conscience de faire une bonne action, celle de faire une action civile est la plus agréable ; et l'épithète que je convoiterais le plus après celle d'Aristide, serait celle de bien élevé. — CHESTERFIELD .

La valeur d'un homme s'estime dans ce monde selon sa conduite. —LA BRUYÈRE .

Il y a certainement quelque chose de gentillesse exquise et de bienveillance réfléchie dans ce cadeau le plus rare : une belle éducation . — LYTTON .

Dans la société des dames, le manque de bon sens n'est pas aussi impardonnable que le manque de manières. — LAVATER .

Les bonnes manières font partie de la bonne morale. — WHATLEY .

L'un des éléments principaux d'une bonne éducation est d'adapter notre comportement aux trois différents degrés d'hommes : nos supérieurs, nos égaux et ceux en dessous de nous . — SWIFT .

Comme les salutations d'un homme, tel est l'ensemble de son caractère ; en rien nous ne nous exposons aussi ouvertement que dans notre manière de nous rencontrer et de saluer. — LAVATER .

La grâce est au corps ce que le bon sens est à l' esprit. — LA ROCHEFOUCAULD .

Les manières sont les manières heureuses de faire les choses ; chacun un coup de génie ou d'amour, maintenant répétés et durcis dans l'usage, ils forment enfin un riche vernis dont la routine de la vie est lavée et ses détails ornés. Si elles sont superficielles, les gouttes de rosée le sont aussi qui donnent une telle profondeur aux prairies du matin. — EMERSON .

Les mœurs sont ce qui vexe ou apaise, corrompt ou purifie, exalte ou avilit, barbarise ou affine, par une opération constante, régulière, uniforme, insensible, comme celle de l' air que nous respirons. Elles donnent toute leur forme et leurs couleurs à notre vie. Selon leur qualité, ils aident la morale, ils la suppléent ou ils la détruisent totalement. — BURKE .

Une bonne éducation est le résultat de beaucoup de bon sens, d'un peu de bonne nature et d'un peu d'abnégation pour le bien des autres et en vue d'obtenir d' eux la même indulgence. — CHESTERFIELD .

Être bon et désagréable est une haute trahison envers la royauté de la vertu. — HANNAH MORE .

La bonne éducation d'un homme est la meilleure sécurité contre les mauvaises manières des autres. — CHESTERFIELD .

Le trait distinctif des gens habitués à la bonne société est une quiétude calme et imperturbable qui imprègne toutes leurs actions et leurs habitudes, depuis les plus grandes jusqu'aux moindres. Ils mangent tranquillement, bougent tranquillement, vivent tranquillement et perdent leur femme, ou même leur argent, tranquillement ; tandis que les personnes basses ne peuvent prendre ni une cuillère ni un affront sans en faire un bruit aussi étonnant. — LYTTON .

Mariage. — Hormis l'amour que nous portons au ciel, il n'y en a pas de plus pur, de plus saint, que celui qu'une femme vertueuse éprouve pour celui auquel elle s'attacherait toute sa vie. Les sœurs se séparent de leurs sœurs, les frères de leurs frères, les enfants de leurs parents, mais telle femme du mari de son choix, jamais ! — SHERIDAN KNOWLES .

J'ai choisi ma femme, comme elle a choisi sa robe de mariée, pour des qualités qui se porteraient bien . — ORFÈVRE .

Un homme marié qui tombe dans le malheur est plus apte à retrouver sa situation dans le monde qu'un célibataire, principalement parce que son esprit est apaisé et récupéré par les affections domestiques, et que son respect de soi est maintenu vivant en constatant que, même si tout à l'étranger est ténèbres et humiliation. , pourtant, il existe chez lui un petit monde d'amour dont il est le monarque. — JEREMY TAYLOR .

Un homme peut être joyeux et satisfait dans le célibat, mais je ne pense pas qu'il puisse jamais être heureux ; c'est un état contre nature, et les meilleurs sentiments de sa nature ne sont jamais mis en action . — SOUTHEY .

Il n'est pas bon que l'homme soit seul . — GENÈSE 2:18 .

La circonstance la plus malheureuse de toutes est celle où chaque parti accumule toujours du carburant pour les dissensions et rassemble un magazine de provocations pour s'exaspérer les uns les autres lorsqu'ils sont de mauvaise humeur . — STEELE .

Quand tu choisis une femme, pense non seulement à toi, mais à celles que Dieu pourra te donner d'elle, afin qu'elles ne te reprochent pas leur être . — TUPPER .

Une épouse obéissante commande à son mari. — TENNYSON .

Aucun homme ne peut vivre pieusement ou mourir juste sans femme . — RICHTER .

Deux personnes qui se sont choisies parmi toutes les espèces dans le but de se réconforter et de se divertir mutuellement se sont, dans cette action, tenues d'être de bonne humeur, affables, discrètes, indulgentes, patientes et joyeuses, avec respect. aux faiblesses et aux perfections de chacun, jusqu'à la fin de leur vie . — ADDISON .

L'homme est le chêne cerclé ; femme le lierre.— AARON HILL .

Un homme sensé et instruit devrait trouver dans une épouse une compagne convenable. C'est une chose misérable quand la conversation ne peut être que sur la question de savoir si le mouton doit être bouilli ou rôti, et probablement une dispute à ce sujet . — DR JOHNSON .

Descendez l'échelle quand vous épousez une femme ; monte quand tu choisis un ami. — RABBI BEN AZAI .

Si un homme ne se mariait pas une seconde fois, on pourrait conclure que sa première femme lui avait donné du dégoût pour le mariage ; mais en prenant une seconde épouse, il fait le plus grand compliment à la première en montrant qu'elle l'a rendu si heureux en tant qu'homme marié qu'il souhaite l'être une seconde fois . — DR JOHNSON .

Bien que les imbéciles rejettent les douces puissances de l'Hymen, Nous qui améliorons ses heures d'or, Sachons par une douce expérience , Que le mariage, bien compris, Donne au tendre et au bon Un paradis en bas. - Coton.

De même qu'une ville fortifiée vaut plus qu'un village, le front d'un homme marié est plus honorable que le front nu d'un célibataire . — SHAKESPEARE .

Dieu le meilleur créateur de tous les mariages.— SHAKESPEARE .

Une femme légère fait un mari lourd.

Les maximes suivantes sur le « mariage » méritent plus qu'une lecture hâtive. Les maris ne devraient pas les ignorer, car ils sont conçus pour les épouses ; et les femmes ne doivent pas les mépriser, car ils s'adressent aux maris : —

1. La voie la plus proche du bonheur domestique sur terre consiste à cultiver, de part et d'autre, un altruisme absolu.

2. Ne soyez jamais en colère tous les deux en même temps.

3. Ne vous parlez jamais, seuls ou en compagnie.

4. Ne vous parlez jamais fort sauf si la maison est en feu.

5. Que chacun s'efforce de céder le plus souvent aux désirs de l'autre.

6. Que le renoncement à soi soit le but et la pratique quotidienne de chacun.

7. Ne trouvez jamais de faute à moins d'être parfaitement certain qu'une faute a été commise et parlez toujours avec amour.

8. Ne vous moquez jamais d'une erreur passée.

9. Négligez le monde entier plutôt que les uns les autres.

10. Ne permettez jamais qu'une demande soit répétée.

11. Ne faites jamais de remarque aux dépens de l'autre , c'est une méchanceté.

12. Ne vous séparez jamais d'une journée sans penser à des mots d'amour pendant votre absence.

13. Ne vous rencontrez jamais sans un accueil affectueux.

14. Ne laissez jamais le soleil se coucher sur une colère ou un grief.

15. Ne laissez jamais passer une faute que vous avez commise avant de l'avoir franchement avoué et demandé pardon.

16. N'oubliez jamais les heures heureuses des premiers amours.

17. Ne soupirez jamais sur ce qui aurait pu être, mais tirez le meilleur parti de ce qui est.

18. N'oubliez jamais que le mariage est ordonné par Dieu et que sa bénédiction seule peut en faire ce qu'il devrait toujours être.

19. Ne soyez jamais satisfait avant de savoir que vous marchez tous les deux dans le chemin étroit.

20. Ne laissez jamais vos espoirs s'arrêter avant la maison éternelle. — COTTAGER ET ARTISAN .

Les mères qui forcent leurs filles à se marier intéressées sont pires que les Ammonites qui ont sacrifié leurs enfants à Moloch – ces derniers subissant une mort rapide, les premières subissant des années de torture, mais conduisant trop souvent au même résultat . – LORD ROCHESTER .

Ne nous disputons plus , ne nous accusons pas les uns les autres, comme nous l'avons assez blâmé ailleurs, mais efforçons- nous, dans les offices de l'amour, de trouver comment alléger le fardeau de chacun , dans notre part de malheur. — Milton.

Le monde bien éprouvé, la chose la plus douce de la vie Est l'accueil sans nuages d'une épouse. —Willis.

Une épouse est un cadeau accordé à un homme pour le réconcilier avec la perte du paradis. — GOETHE .

Le paradis ne sera pas un paradis pour moi si je n'y rencontre pas ma femme . — ANDREW JACKSON .

Si vous voulez vous ruiner, épousez une femme riche. — MICHELET .

Le mariage est le lien le plus strict d'amitié perpétuelle, et il ne peut y avoir d'amitié sans confiance, et pas de confiance sans intégrité ; et celui qui accorde à la beauté, à la richesse ou à la politesse ce respect auquel seules la vertu et la piété peuvent prétendre doit s'attendre à être malheureux. — DR JOHNSON .

Quand j'ai dit que je mourrais célibataire, je ne pensais pas que je devrais vivre jusqu'à ce que je sois marié . — SHAKESPEARE .

La bonne épouse n'est pas une de nos dames délicates, qui aiment à paraître chaque jour dans une variété de costumes nouveaux ; comme si une bonne robe, comme un stratagème de guerre, ne devait être utilisée qu'une seule fois. Mais notre bonne épouse installe une voile selon la quille du domaine de son mari ; et si elle est de haute parenté, elle ne se souvient pas tellement de ce qu'elle était par naissance qu'elle oublie ce qu'elle est par correspondance . — FULLER .

Parmi les biens terrestres, le meilleur est une bonne épouse . — SIMONIDE .

Prenez la fille d'une bonne mère . — FULLER .

Les jarres cachées sont à moitié réconciliées ; c'est une double tâche : arrêter la brèche à l'intérieur et la bouche des hommes à l'étranger. C'est pourquoi un bon mari ne réprimande jamais publiquement sa femme. Une réprimande ouverte la met à faire pénitence devant tous ceux qui sont présents ; après quoi, beaucoup étudient plutôt la vengeance que la réforme. — FULLER .

On s'efforce de former des alliances matrimoniales pour concilier les questions de fortune, mais on accorde très peu d'importance à la convivialité des dispositions ou à l'accord des cœurs . — MASSILLON .

Une bonne épouse est le dernier meilleur cadeau du ciel à l'homme ; son ange et ministre des grâces innombrables ; son joyau aux multiples vertus ; son coffret de bijoux ; sa voix, sa douce musique ; ses sourires sont son jour le plus brillant ; son baiser est le gardien de son innocence ; ses bras sont le pâle de sa sécurité, le baume de sa santé, le baume de sa vie ; son industrie, sa richesse la plus sûre ; son économie, son intendant le plus sûr ; ses lèvres, ses fidèles conseillers ; son sein, l'oreiller le plus doux de ses soins ; et ses prières, les avocats les plus compétents des bénédictions du ciel sur sa tête . — JEREMY TAYLOR .

Un homme marié a beaucoup de soucis, mais un célibataire aucun plaisir. — DR JOHNSON .

Méditation. — La méditation est le miroir de perspective de l'âme, par lequel, dans ses longs déplacements, elle discerne Dieu, comme s'il était à portée de main. — FELTHAM .

La méditation est la vie de l'âme ; l'action est l'âme de la méditation ; l'honneur est la récompense de l'action ; médite donc pour pouvoir le faire ; fais-le, afin que tu puisses acheter de l'honneur ; pour quel achat, rendez gloire à Dieu. — QUARLES .

Mélancolie. — J'ai donné un jour à une dame vingt-deux reçus contre la mélancolie : l'un était un feu vif ; une autre, pour se souvenir de toutes les choses agréables qu'on lui disait ; un autre, pour garder une boîte de dragées sur la cheminée et une bouilloire qui mijote sur la plaque de cuisson. Je pensais que cela n'était qu'une bagatelle sur le moment, mais j'ai découvert plus tard combien il est vrai que ces petits plaisirs bannissent souvent mieux la mélancolie que les objets plus élevés et plus exaltés ; et qu'aucun moyen ne doit être considéré comme trop insignifiant pour s'y opposer, soit en nous-mêmes, soit chez les autres . — SYDNEY SMITH .

La mélancolie voit les pires choses, les choses telles qu'elles peuvent être, et non telles qu'elles sont. Il regarde un beau visage et ne voit qu'un crâne souriant.— BOVEE .

Il y a des gens qui pensent qu'il faut toujours être en deuil, qu'ils doivent se mettre une contrainte continuelle, et éprouver du dégoût pour les amusements auxquels ils sont obligés de se soumettre. Pour ma part, j'avoue que je ne sais pas me conformer à ces notions rigides. Je préfère quelque chose de plus simple, qui, je pense aussi, serait plus agréable à Dieu.— FÉNELON .

Miséricorde. — Soyons miséricordieux autant que justes. — LONGFELLOW .

Considérez ceci : que, dans le cours de la justice, aucun de nous ne devrait voir le salut : nous prions pour avoir miséricorde ; Et cette même prière nous apprend à tous à rendre les actes de miséricorde. —Shakespeare.

Parmi les attributs de Dieu, bien qu'ils soient tous égaux, la miséricorde brille avec plus d'éclat encore que la justice . — CERVANTES .

La miséricorde de Dieu est une sainte miséricorde, qui sait pardonner le péché, non le protéger ; c'est un sanctuaire pour les pénitents, pas pour les présomptueux . — MGR REYNOLDS .

Il trône dans le cœur des rois, C'est un attribut de Dieu lui-même ; Et la puissance terrestre se montre alors semblable Dieu Quand la miséricorde assaisonne la justice. —Shakespeare.

Il n'y a pas de meilleure règle pour tester une doctrine que la question : est-elle miséricordieuse ou est-elle impitoyable ? Si son caractère est celui de la miséricorde, il a l'image de Jésus, qui est le chemin, la vérité et la vie . — OSÉE BALLOU .

La qualité de la miséricorde n'est pas tendue ; Il tombe comme la douce pluie du ciel sur l'endroit en dessous : il est deux fois béni ; Il bénit celui qui donne et celui qui prend ; C'est le plus puissant dans le plus puissant ; il devient meilleur que sa couronne. —Shakespeare.

Dans certains cas, la clémence agira avec plus de force que la rigueur. C'est donc mon premier souhait que toute ma conduite en soit distinguée. — WASHINGTON .

Apprends-moi à ressentir le malheur d'autrui , À cacher la faute que je vois ; Cette miséricorde que je montre aux autres , Cette miséricorde me montre. -Le pape.

Sous les ailes des séraphins sont tendus les bras de la miséricorde divine, toujours prête à recevoir les pécheurs . — LE TALMUD .

La douce miséricorde est le véritable insigne de la noblesse. — SHAKESPEARE .

Mérite. — Il y a du mérite sans élévation, mais il n'y a pas d'élévation sans quelque mérite. — LA ROCHEFOUCAULD .

Le mérite distingué s'élèvera toujours jusqu'à l'oppression et tirera son éclat du reproche. Les vapeurs qui s'amassent autour du soleil levant et le suivent dans sa course, manquent rarement à la fin de celui-ci de former un théâtre magnifique pour sa réception, et d'investir de teintes variées et d'un éclat adouci l'astre qu'elles ne peuvent cacher . —Robert HALL .

Selon leurs propres mérites, les hommes modestes sont stupides. — GEORGE COLMAN .

L'art de savoir faire bon usage de capacités modérées gagne en estime et confère souvent plus de réputation que de mérite réel. — LA BRUYÈRE .

La marque du mérite extraordinaire est de voir les plus envieux contraints à la louange. — LA ROCHEFOUCAULD .

Méthode. — La méthode est essentielle et permet d'accomplir avec satisfaction une plus grande quantité de travail. "La méthode", a déclaré Cecil (plus tard Lord Burleigh), "c'est comme emballer des choses dans une boîte : un bon emballeur recevra la moitié de ce qu'un mauvais emballeur". L'expédition des affaires de Cecil était extraordinaire ; Sa maxime est : « Le chemin le plus court pour faire plusieurs choses est de ne faire qu'une seule chose à la fois. » — SAMUEL SOURIT .

Esprit. — Nos esprits sont comme certains véhicules : lorsqu'ils ont peu à transporter, ils font beaucoup de bruit, mais lorsqu'ils sont lourdement chargés, ils roulent silencieusement . — ELIHU BURRITT .

Nous ne devons pas plus, en humanité, mépriser un homme pour les malheurs de l'esprit que pour ceux du corps, quand ils sont tels qu'il ne peut rien faire ; si cela était bien réfléchi, nous ne serions pas plus moqueurs d'un homme parce qu'il a la cervelle brisée que parce qu'il a la tête cassée . — LE PAPE .

C'est l'esprit qui enrichit le corps . — SHAKESPEARE .

Un esprit faible est comme un microscope qui grossit les choses insignifiantes, mais ne peut en recevoir de grandes. — CHESTERFIELD .

Si j'étais assez grand pour atteindre le pôle, ou pour saisir l'océan de mon envergure, je devrais être mesuré par mon âme : l' esprit est l'étalon de l'homme. —Dr. Watts.

L'esprit est son propre lieu, et en lui-même Peut faire un paradis d'enfer, un enfer de paradis. — Milton.

La bénédiction d'un esprit actif, lorsqu'il est en bonne condition, est que non seulement il s'emploie lui-même, mais qu'il est presque sûr d'être le moyen de donner un emploi sain aux autres.

Celui qui a ses propres trésors quitter la chaumière ou le trône, quitter le globe et demeurer seul dans son esprit spacieux. —Dr. Watts.

L'esprit se rétrécit à mesure que l'âme se corrompt. — ROUSSEAU .

Tout grand esprit cherche à travailler pour l'éternité. Tous les hommes sont captivés par les avantages immédiats ; seuls les grands esprits sont excités par la perspective d' un bien lointain. — SCHILLER .

Un esprit au chômage est un esprit sans plaisir. — BOVEE .

De même que l'esprit doit gouverner les mains, de même, dans toute société, l'homme intelligent doit diriger l'homme qui travaille . — DR JOHNSON .

De même que le sol, aussi riche soit-il, ne peut être productif sans culture, de même l'esprit sans culture ne peut jamais produire de bons fruits . — SÉNÈQUE .

Peu d'esprits s'épuisent ; plus de rouille.— BOVEE .

Il n'y a rien de plus élastique que l'esprit humain. Comme la vapeur emprisonnée, plus on la presse, plus elle monte pour résister à la pression. Plus nous sommes obligés de faire, plus nous sommes capables d' accomplir. — T. EDWARDS .

Les esprits modérés condamnent ordinairement tout ce qui est hors de leur portée. — LA ROCHEFOUCAULD .

Garde bien tes pensées : nos pensées sont entendues dans le ciel. — JEUNE
.

C'est l'esprit qui fait le bien ou le mal . rend malheureux ou heureux, riche
ou pauvre. —Spenser.

Celui qui n'a pas de ressources mentales est plus à plaindre que celui qui
manque des choses nécessaires au corps ; et être obligé de mendier notre
bonheur quotidien auprès des autres, témoigne d'une pauvreté plus
lamentable que celle de celui qui mendie son pain quotidien. — COLTON .

Un bon esprit possède un royaume.

Gaieté. — Une gaieté inoffensive est le meilleur cordial contre la
consommation de l'esprit ; c'est pourquoi la plaisanterie n'est pas illégale, si
elle n'empiète pas sur la quantité, la qualité ou la saison. — FULLER .

La gaieté est dans l'esprit et vous ne pouvez pas l'en extraire. C'est l'esprit
béni que Dieu a mis dans l'esprit pour le dépoussiérer, pour animer ses
endroits sombres et pour chasser l'ascétisme, comme un démon infect, par
la porte arrière. C'est aussi bon, à sa place, que la conscience ou la vénération.
La prière ne peut pas plus remplacer le sourire que le sourire ne peut
remplacer la prière. — BEECHER .

 Le soin apporté à notre cercueil ajoute sans aucun doute un clou ; Et
chaque sourire si joyeux en attire un. —Pierre Pindare.

Il n'y a rien de tel que le plaisir, n'est-ce pas ? Je n'en ai pas moi-même, mais
j'aime ça chez les autres. Oh, nous en avons besoin ! Nous avons besoin de
tous les contrepoids possibles pour équilibrer les tristes relations de la vie.
Dieu a créé de nombreux points ensoleillés dans le cœur ; pourquoi devrions-
nous en exclure la lumière ? — HALIBURTON .

J'aime les gaietés qui ne font pas honte aux amis de se regarder le lendemain
matin . — IZAAK WALTON .

La joie est le médicament de Dieu. Tout le monde devrait s'y baigner. Les
soucis sinistres, la morosité, l'anxiété, toute cette rouille de la vie devraient
être nettoyées par l'huile de la gaieté. C'est mieux que l'émeri. Tout homme
devrait s'en frotter. Un homme sans joie est comme un chariot sans ressorts,
dans lequel chaque caillou sur lequel il roule vous fait secouer
désagréablement. — BEECHER .

Malheur. — Le diamant de caractère se révèle au choc du malheur, comme
la splendeur du précieux joyau de la mine se développe aux coups du
lapidaire. — FA DURIVAGE .

Une âme exaspérée par les maux se brouille Avec tout , son ami, elle-même. —Addison.

Nous avons tous assez de courage pour supporter les malheurs des autres. — La Rochefoucauld .

L'homme bon, même accablé par le malheur, ne perd jamais sa grandeur d'âme innée. Le bois de camphre brûlé dans le feu devient d'autant plus parfumé. — Sataka .

Qui n'a pas connu le malheur, ne s'est jamais connu lui-même ni sa propre vertu. -Maillet.

Les petits esprits sont apprivoisés et soumis par le malheur ; mais les grands esprits s'élèvent au-dessus . — Washington Irving .

Les malheurs sont, en morale, ce que sont les amers en médecine : chacun est d'abord désagréable ; mais comme les amers agissent comme des corroborants pour l'estomac, de même l'adversité châtie et améliore le caractère. — Des Français .

Quand l'un est passé, un autre souci nous a ; Ainsi un malheur succède à un malheur, comme une vague à une vague. —Herrick.

Le plus grand malheur de tous est de ne pas pouvoir supporter le malheur. — Biais .

Je crois en effet qu'il est plus louable de souffrir de grands malheurs que de faire de grandes choses . — Stanislas .

Nos leçons les plus courageuses ne s'apprennent pas par le succès, mais par la mésaventure. — Alcott .

Moins nous exhibons nos malheurs, plus nous suscitons de la sympathie. — Orville Dewey .

C'est une pensée célèbre de Socrate, que si tous les malheurs de l'humanité étaient mis dans un fonds public, afin d'être également répartis entre toute l'espèce, ceux qui se croient aujourd'hui les plus malheureux préféreraient la part qu'ils possèdent déjà. , avant ce qui leur reviendrait par une telle division . — Addison .

Nous devrions apprendre, en réfléchissant aux malheurs qui ont frappé les autres, qu'il n'y a rien de singulier dans ceux qui nous arrivent. — Melmoth .

La plupart de nos malheurs sont plus supportables que les commentaires de nos amis à leur sujet. — COLTON .

Foule. — La foule n'a rien à perdre, tout à gagner. — GOETHE .

La foule n'a ni jugement ni principe, — prête à brailler la nuit pour le contraire de ce qu'elle désirait le matin. — TACITE .

L'écume qui monte au sommet, quand la nation bout. — DRYDEN .

La foule est une sorte d'ours ; tant que votre bague sera dans son nez, elle dansera même sous votre gourdin ; mais si l'anneau glisse et que vous perdez votre prise, la brute se retournera et vous déchirera. — JANE PORTER .

inconstants, aveugles, déserteurs dans le besoin et trompés par les ennemis ; Bruyant et séditieux, quand un chef inspirait leur fureur impétueuse, mais, privés de lui, déjà des esclaves qui léchaient la main flagellante. — Thomson.

Qu'il y ait une abstinence totale de boissons enivrantes dans tout ce pays pendant la période d'une seule génération, et une foule serait aussi impossible qu'une combustion sans oxygène . — HORACE MANN .

Modération. — Une activité illimitée, quelle qu'elle soit, doit aboutir à la faillite. — GOETHE .

Une chose moyennement bonne n'est pas aussi bonne qu'elle devrait l'être. La modération d'humeur est toujours une vertu ; mais la modération en principe est toujours un vice. — THOMAS PAINE .

La limite de l'homme est la modération. Une fois que nous avons dépassé cette pâleur, notre ange gardien quitte sa charge envers nous. — FELTHAM .

La modération est le fil de soie qui traverse la chaîne de perles de toutes les vertus. — BISHOP HALL .

L'homme supérieur souhaite être lent dans ses paroles et sérieux dans sa conduite. — CONFUCIUS .

La modération ressemble à la tempérance. Nous ne refusons pas de manger davantage, mais nous avons peur de nous faire du mal. — LA ROCHEFOUCAULD .

Aller au-delà des limites de la modération, c'est indigner l'humanité. La grandeur de l'âme humaine se manifeste dans le fait de savoir se maintenir dans de justes limites. Loin que la grandeur consiste à dépasser ses limites, elle consiste en réalité à s'y tenir. — PASCAL .

Modestie. — Une personne modeste manque rarement de gagner la bonne volonté de ceux avec qui elle converse, car personne n'envie un homme qui ne semble pas content de lui-même. — STEELE .

La pudeur réside rarement dans un sein qui ne soit enrichi de vertus plus nobles. — ORFÈVRE .

La vraie modestie évite tout ce qui est criminel ; fausse modestie tout ce qui est démodé. — ADDISON .

Vous ne savez pas ce que vous avez fait, quand vous avez pour la première fois brisé les limites de la modestie ; vous avez ouvert la porte de votre imagination au diable, afin qu'il puisse, presque à son gré pour toujours, vous représenter à nouveau le même plaisir pécheur. — BAXTER .

La pudeur une fois éteinte ne sait comment revenir. — SÉNÈQUE .

La pudeur ne s'emporte jamais, ne murmure jamais, ne fait jamais la moue lorsqu'elle est maltraitée . — STEELE .

Une modestie juste et raisonnable ne recommande pas seulement l'éloquence, mais met en valeur tous les grands talents qu'un homme peut posséder ; il exalte toutes les vertus qu'il accompagne ; comme les nuances des peintures, elle rehausse et arrondit chaque figure et rend les couleurs plus belles, quoique pas aussi éclatantes qu'elles le seraient sans . — ADDISON .

La première de toutes les vertus est l'innocence ; le suivant est la modestie. Si l'on bannit la pudeur du monde, elle emporte avec elle la moitié de la vertu qui est en elle. — ADDISON .

La marque de l'homme du monde, c'est l'absence de prétention. Il ne fait pas de discours ; il prend un ton grave et professionnel, évite toute vantardise, n'est personne, s'habille simplement, ne promet pas du tout, joue beaucoup, parle en monosyllabes, embrasse son fait. Il appelle son emploi par son nom le plus bas et prend ainsi aux mauvaises langues leur arme la plus tranchante. — EMERSON .

Dieu a prévu pour les femmes deux mesures préventives contre le péché, la pudeur et le remords ; en confession à un prêtre mortel, le premier est enlevé par son absolution, le second est emmené. — Miranda DE PIÉMONT .

Argent. — L'amour de l'argent est la racine de tous les maux. — 1 TIMOTHÉE 6 :10 .

Sans l'argent et le besoin, il n'y aurait pas la moitié de l'amitié du monde. Il est puissant pour le bien s'il est utilisé divinement. Donnez-lui beaucoup d'air, et il sera doux comme l'aubépine ; tais-le, et il chancre et engendre des vers. — GEORGE MACDONALD .

Faites tout ce que vous pouvez, économisez tout ce que vous pouvez, donnez tout ce que vous pouvez. — WESLEY.

Quelle dignité ça donne à une vieille dame, ce solde chez les banquiers ! Avec quelle tendresse nous regardons ses défauts si elle est une parente ; quelle vieille créature gentille et bon enfant nous la trouvons ! — THACKERAY.

L'argent n'a jamais encore rendu un homme heureux, et il ne le fera pas non plus. Il n'y a rien dans sa nature qui puisse produire le bonheur. Plus un homme en a, plus il en veut. Au lieu de combler un vide, il en crée un. S'il satisfait un désir, il double et triple ce désir d'une autre manière. C'était un vrai proverbe de l'homme sage, comptez-y : « Mieux vaut peu avec la crainte du Seigneur qu'un grand trésor et les ennuis qui en découlent. » — FRANKLIN.

Un homme sage devrait avoir de l'argent dans la tête, mais pas dans le cœur. — SWIFT.

Nous devons apprendre que la compétence vaut mieux que l'extravagance, que la valeur vaut mieux que la richesse, que le veau d'or que nous avons adoré n'a pas plus de cervelle que celui d'autrefois que les Hébreux adoraient. Méfiez-vous donc de l'argent et de sa valeur en tant que passion suprême de l'esprit. Méfiez-vous de l'envie d' acquisitions énormes. — BARTOL.

L'argent est un bon serviteur, mais un maître dangereux. — BOUHOURS.

En faisant le bien avec son argent, un homme y imprime pour ainsi dire l'image de Dieu et le fait passer pour la marchandise du ciel. — RUTLEDGE.

Pour nous guérir de notre amour immodéré du gain, nous devrions sérieusement considérer combien de biens il y a que l'argent n'achète pas, et ceux-là sont les meilleurs ; et combien de maux y a-t-il auxquels l'argent ne remédiera pas, et ceux-là sont les pires. — COLTON.

Le plus profond du vulgarisme est celui de faire de l'argent l'arche de l' alliance. — CARLYLE.

Moralité. — En cas de moralité douteuse, il est d'usage de dire : Y a-t-il un mal à faire cela ? Il est parfois préférable de répondre à cette question en nous en posant une autre : y a-t-il un mal à le laisser tranquille ? — COLTON.

Pour donner à un homme une connaissance complète de la vraie morale, je ne l'enverrais à aucun autre livre que le Nouveau Testament. — LOCKE.

Laissons-nous avec prudence supposer que la moralité peut être maintenue sans religion. La raison et l'expérience nous interdisent toutes deux d'espérer que la moralité nationale puisse prévaloir à l'exclusion des principes religieux. — WASHINGTON .

Dix hommes ont échoué à cause d'un défaut moral là où un a échoué à cause d'un défaut intellectuel . — HORACE MANN .

Socrate a enseigné que la vraie félicité ne doit pas provenir des possessions extérieures, mais de la sagesse, qui consiste dans la connaissance et la pratique de la vertu ; que la culture de manières vertueuses est nécessairement accompagnée de plaisir aussi bien que de profit ; que l'honnête homme seul est heureux ; et qu'il est absurde de tenter de séparer des choses qui sont dans la nature aussi étroitement unies que la vertu et l'intérêt. — ENFIELD .

La loi morale est écrite sur les tables de l'éternité. Pour chaque fausse parole ou acte injuste, pour la cruauté et l'oppression, pour la luxure ou la vanité, le prix doit enfin être payé. — FROUDE .

La morale sans religion n'est qu'une sorte d'estime , un effort pour trouver notre place sur une mer trouble en mesurant la distance que nous avons à parcourir, mais sans aucune observation des corps célestes. — LONGFELLOW .

Le système de moralité que Socrate s'est donné pour mission d'enseigner toute sa vie reposait sur la base solide de la religion. Les premiers principes de conduite vertueuse qui sont communs à tous les hommes sont, selon cet excellent moraliste, les lois de Dieu ; et l'argument concluant par lequel il soutient cette opinion est qu'aucun homme ne s'écarte impunément de ces principes. — ENFIELD .

Toutes les sectes sont différentes, parce qu'elles viennent des hommes ; la morale est partout la même, parce qu'elle vient de Dieu. — VOLTAIRE .

Mère. — La mère dans son bureau détient la clé de l'âme. — VIEILLE PIÈCE .

Il y a un spectacle qui séduit tous les cœurs : Une jeune mère souriante à son enfant, Qui , les bras écartés et les pieds dansants, Une voix roucouillante, rend sa réponse douce. — Bailli.

« Que manque-t-il, dit un jour Napoléon à Mme Campan , pour que la jeunesse de France soit bien instruite ? "Bonnes mères", fut la réponse. L'empereur fut très fortement frappé par cette réponse. « Ici, dit-il, c'est un système en un mot. » — ABBOTT .

Une mère reste une mère, La chose la plus sainte qui existe. —Coleridge.

Un père peut tourner le dos à son enfant, des frères et sœurs peuvent devenir des ennemis invétérés, des maris peuvent abandonner leurs femmes, des femmes leurs maris. Mais l'amour d'une mère perdure à travers tout ; qu'elle ait bonne réputation, qu'elle ait mauvaise réputation, face à la condamnation du monde, une mère continue d'aimer et espère toujours que son enfant pourra se détourner de ses mauvaises voies et se repentir ; elle se souvient encore des sourires infantiles qui remplissaient autrefois son sein de ravissement, du rire joyeux, du cri joyeux de son enfance, de la promesse d'ouverture de sa jeunesse ; et elle ne pourra jamais être amenée à le considérer comme indigne. — WASHINGTON IRVING .

S'il y a quelque chose qui surpasse l'action, la parole ou la pensée humaine, c'est l' amour d'une mère ! — MARQUISE DE SPADARA .

Je pense qu'il doit être écrit quelque part que les vertus des mères doivent, occasionnellement, être infligées à leurs enfants, ainsi que les péchés des pères . — DICKENS .

Malheureux est l'homme pour qui sa propre mère n'a pas rendu toutes les autres mères vénérables. — RICHTER .

L'instruction reçue aux genoux de la mère et les leçons paternelles, ainsi que les souvenirs pieux et doux du coin du feu, ne s'effacent jamais entièrement de l' âme . — LAMENNAIS .

Une bonne mère vaut cent maîtres d'école. — GEORGE HERBERT .

« Une once de mère », dit le proverbe espagnol, « vaut une livre de clergé. » — TW HIGGINSON .

La jeunesse s'efface ; l'amour s'affaisse ; les feuilles de l'amitié tombent ;
L'espoir secret d' une mère leur survit à tous. —Holmes.

L'amour d'une mère est en effet le lien d'or qui lie la jeunesse à la vieillesse ; et il n'est encore qu'un enfant, même si le temps a froncé sa joue ou argenté son front, qui peut encore se souvenir, avec un cœur attendri, de la tendre dévotion ou des douces réprimandes du meilleur ami que Dieu nous ait jamais donné . .

Tout ce que je suis, ma mère m'a fait.— JQ ADAMS .

Deuil. — Il pleure les morts qui vivent comme ils le désirent. — JEUNE .

Il n'y a pas de deuil permanent ; aucun nuage ne reste fixe. Le soleil brillera demain. — RICHTER .

L'excès de chagrin pour le défunt est une folie ; car c'est une injure pour les vivants, et les morts ne le savent pas. — XÉNOPHON .

La véritable façon de pleurer les morts est de prendre soin des vivants qui leur appartiennent. — BURKE .

Ne me pleurez plus quand je serai mort, afin que vous entendiez la cloche maussade et maussade avertir le monde que je suis en fuite. —Shakespeare.

Musique. — La musique est le médicament d'un esprit affligé, une mesure douce et triste est le baume d'un esprit blessé ; et la joie est renforcée par des accents exultants . — HENRY GILES .

Musique douce! langue sacrée de Dieu.— CHARLES G. LELAND .

La musique est le quatrième grand besoin matériel de notre nature : d'abord la nourriture, puis le vêtement, puis le logement, puis la musique. — BOVEE .

Quand le chagrin saisissant blesse le cœur , et que les décharges douloureuses oppriment l'esprit, alors la musique, avec son son d'argent, avec une aide rapide apporte réparation. —Shakespeare.

Certains pères allaient jusqu'à considérer l'amour de la musique comme un signe de prédestination ; comme une chose divine et réservée aux félicités du ciel lui-même. — SIR W. TEMPLE .

Je pense que parfois je pourrais avoir de la musique uniquement selon mes propres conditions ; pourrais-je vivre dans une grande ville et savoir où je pourrais aller chaque fois que je souhaiterais l'ablution et l'inondation d'ondes musicales, qui étaient un bain et un médicament . — EMERSON .

La musique a des charmes pour apaiser un cœur sauvage, pour adoucir les rochers ou plier un chêne noué. — Congreve.

Il y a de la musique dans le soupir d'un roseau ; Il y a de la musique dans le jaillissement d'un ruisseau ; Il y a de la musique en toutes choses, si les hommes avaient des oreilles. — Byron.

L'homme qui n'a pas de musique en lui, et qui n'est pas ému par l'harmonie des sons doux, est propre aux trahisons, aux stratagèmes et au butin. — Shakespeare.

O, agréable est le baiser de bienvenue Quand le jour ennuyeux est terminé ; Et douce la musique du pas Qui nous rencontre à la porte. —JR Drake.

Ni la riche viole, ni l'atout, ni la cymbale, ni le cor, ni la guitare , ni la cistre, ni la flûte languissante , ne sont à moitié aussi doux que de tendres paroles humaines. —Barry Cornouailles.

Existe-t-il un cœur que la musique ne peut pas fondre ? Hélas ! comment ce cœur robuste est-il désespéré. —Battie.

La musique purifie la compréhension, l'inspire et l'élève dans un domaine qu'elle n'atteindrait pas si elle était laissée à elle-même . — HENRY WARD BEECHER .

La musique est une discipline et une maîtresse d'ordre et de bonnes manières ; elle rend les gens plus doux et plus doux, plus moraux et plus raisonnables. — LUTHER .

une musique douce et paisible. — ELIHU BURRITT .

Expliquez-le comme nous pouvons, une tension martiale poussera un homme au premier rang de la bataille plus tôt qu'une dispute, et un bel hymne excite sa dévotion plus certainement qu'un discours logique. — TUCKERMAN .

La musique devrait allumer le feu du cœur de l'homme et faire sortir les larmes des yeux de la femme . — BEETHOVEN .

La musique est l'enfant de la prière, la compagne de la religion. — CHATEAUBRIAND .

Si j'avais des enfants, mes plus grands efforts seraient d'en faire des musiciens. — HORACE WALPOLE .

A côté de la théologie, j'accorde à la musique la plus haute place et l'honneur. Et nous voyons comment David et tous les saints ont transformé leurs pensées pieuses en vers, en rimes et en chants. — LUTHER .

Nature. — La nature ne disperse pas capricieusement ses secrets comme des cadeaux en or à des animaux de compagnie paresseux et à des chéris luxueux, mais impose des tâches lorsqu'elle présente des opportunités et élève celui qu'elle veut informer. La pomme qu'elle laisse tomber aux pieds de Newton n'est qu'une timide invitation à la suivre vers les étoiles . — WHIPPLE .

Tout ce qui est créé par l'homme peut être détruit par l'homme ; il n'y a de caractères ineffaçables que ceux gravés par la nature ; et la nature ne fait ni princes, ni riches, ni grands seigneurs . — ROUSSEAU .

Nous serions heureux si nous étudiions davantage la nature dans les choses naturelles ; et agi selon la nature, dont les règles sont peu nombreuses, claires et très raisonnables. Commençons là où elle commence, suivons son rythme et terminons toujours là où elle finit, et nous ne pouvons pas manquer d'être de bons naturalistes . — WILLIAM PENN .

O Seigneur, combien tes œuvres sont nombreuses ! Tu les as tous créés avec sagesse : la terre est pleine de tes richesses. — PSAUME 104 :24 .

Les lois de la nature sont justes mais terribles. Il n'y a pas de faible miséricorde en eux. La cause et la conséquence sont indissociables et inévitables. Les éléments n'ont aucune tolérance. Le feu brûle, l'eau se noie, l'air consume, la terre enterre. Et peut-être ce serait bien pour notre race si la punition des crimes contre les lois de l'homme était aussi inévitable que la punition des crimes contre les lois de la nature, — si l'homme était aussi infaillible dans ses jugements que la nature . — LONGFELLOW .

Il y a sûrement quelque chose dans le calme imperturbable de la nature qui impressionne nos petites angoisses et nos doutes ; la vue du ciel d'un bleu profond et des étoiles groupées au-dessus semble donner un calme à l' esprit. — T. EDWARDS .

La nature n'a jamais trahi Le cœur qui l'aimait. — Wordsworth.

Les œuvres de la nature et les œuvres de révélation présentent la religion à l'humanité sous des caractères si grands et si visibles, que ceux qui ne sont pas tout à fait aveugles peuvent y voir et en lire les premiers principes et les parties les plus nécessaires, et de là pénétrer dans ces infinies des profondeurs remplies de trésors de sagesse et de connaissance. — LOCKE .

 Tous ne sont que des parties d'un tout prodigieux, dont la nature corporelle est, et Dieu l'âme. -Le pape.

C'est une grande mortification pour la vanité de l'homme que son art et son industrie les plus poussés ne puissent jamais égaler les productions les plus médiocres de la nature, que ce soit en beauté ou en valeur . — HUME .

Lisez la nature ; la nature est amie de la vérité ; La nature est chrétienne, prêche à l'humanité ; Et les offres de matière morte nous aident dans notre credo. -Jeune.

Dépensez des milliers de dollars pour vos vêtements de bébé, et après tout, l'enfant est plus joli lorsque chaque vêtement est mis de côté. Cette nudité convenable, au moins, peut orner le chéri potelé du foyer le plus pauvre. — TW HIGGINSON .

Notre vieille mère nature a suffisamment de tons agréables et joyeux pour nous lorsqu'elle vient dans sa robe bleue et dorée sur les sommets des collines de l'Est ; mais quand elle nous suit à l'étage jusqu'à nos lits dans son costume de velours noir et de diamants, chaque craquement de ses sandales et chaque murmure de ses lèvres est plein de mystère et de peur . — HOLMES .

La nature toujours fidèle est à ceux qui se fient à sa fidélité. —Emerson.

Quelle profusion dans son œuvre ! Quand les arbres fleurissent, il n'y a pas une seule épingle, mais tout un sein rempli de pierres précieuses ; et de feuilles ils ont tellement de costumes qu'ils peuvent les jeter au vent tout l'été. Quelles cathédrales innombrables a-t-il élevées dans l'ombre de la forêt, vastes et grandioses, pleines de sculptures curieuses et hantées toujours par une musique tremblante ; et dans les cieux, comment les étoiles semblent-elles s'être envolées de sa main plus vite que les étincelles d'une puissante forge ! — BEECHER .

Testament de Dieu.— THEODORE PARKER .

A celui qui, dans l'amour de la nature, communie avec ses formes visibles, elle parle une langue variée ; pour ses heures les plus gaies, elle a une voix de joie, un sourire et une éloquence de beauté, et elle se glisse dans ses réflexions les plus sombres, avec une sympathie douce et guérisseuse, qui leur vole leur acuité, avant qu'il ne s'en rende compte. —Bryant.

La nature et la sagesse ne sont jamais en conflit. — JUVÉNAL .

Ceux qui se consacrent à l'étude paisible de la nature ne sont guère tentés de se lancer dans la mer tumultueuse de l'ambition ; ils ne seront guère entraînés par les passions les plus violentes ou les plus cruelles, les défauts ordinaires de ces personnes ardentes qui ne contrôlent pas leur conduite ; mais, purs comme les objets de leurs recherches, ils ressentiront pour tout autour d'eux la même bienveillance qu'ils voient la nature manifester envers toutes ses productions . — CUVIER .

« Voici les lis des champs ; ils ne travaillent pas, ils ne filent pas, et pourtant votre Père céleste s'en soucie . » Il s'étend sur une seule fleur et en tire le délicieux argument de la confiance en Dieu. Il nous donne à voir que le goût peut se combiner avec la piété, et que le même cœur peut s'occuper de tout ce qu'il y a de sérieux dans les contemplations de la religion, et être en même temps sensible aux charmes et à la beauté de la NATURE . .CHALMERS .

arbres ombragés , L' odeur des fleurs, le bruit des ruisseaux, Le chant des oiseaux et le bourdonnement des abeilles, Murmurant dans les coins verts et parfumés , La voix des enfants au printemps, Le long des sentiers des champs errant ? —T. Millar.

Vous trouverez quelque chose de bien plus grand dans les bois que dans les livres. Les pierres et les arbres vous apprendront ce que vous n'apprendrez jamais des maîtres. — SAINT BERNARD .

La noblesse. — Celui qui est maître de lui-même et qui existe grâce à ses propres ressources est un être noble mais rare. — SIR E. BRYDGES .

Si un homme est doté d'un esprit généreux, c'est la meilleure sorte de noblesse. — PLATON .

Une vie noble couronnée d'une mort héroïque, s'élève au-dessus et survit à la fierté, à la pompe et à la gloire du plus puissant empire de la terre . — JAMES A. GARFIELD .

La nature fait tous les nobles ; la richesse, l'éducation ou le pedigree n'en ont encore jamais fait . — HW SHAW .

Soyez noble ! et la noblesse qui vit chez les autres hommes, endormis, mais jamais morts, se lèvera en majesté pour rencontrer la tienne. —Lowell.

Quoi qu'il en soit, il me semble qu'il est noble d'être bon. — Tennyson.

Obéissance. — La vertu du paganisme était la force ; la vertu du christianisme est l'obéissance. — LIÈVRE .

Mieux vaut obéir que sacrifier . — 1 SAMUEL 15:22 .

Regardez attentivement que l'amour envers Dieu et l'obéissance à ses commandements soient le principe et la source d'où découlent vos actions ; et que la gloire de Dieu et le salut de ton âme soient la fin vers laquelle tendent toutes tes actions ; et que la parole de Dieu soit ta règle et ton guide dans chaque entreprise et entreprise. "Tous ceux qui suivent cette règle, que la paix soit avec eux et la miséricorde." - BURKITT .

L'obéissance n'est pas véritablement accomplie par le corps de celui dont le cœur est insatisfait. La coque sans noyau n'est pas adaptée au stockage.— SAADI .

Il loue mieux Dieu qui le sert et lui obéit le plus : la vie de reconnaissance consiste dans la reconnaissance de la vie. — BURKITT .

Aucun principe n'est plus noble, car il n'y en a pas de plus saint, que celui d'une véritable obéissance . — HENRY GILES .

"Son royaume vient !" C'est pour cela que nous prions en vain, à moins qu'il ne règne dans nos affections . Comme il était agréable de souhaiter un tel roi, et de ne pas obéir à son sceptre apportez, dont le joug est doux et son fardeau léger ; Sa liberté de service et ses jugements justes. — Waller.

L'obéissance, rappelons-le, fait partie de la religion, et donc un élément de paix ; mais l'amour qui inclut l'obéissance est le tout . — GEORGE SEWELL .

La vertu du christianisme est l'obéissance. — JC HARE .

Préparez calmement votre âme à obéir ; une telle offrande sera plus agréable à Dieu que tout autre sacrifice . — METASTASIO .

Obstination. — L'obstination est toujours plus positive quand elle a le plus tort. — MADAME NECKER .

Les gens abandonnent d'abord la raison, puis s'obstinent ; et plus ils sont profondément dans l'erreur, plus ils sont en colère. — BLAIR .

Un homme obstiné n'a pas d'opinions, mais ils le tiennent. — PAPE .

La plupart des autres passions ont leurs périodes de fatigue et de repos, leurs souffrances et leurs guérisons ; mais l'obstination n'a aucune ressource, et la première blessure est mortelle. — THOMAS PAINE .

L'étroitesse d'esprit est souvent la cause de l'obstination ; on ne croit pas facilement au-delà de ce que l'on voit. — LA ROCHEFOUCAULD .

L'obstination et la véhémence d'opinion sont les preuves les plus sûres de la stupidité . — BARTON .

Profession. — La gaieté est fille du travail ; et j'ai connu un homme rentrer de bonne humeur après un enterrement, simplement parce qu'il en avait la gestion. — DR HORNE .

L'emploi, que Galen appelle « le médecin de la nature », est si essentiel au bonheur humain que l'indolence est à juste titre considérée comme la mère de la misère . — BURTON .

L'occupation seule est le bonheur. — DR JOHNSON .

On observe sur mer que les hommes ne sont jamais aussi disposés à grogner et à se mutiner que lorsqu'ils sont les moins occupés. C'est pourquoi un vieux capitaine, quand il n'y avait rien d'autre à faire, donnait l'ordre de « fouiller l'ancre ». — SAMUEL SOURIT .

Le grand bonheur de la vie, je trouve, après tout, consiste dans l'accomplissement régulier de quelque devoir mécanique. — SCHILLER .

La plus grande fortune d'un homme est de naître dans une activité qui lui procure emploi et bonheur, que ce soit pour fabriquer des paniers, ou des épées larges, ou des canaux, ou des statues, ou des chansons . — EMERSON .

Bienheureux celui qui a trouvé son ouvrage ; qu'il ne demande aucune autre bénédiction. Il a un travail, un but dans la vie. Le travail, c'est la vie.— CARLYLE .

Le seul « droit » que nous devons affirmer en commun avec l'humanité – et il est autant entre nos mains que les leurs – est le droit d'avoir quelque chose à faire. — MISS MULOCK .

Avis. — Les opinions doivent être formées avec une grande prudence et modifiées avec plus de prudence. — HW SHAW .

Ne pensez pas à assommer le cerveau d'une autre personne parce qu'elle a une opinion différente de la vôtre. Il serait tout aussi rationnel de se frapper la tête parce que vous êtes différent de vous-même il y a dix ans. — HORACE MANN .

Celui qui n'a pas d'opinion personnelle, mais dépend de l'opinion et du goût des autres, est un esclave . — KLOPSTOCK .

Maintenir une opinion parce qu'elle est la tienne, et non parce qu'elle est vraie, c'est se préférer à la vérité. — VENNING .

Nous devons toujours garder un coin de notre tête ouvert et libre, afin de pouvoir laisser place aux opinions de nos amis. Ayons l'hospitalité du cœur et de la tête.— JOUBERT .

Aucun homme libéral n'imputerait une accusation d'instabilité à un autre pour avoir changé d'opinion. — CICÉRON .

Qui ne remarque pas que la voix du peuple, oui, de ce peuple qui s'est déclaré peuple de Dieu, a poursuivi le Dieu de tous les peuples, d'une seule voix commune : « Il est digne de mourir ? Je ne solliciterai donc pas ambitieusement leurs voix pour ma promotion ; ni peser ma valeur dans cette balance inégale, dans laquelle une plume d'opinion sera suffisamment importante pour faire tourner la balance et faire en sorte qu'une pièce légère devienne courante, et qu'une pièce actuelle paraisse légère . — ARTHUR WARWICK .

Ce n'est pas seulement arrogant, mais c'est aussi un débauche de la part d'un homme de ne pas tenir compte de l'opinion que le monde a de lui-même . — CICÉRON .

Dans l'esprit de la plupart des hommes, le royaume de l'opinion est divisé en trois territoires : le territoire du oui, le territoire du non et un vaste terrain intermédiaire inexploré de doute. — JAMES A. GARFIELD .

Les insensés et les morts seuls ne changent jamais d' avis. — LOWELL .

L'opinion publique, bien que souvent formée sur de mauvaises bases, a généralement un fort sens sous-jacent de la justice . — ABRAHAM LINCOLN .

Opportunité. — Les opportunités sont rares et un homme sage ne la laissera jamais passer. — BAYARD TAYLOR .

Beaucoup profitent des opportunités comme le font les enfants au bord de la mer ; ils remplissent leurs petites mains de sable, puis laissent tomber les grains, un par un, jusqu'à ce qu'ils soient tous partis . — RÉVÉREND T. JONES .

N'attendez pas des circonstances extraordinaires pour faire de bonnes actions ; essayez d'utiliser des situations ordinaires.— RICHTER .

Les meilleurs hommes ne sont pas ceux qui ont attendu les chances, mais qui les ont saisies, qui ont assiégé la chance, l'ont conquise et ont fait de la chance leur serviteur . — CHAPIN .

Il y a une marée dans les affaires des hommes, qui , prise au déluge, mène à la fortune ; Omis , tout le voyage de leur vie Est lié aux bas-fonds et aux misères : Et nous devons prendre le courant quand il nous sert, Ou perdre nos aventures. —Shakespeare.

L'occasion de faire du mal se trouve cent fois par jour, et celle de faire le bien une fois par an . — VOLTAIRE .

Il y a une heure dans la vie de chaque homme destinée à faire son bonheur, s'il le saisit . — BEAUMONT ET FLETCHER .

Il n'y a pas d'homme à qui la fortune ne visite une fois dans sa vie ; mais comme elle ne le trouve pas prêt à la recevoir, elle entre par la porte et s'enfuit par la fenêtre. — CARDINAL IMPERIALI .

Rien n'est aussi souvent irrévocablement négligé qu'une opportunité quotidienne. — Marie EBNER-ESCHENBACH .

Donnez-moi une chance, dit Stupide, et je vous montrerai. Dix contre un, il a déjà eu sa chance et l'a négligée. — HALIBURTON .

Cette politique qui ne peut frapper que lorsque le fer est chaud sera vaincue par cette persévérance qui, comme celle de Cromwell, peut rendre le fer chaud en frappant ; et celui qui peut seulement gouverner la tempête doit

céder devant celui qui peut à la fois la soulever et la gouverner. — COLTON
.

L'opportunité a les cheveux devant ; derrière elle est chauve. Si vous la saisissez par le toupet, vous pouvez la retenir ; mais si on le laisse s'échapper, Jupiter lui-même ne pourra pas la rattraper. — SÉNÈQUE .

Opposition. — Les effets de l'opposition sont merveilleux. Il y a des hommes qui se lèvent rafraîchis en entendant une menace ; des hommes à qui une crise qui intimide et paralyse la majorité – exigeant non les facultés de prudence et d'économie, mais la compréhension, l'immobilité, la volonté de sacrifice – arrive gracieuse et aimée comme une épouse . — EMERSON .

Celui qui lutte avec nous fortifie nos nerfs et aiguise notre habileté. Notre antagoniste est notre aide.— BURKE .

Une certaine opposition est d'une grande aide pour un homme. Les cerfs-volants s'élèvent contre et non avec le vent. Même un vent contraire vaut mieux que rien. Aucun homme n'a jamais pu se déplacer dans un calme plat. Que personne ne pâlisse donc à cause de l'opposition . — JOHN NEAL .

Ce n'est pas la facilité, mais l'effort, ce n'est pas la facilité, mais la difficulté qui fait les hommes. Il n'y a peut-être aucune étape dans la vie où il ne faut pas rencontrer et surmonter des difficultés avant de pouvoir atteindre une mesure décisive de succès. — SAMUEL SOURIT .

Pour qu'un jeune couple s'aime, il suffit de les opposer et de les séparer. — GOETHE .

Commande. — L'ordre est la première loi du ciel. — PAPE .

L'ordre est d'arranger ce que l'âme est au corps, et ce que l'esprit est à l'importance. —JOUBERT .

L'ordre est la santé mentale, la santé du corps, la paix de la ville, la sécurité de l'État. Comme les poutres d'une maison, comme les os du microcosme de l'homme, ainsi l'ordre est dans toutes choses. — SOUTHEY .

Les cieux eux-mêmes, les planètes et ce centre, observent le degré, la priorité et le lieu, l'exigence , le cours, la proportion, la saison, la forme, l'office et la coutume, dans toute ligne d'ordre. —Shakespeare.

La colère caractérisera généralement ceux qui négligent l' ordre. — BLAIR .

Que tout se fasse décemment et avec ordre . — 1 CORINTHIENS 14 :40 .

Paradis. — Chaque homme a un paradis autour de lui jusqu'à ce qu'il pèche, et l'ange à la conscience accusatrice le chasse de son Eden. — LONGFELLOW
.

La douceur et la gentillesse feront de nos maisons un paradis sur terre . — BARTOL .

Parents. — Les livres sacrés des anciens Perses disent : « Si vous voulez être saints, instruisez vos enfants, car tous les bons actes qu'ils accompliront vous seront imputés. » — MONTESQUIEU .

De toutes les duretés de cœur, il n'y en a pas de plus inexcusable que celle des parents envers leurs enfants. Un caractère obstiné, inflexible et impitoyable est odieux en toutes occasions ; mais ici, ce n'est pas naturel. — ADDISON .

Enfants, honorez vos parents dans vos cœurs ; portez-leur non seulement crainte et respect, mais aussi gentillesse et affection : aimez leur personne, craignez de faire quoi que ce soit qui puisse à juste titre les provoquer ; estimez-les hautement comme les instruments sous Dieu de votre être : car « Vous craindrez chacun sa mère et son père. » — JEREMY TAYLOR .

À côté de Dieu, tes parents.— WILLIAM PENN .

saigner le cœur de son père aura un enfant qui vengera son acte. — Randolph.

Comme il est agréable pour un père de siéger au conseil d'administration de son enfant. C'est comme le vieil homme allongé à l'ombre du chêne qu'il a planté . — SCOT'S MAGAZINE .

Avec joie le parent aime tracer la ressemblance sur le visage de ses enfants : Et , tandis qu'il forme leur jeunesse docile À parcourir les sentiers stables de la vérité, Les observe se lancer dans les hommes, Et revivre en eux la vie. —Lloyd.

Honore ton père et ta mère, afin que tes jours se prolongent dans le pays que l'Éternel, ton Dieu, te donne. — EXODE 20 : 12 .

Passion. — Les passions sont les vents de la vie ; et c'est seule la religion qui peut les empêcher de se lancer dans une tempête. — DR WATTS .

Aussi fortes que soient nos passions, elles peuvent être affamées et vaincues sans être tuées . — COLTON .

La passion dominante, quoi qu'elle veuille , La passion dominante conquiert encore la raison. -Le pape.

Les hommes passent leur vie au service de leurs passions, au lieu d'employer leurs passions au service de leur vie . — STEELE .

L'art de gouverner les passions est plus utile et plus important que bien des choses à la recherche et à la poursuite desquelles nous passons nos journées. Sans cet art, la richesse et la santé, l'habileté et la connaissance ne nous donneront que peu de satisfaction ; et quoi que nous soyons, nous ne pouvons être ni heureux, ni sages, ni bons . —JORTIN .

Ne tenez pas de conférence, de débat ou de raisonnement avec quelque convoitise ; ce n'est qu'une préparation à ton admission. Le moyen est tout d'abord de le nier catégoriquement. — FULLER .

Dans le sein humain, deux passions maîtresses ne peuvent coexister. — CAMPBELL .

Les passions agissent comme des vents pour propulser notre vaisseau, notre raison est le pilote qui le dirige ; sans les vents, elle ne bougerait pas, sans le pilote, elle serait perdue. — DES FRANÇAIS .

Même la vertu elle-même, si parfaite soit-elle, a besoin d'être inspirée par la passion ; car les devoirs ne sont que froidement accomplis et ne sont remplis que philosophiquement. — MME JAMESON .

Nos passions obstinées ferment la porte de nos âmes à Dieu . — CONFUCIUS .

Les hommes agiront toujours selon leurs passions. Donc le meilleur gouvernement est celui qui inspire les passions les plus nobles et détruit les passions les plus méchantes. —JACOBI .

Les passions doivent être purgées ; tous peuvent devenir innocents s'ils sont bien dirigés et modérés. Même la haine peut être un sentiment louable lorsqu'elle est provoquée par un vif amour du bien. Ce qui rend les passions pures les rend plus fortes, plus durables et plus agréables. —JOUBERT .

Les gens les plus ordinaires deviennent très imaginatifs lorsqu'ils sont en passion. Des drames entiers d'insultes, d'injures et de torts défilent devant leurs esprits, efforts de génie créateur, car il n'y a parfois aucun fait sur lequel S'APPUYER .

Comme les rivières, lorsqu'elles débordent, noient ces terres et ruinent ces laboureurs, qu'en coulant calmement entre leurs rives, ils fertilisaient et enrichissaient ; ainsi nos passions, lorsqu'elles deviennent exorbitantes et indisciplinées, détruisent ces vertus, auxquelles elles peuvent être très utiles tant qu'elles restent dans leurs limites . — BOYLE .

La passion coûte trop cher pour l'accorder à chaque bagatelle . — RÉVÉREND THOMAS ADAM .

Les mots peuvent être contrefaits, faussement inventés et ne sortir que de la langue, sans l'esprit ; mais la passion est dans l'âme et parle toujours au cœur . — SUDISTE .

Une véritable passion est comme un ruisseau de montagne ; il n'admet aucun obstacle ; il ne peut pas revenir en arrière ; il faut qu'il aille de l'avant. — BOVEE .

La passion est l'ivresse de l' esprit. — SUD .

Les âmes élevées ont des passions en proportion violentes, implacables et tourmentantes ; c'est un impôt imposé par la nature à la prééminence , et il faut que le courage et la sagesse les soutiennent. —Lillo.

Une passion maîtresse dans la poitrine, Comme le serpent d'Aaron, engloutit le reste. -Le pape.

Oh comme les passions, insolentes et fortes, Supportent nos faibles esprits dans leur course rapide ; Faites- nous obéir par la folie de leur volonté ; Alors mourez et laissez-nous en proie à nos chagrins ! — Crabe.

Une grande passion n'a pas de partenaire.— LAVATER .

Lorsque la langue ou la plume se déchaîne dans une frénésie de passion, c'est l'homme, et non le sujet, qui s'épuise. — Thomas PAINE .

Celui qui est passionné et pressé est généralement honnête. C'est de votre hypocrite froid et dissimulé dont vous devez vous méfier. — LAVATER .

Les passions sont comme le feu, utiles de mille manières et dangereuses d'une seule, par leur excès . — BOVEE .

Ce n'est pas l'absence, mais la maîtrise de nos passions qui fait le bonheur . DE MAINTENON .

Passé. — Le passé est totalement indifférent à ses fidèles. — WILLIAM WINTER .

Ne pas savoir ce qui s'est passé avant notre naissance, c'est toujours rester un enfant ; savoir et adopter aveuglément cette connaissance comme règle implicite de vie, ce n'est jamais être un homme . — CHATFIELD .

Aucune aiguille ne peut faire sonner à ma place les heures qui passent. — BYRON .

Le présent n'est intelligible qu'à la lumière du passé . — TRENCH .

Étudiez le passé si vous voulez deviner l' avenir. — CONFUCIUS .

Le meilleur des prophètes du futur est le passé. — BYRON .

Beaucoup de classes louent toujours le temps révolu, car il est naturel que les vieux vantent les jours de leur jeunesse ; les faibles, le domaine de leur force ; les malades, la saison de leur vigueur ; et les déçus, le printemps de leurs espoirs ! — C. BINGHAM .

Certains sont tellement studieux à apprendre ce que faisaient les anciens qu'ils ne savent pas vivre avec les modernes . — WILLIAM PENN .

Le passé et le futur sont voilés ; mais le passé porte le voile de la veuve ; l'avenir, celui de la vierge. — RICHTER .

Patience. — Celui qui peut avoir de la patience peut avoir ce qu'il veut. — FRANKLIN .

Patience! eh bien, c'est l'âme de la paix ; De toutes les vertus, elle est la plus proche parente du ciel ; cela fait ressembler les hommes à des dieux. Le meilleur des hommes qui ait jamais porté de la terre autour de lui était un souffrant, un esprit doux, doux, patient, humble et tranquille ; le premier vrai gentleman qui ait jamais respiré.— DECKER .

Nos véritables bénédictions nous apparaissent souvent sous la forme de douleurs, de pertes et de déceptions ; mais soyons patients, et nous les verrons bientôt sous leurs propres figures . — ADDISON .

Si nous pouvions avoir un peu de patience, nous échapperions à bien des mortifications ; le temps enlève autant qu'il donne. — MADAME DE SÉVIGNÉ .

Ne pensez jamais que les retards de Dieu sont des reniements de Dieu. Attendez; tenez bon; résistant. La patience est un génie. — BUFFON .

Il existe cependant une limite à laquelle la patience cesse d'être une vertu. — BURKE .

Nous n'apprenons généralement à attendre que lorsque nous n'avons plus rien à attendre . — MARIE EBNER-ESCHENBACH .

Aucune école n'est plus nécessaire aux enfants que la patience, car soit la volonté doit être brisée dans l'enfance, soit le cœur dans la vieillesse. — RICHTER .

Nous devons seulement être patients, prier et faire sa volonté, selon notre lumière et notre force actuelles, et la croissance de l'âme se poursuivra. La plante pousse dans la brume et sous les nuages aussi bien que sous le soleil ; il en va de même pour le principe céleste intérieur. — CHANNING .

Celui qui veut une galette de blé doit attendre de moudre. — SHAKESPEARE .

La patience est un mouvement plus noble que n'importe quel acte . — CA
BARTOL .

La patience est la gardienne de la foi, la conservatrice de la paix, la chérie de
l'amour, la maîtresse d'humilité ; La patience gouverne la chair, fortifie
l'esprit, adoucit le caractère, étouffe la colère, éteint l'envie, soumet l'orgueil
; elle bride la langue, retient la main, piétine les tentations, endure les
persécutions, consomme le martyre ; La patience produit l'unité dans l'Église,
la loyauté dans l'État, l'harmonie dans les familles et les sociétés ; elle
réconforte les pauvres et modère les riches ; elle nous rend humbles dans la
prospérité, joyeux dans l'adversité, insensibles à la calomnie et au reproche ;
elle nous apprend à pardonner à ceux qui nous ont blessés et à être les
premiers à demander pardon à ceux que nous avons blessés ; elle ravit les
fidèles et invite les incrédules ; elle orne la femme et approuve l'homme ; est
aimé chez un enfant, loué chez un jeune homme, admiré chez un vieil homme
; elle est belle dans les deux sexes et à tout âge . — MGR HORNE .

La patience est le lest de l'âme, qui l'empêchera de rouler et de dégringoler
dans les plus grandes tempêtes ; et celui qui s'aventurera sans cela pour
naviguer de manière régulière et stable fera certainement naufrage et se
noiera, d'abord dans les soucis et les chagrins de ce monde, puis dans la
perdition . — MGR HOPKINS .

Il n'y a pas de chemin trop long pour celui qui avance délibérément et sans
hâte excessive ; il n'y a pas d'honneurs trop éloignés pour celui qui s'y prépare
avec patience . — LA BRUYÈRE .

La patience est le soutien de la faiblesse ; l'impatience est la ruine de la force.
— COLTON .

Si les méchants prospèrent et que tu souffres, ne te décourage pas. Ils sont
engraissés pour la destruction ; tu es au régime pour la santé.— FULLER .

La patience est le baume du chagrin.— CHURCHILL .

Patriotisme. — Celui qui sert le mieux son parti, qui sert le mieux le pays.
— RUTHERFORD B. HAYES .

C'est une maxime que j'ai reçue par tradition héréditaire, non seulement de
mon père, mais aussi de mon grand-père et de ses ancêtres, qu'après ce que
je dois à Dieu, rien ne doit être plus cher ni plus sacré que l'amour et le respect
que je dois. dans mon pays.— DE THOU .

Soyez juste et ne craignez rien ; Que toutes les fins que tu vises
appartiennent à ton pays, à ton Dieu et à la vérité. —Shakespeare.

Telle est la vantardise du patriote : où que nous allions, son premier et meilleur pays est chez lui. -Orfèvre.

J'aime le bien de mon pays avec un respect plus tendre, plus saint et plus profond que ma propre vie . — SHAKESPEARE .

Salut, Colombie ! terre heureuse ! Salut , héros ! Groupe né du paradis ! Qui ont combattu et saigné pour la cause de la liberté , Qui ont combattu et saigné pour la cause de la liberté, Et lorsque la tempête de la guerre s'est dissipée, Vous avez apprécié la paix gagnée par votre valeur. Que l'indépendance soit notre fierté, toujours consciente de ce qu'elle coûte ; Toujours reconnaissant pour le prix, Que son autel atteigne les cieux ! — Joseph Hopkinson.

Frappez — pour vos autels et vos feux ; Frappez — pour les tombes vertes de vos pères ; Dieu et ta terre natale ! —Fitz-Greene Halleck.

Un drapeau, une terre, un cœur, une main, une nation pour toujours ! — Holmes.

Si quelqu'un tente de faire tomber le drapeau américain, abattez-le sur-le-champ . — JOHN A. DIX .

Le motif le plus noble est le bien public. — VIRGILE .

 L'union des lacs, l'union des terres, L' union des États que personne ne peut séparer, L' union des cœurs, l'union des mains, Et le drapeau de notre Union pour toujours ! —George P. Morris.

Je suis né américain ; Je vis en Américain ; Je mourrai américain.— DANIEL WEBSTER .

Notre pays, qu'il soit délimité par le Saint-Jean et la Sabine, ou de toute autre manière délimité ou décrit, et quelle qu'en soit la mesure plus ou moins, reste notre pays, qui doit être chéri dans tous nos cœurs, qui doit être défendu par toutes nos mains. ROBERT C. WINTHROP .

Nos cœurs, nos espoirs sont tous avec toi, Nos cœurs, nos espoirs, nos prières, nos larmes, Notre foi triomphante de nos peurs, Sont tous avec toi, — sont tous avec toi ! —Longfellow.

Je ne suis pas habitué au langage de l'éloge funèbre ; Je n'ai jamais étudié l'art de faire des compliments aux femmes ; mais je dois dire que si tout ce qui a été dit par les orateurs et les poètes, depuis la création du monde, à l'éloge de la femme, s'appliquait aux femmes d'Amérique, cela ne leur rendrait pas justice pour leur conduite pendant cette guerre. ABRAHAM LINCOLN .

Comme la patrie est chère à tous les cœurs nobles ! — VOLTAIRE .

Que notre objet soit notre pays, notre pays tout entier, et rien que notre pays. Et, par la bénédiction de Dieu, que ce pays lui-même devienne un monument vaste et splendide, non pas d'oppression et de terreur, mais de sagesse, de paix et de liberté, que le monde pourra contempler avec admiration pour toujours . — DANIEL WEBSTER .

Paix. — Bienheureux les artisans de paix : car ils seront appelés enfants de Dieu. — MATTHIEU 5 :9 .

Je ne pourrais pas vivre en paix si je mettais l'ombre d'un péché volontaire entre moi et Dieu. — GEORGE ELIOT .

Cinq grands ennemis de la paix habitent parmi nous : l'avarice, l'ambition, l'envie, la colère et l'orgueil ; si ceux-ci devaient être bannis, nous jouirions infailliblement d'une paix perpétuelle. — PÉTRARQUE .

Il n'y a rien de plus susceptible de produire la paix que d'être bien préparé à affronter l' ennemi. — WASHINGTON .

Ils forgeront de leurs épées des socs de charrue, et de leurs lances des serpes : une nation ne lèvera plus l'épée contre une nation, et ils n'apprendront plus la guerre . — ÉSAÏE 2 : 4 .

Je n'ai jamais préconisé la guerre sauf comme moyen de paix. — US GRANT .

Il est des intérêts au prix desquels la paix est trop chèrement achetée. On ne devrait jamais être en paix face à la honte de sa propre âme, à la violation de son intégrité ou de son allégeance à Dieu . — CHAPIN .

La paix, avant tout, est à désirer ; mais il faut parfois verser du sang pour l'obtenir à des conditions équitables et durables. — ANDREW JACKSON .

Persévérance. — Le bloc de granit, qui était un obstacle sur le chemin des faibles, devient un tremplin sur le chemin des forts. — CARLYLE .

C'est bien beau de me dire qu'un jeune homme s'est distingué par un premier discours brillant. Il peut continuer, ou il peut se contenter de son premier triomphe ; mais montrez-moi un jeune homme qui n'a pas réussi au début, et qui a néanmoins continué, et j'encouragerai ce jeune homme à faire mieux que la plupart de ceux qui ont réussi au premier essai . — CHARLES JAMES FOX .

J'ai une doctrine à laquelle je ne dois pas grand-chose, en effet, mais tout le peu que j'ai jamais eu, à savoir qu'avec un talent ordinaire et une persévérance extraordinaire, tout est réalisable . — SIR TF BUXTON .

Ceux qui veulent atteindre un degré d'excellence dans une activité choisie doivent travailler et travailler dur pour cela, prince ou paysan . — BAYARD TAYLOR .

Toutes les représentations de l'art humain, que nous regardons avec éloge ou émerveillement, sont des exemples de la force irrésistible de la persévérance ; c'est par là que la carrière devient une pyramide, et que les pays lointains sont unis par des canaux. Si un homme devait comparer l'effet d'un seul coup de pioche, ou d'une seule impression de bêche, avec le dessein général et le résultat final, il serait accablé par le sentiment de leur disproportion ; pourtant ces petites opérations, incessamment poursuivies, surmontent avec le temps les plus grandes difficultés, et les montagnes sont nivelées et les océans délimités par la mince force des êtres humains. — Dr JOHNSON .

Même dans la vie sociale, c'est la persévérance qui attire la confiance, plus que les talents et les réalisations . — WHIPPLE .

Une goutte qui tombe finira par sculpter une pierre. — LUCRÈCE .

Tentez la fin et ne doutez jamais ; Rien de si difficile, mais la recherche le découvrira. —Lovelace.

Il est intéressant de remarquer comment certains esprits semblent presque se créer eux-mêmes, surgissant sous tous les désavantages et traçant leur chemin solitaire mais irrésistible à travers mille obstacles . — WASHINGTON IRVING .

Appuyer sur! un sort meilleur t'attend . — VICTOR HUGO .

Philosophie. — La vraie philosophie est celle qui nous rend, envers nous-mêmes et tous les autres qui nous entourent, meilleurs, et en même temps plus satisfaits, plus patients, plus calmes et plus prêts à toute jouissance décente et pure. — LAVATER .

La philosophie abonde plus que les philosophes, et le savoir plus que les savants. — WB CLULOW .

Le chemin qui mène à la vraie philosophie est exactement le même que celui qui mène à la vraie religion ; et de l'un comme de l'autre, à moins que nous n'entrions comme de petits enfants, nous devons nous attendre à être totalement exclus . — BACON .

La philosophie est l'art et la loi de la vie, et elle nous apprend ce qu'il faut faire dans tous les cas et, comme de bons tireurs, frapper le blanc à n'importe quelle distance . — SÉNÈQUE .

Un peu de philosophie incline les esprits à l'athéisme ; mais la profondeur de la philosophie amène l'esprit des hommes à la religion. — BACON .

D'où ? où? pourquoi ? comment ? — ces questions couvrent toute la philosophie. — JOUBERT .

Physionomie. — Les enfants sont des physionomistes merveilleusement et intuitivement corrects. Le plus jeune d'entre eux présente ce trait. — BARTOL .

De même que le langage du visage est universel, il est aussi très complet ; aucun laconisme ne peut y parvenir ; c'est le raccourci de l'esprit, et il y a beaucoup de monde dans une petite pièce . — JEREMY COLLIER .

Malgré Lavater , les visages sont souvent de grands mensonges. Ils sont le papier-monnaie de la société pour lequel, sur demande, il s'avère souvent qu'il n'y a pas d'or dans le coffre humain. — FG TRAFFORD .

La portée d'un intellect ne doit pas être mesurée avec un ruban adhésif ou un caractère déchiffré à partir de la forme ou de la longueur d'un nez. — BOVEE .

Les opinions des gens sur eux-mêmes sont lisibles sur leur visage . — JEREMY COLLIER .

Piété. — La vraie piété n'a rien de faible, rien de triste, rien de contraint. Cela agrandit le cœur; c'est simple, libre et attrayant.— FÉNELON .

Nous pouvons apprendre par la pratique des choses sur terre qui nous seront utiles au ciel. La piété, la piété sans ostentation, n'est jamais déplacée. — CHAPIN .

La piété ne signifie pas qu'un homme doit faire une grimace à propos des choses et refuser de jouir avec modération de ce que son Créateur a donné . — CARLYLE .

La piété élève et fortifie l'esprit face aux occasions difficiles et aux événements douloureux. Quand notre pays est menacé de dangers et pressé par des difficultés, quels sont les meilleurs remparts de sa défense ? Ni les fils de la dissipation et de la folie, ni les courtisans à la langue douce, ni les sceptiques et les blasphémateurs de l'école de l'infidélité ; mais l'homme dont la conduite morale est animée et soutenue par les doctrines et les consolations de la religion. Heureux ce pays où le patriotisme est soutenu et sanctifié par la piété ; où l'autorité respecte et garde la liberté, et la liberté vénère et aime l'autorité légitime ; là où la vérité et la miséricorde se rencontrent, la justice et la paix s'embrassent. — TON .

Il est impossible à un esprit qui n'est pas totalement dénué de piété de contempler les œuvres sublimes, terribles et étonnantes de la création et de la providence ; les cieux avec leurs luminaires, les montagnes, l'océan, la tempête, le tremblement de terre et le volcan ; le circuit des saisons et les révolutions des empires ; sans y marquer la main puissante de Dieu, et sans ressentir de fortes émotions de révérence envers l'auteur de ces œuvres prodigieuses. — DWIGHT .

John Wesley a observé avec curiosité que la route qui mène au ciel est un chemin étroit, non destiné aux roues, et que monter en carrosse ici et aller au paradis par la suite était un bonheur trop grand pour l'homme . — BEECHER .

Nous sommes entourés de motifs de piété et de dévotion, si nous voulons bien y prêter attention. Les pauvres sont faits pour exciter notre libéralité ; les misérables, notre pitié ; les malades, notre assistance ; les ignorants, notre instruction ; ceux qui sont tombés, notre coup de main. Chez ceux qui sont vains, nous voyons la vanité du monde ; chez les méchants, notre propre fragilité. Quand nous voyons des hommes bons récompensés, cela confirme notre espérance ; et lorsque des hommes méchants sont punis, cela excite notre peur. — MGR WILSON .

Pitié. — La pitié, bien qu'elle puisse souvent soulager, n'est, au mieux, qu'une passion de courte durée, et apporte rarement plus de détresse qu'une aide passagère ; chez certains, cela dure à peine depuis la première impulsion jusqu'à ce que la main puisse être mise dans la poche. — ORFÈVRE .

Nous ne plaignons chez les autres que les maux que nous avons éprouvés nous-mêmes. — ROUSSEAU .

Aucune bête aussi féroce ne connaît une certaine touche de pitié. — SHAKESPEARE .

La pitié et la patience, la patience et l'interprétation juste, et excuser notre frère, et prendre le meilleur sens et prononcer la sentence la plus douce, sont tout aussi certainement notre devoir, et nous devons à toute personne qui offense et peut se repentir, comme appelant les comptes peuvent être dus à la loi, et doivent être les premiers payés ; et celui qui ne le fait pas est une personne injuste. — JEREMY TAYLOR .

Ô, frère homme ! replie sur ton cœur ton frère, là où habite la pitié, la paix de Dieu est là . — WHITTIER .

Le monde est plein d'amour et de pitié. S'il y avait eu moins de souffrance, il y aurait eu moins de gentillesse. — THACKERAY .

La pitié fait fondre l'esprit à l'amour. — DRYDEN .

Plaisir. — Pourriez-vous juger de la licéité ou de l'illégalité des plaisirs, prenez cette règle : — Tout ce qui affaiblit votre raison, altère la tendresse de votre conscience, obscurcit votre sens de Dieu ou enlève le goût des choses spirituelles ; en bref, tout ce qui augmente la force et l'autorité de votre corps sur votre esprit, cette chose est un péché pour vous, aussi innocente soit-elle en soi. — SOUTHEY .

Ne laissez pas la jouissance des plaisirs actuellement à votre portée être poussée à un tel excès qu'elle vous empêcherait de se répéter à l'avenir. — SÉNÈQUE .

Le plaisir intérieur de donner du plaisir - c'est le plus beau de tous. - HAWTHORNE .

Celui qui peut à tout moment sacrifier le plaisir au devoir s'approche du sublime. — LAVATER .

La fin du plaisir est de soutenir les offices de la vie, de soulager les fatigues des affaires, de récompenser une action régulière et d'encourager la continuation . — JEREMY COLLIER .

Choisissez des plaisirs qui recréent beaucoup et coûtent peu . — PLUS COMPLET .

Les plaisirs du monde sont trompeurs ; ils promettent plus qu'ils ne donnent. Ils nous gênent en les cherchant, ils ne nous satisfont pas en les possédant, et ils nous désespèrent en les perdant. — MADAME DE LAMBERT .

Lorsque l'idée d'un plaisir quelconque frappe votre imagination, faites un juste calcul entre la durée du plaisir et celle du repentir qui est susceptible de le suivre. — EPICTÈTE .

Les graines du repentir sont semées dans la jeunesse par le plaisir, mais la moisson est récoltée dans la vieillesse par la douleur . — COLTON .

Le plaisir est la seule fin noble à laquelle devraient tendre toutes les puissances humaines ; Et la vertu lui donne un savoir céleste, Mais pour que le plaisir nous plaise davantage ! La sagesse et elle ont toutes deux été conçues pour rendre les sens plus raffinés, afin que l'homme puisse se délecter de l'écoeurement, puis être plus sage, quand il jouit le plus ! — Moore.

Plaisir, ou mal ou bien compris, Notre plus grand mal, ou notre plus grand bien. -Le pape.

Les gens devraient se prémunir contre la tentation de plaisirs illégaux en leur fournissant les moyens de plaisirs innocents. Dans chaque communauté, il doit y avoir des plaisirs, des détentes et des moyens d'excitation agréable ; et si des innocents ne sont pas fournis, on aura recours au criminel. L'homme a été fait pour jouir aussi bien que pour travailler, et l'état de la société doit être adapté à ce principe de la nature humaine. — CHANNING .

Les plaisirs mentaux ne sont jamais écoeurants ; contrairement à ceux du corps, ils sont augmentés par la répétition, approuvés par la réflexion et renforcés par la jouissance . — COLTON .

Je me réjouirais si mes plaisirs étaient aussi agréables à Dieu qu'à moi. — MARGUERITE DE VALOIS .

On se lasse des plaisirs qu'on prend, mais jamais de ceux qu'on donne. — J. PETIT- SENN .

Ne vous méprenez pas. Ces plaisirs ne sont pas des plaisirs qui troublent le calme et la tranquillité de ta vie . — JEREMY TAYLOR .

Poésie. — La vraie poésie, comme l'inspiration religieuse elle-même, naît du côté émotionnel de la nature complexe d'un homme et est toujours en harmonie avec ses plus hautes intuitions et aspirations. — EPES SARGENT .

Puis, se levant avec la lumière de l'aurore , La muse invoquée, s'assied pour écrire ; Effacer , corriger, insérer, affiner, agrandir , diminuer, interligne ; Soyez attentif, lorsque l'invention échoue, à vous gratter la tête et à vous ronger les ongles. -Rapide.

C'est une inspiration sans inspiration. —HENRY REED .

La poésie est la fleur et le parfum de toutes les connaissances humaines, pensées humaines, passions humaines, émotions, langage . — COLERIDGE .

Bénédictions et louanges éternelles soient avec eux, Qui nous ont donné des amours plus nobles et des soins plus nobles, Les poètes, qui sur la terre ont fait de nous les héritiers De la vérité et des purs délices par les laïcs célestes ! — Wordsworth.

La poésie est la musique de la pensée, qui nous est transmise dans la musique du langage. — CHATFIELD .

Celui qui trouve des plaisirs élevés et élevés dans le sentiment de la poésie est un vrai poète, bien qu'il n'ait jamais composé un vers de toute sa vie . — MADAME DUDEVANT .

La poésie est un enthousiasme avec des ailes de feu ; c'est l'ange des hautes pensées qui nous inspire la puissance du sacrifice . — MAZZINI .

La poésie est le récit des moments les meilleurs et les plus heureux des esprits les plus heureux et les meilleurs. — SHELLEY .

La poésie est un discours intact. Le paradis n'en connaissait pas d'autre, car aucun autre ne suffirait à répondre aux besoins de ces jours extatiques d' innocence . — ABRAHAM COLES .

La poésie est d'un esprit si subtil qu'en passant d'une langue à une autre, elle s'évapore . — DENHAM .

La poésie est l'enfant de l'enthousiasme. — SIGMA .

L'art de la poésie est de toucher les passions, et son devoir de les conduire du côté de la vertu. — COWPER .

La poésie a été pour moi sa très grande récompense ; cela m'a donné l'habitude de souhaiter découvrir le bon et le beau dans tout ce qui me rencontre et m'entoure. — ST COLERIDGE .

Lorsque l'artiste divin veut produire un poème, il en plante un germe dans une âme humaine, et de cette âme le poème jaillit et grandit comme du rosier la rose. — JAMES A. GARFIELD .

Celui qui, dans une société éclairée et littéraire, aspire à être un grand poète, doit d'abord devenir un petit enfant . — MACAULAY .

La poésie est la musique de l'âme et surtout des âmes grandes et sensibles. — VOLTAIRE .

Il y a autant de différence entre la bonne poésie et les beaux vers, qu'entre l'odeur d'un jardin de fleurs et celle d'une boutique de parfumeur. — LIÈVRE

.

Le monde est plein de poésie. L'air vit avec son esprit ; et les vagues dansent sur la musique de ses mélodies et scintillent dans son éclat . — PERCIVAL .

Vous ne trouverez de la poésie nulle part si vous n'en apportez pas avec vous.— JOUBERT .

La poésie est la robe, le vêtement royal, dans lequel la vérité affirme son origine divine. — BEECHER .

Le poète peut dire ou chanter, non pas comme les choses étaient, mais comme elles auraient dû être ; mais l'historien doit les écrire, non pas tels qu'ils auraient dû être, mais tels qu'ils étaient réellement. — CERVANTES .

Politesse. — La vraie politesse est l'aisance et la liberté parfaites. Cela consiste simplement à traiter les autres comme vous aimez être traité vous-même. — CHESTERFIELD .

La politesse a été définie comme une bonté artificielle ; mais on peut affirmer avec beaucoup plus de justesse que la bonté est une politesse naturelle. — STANISLAS .

Le christianisme est conçu pour affiner et adoucir ; pour ôter le cœur de pierre et nous donner des cœurs de chair ; pour éliminer la grossièreté et l'arrogance de nos manières et de notre caractère ; et pour nous rendre irréprochables et inoffensifs, les fils de Dieu, sans réprimande . — JAY .

La politesse est à la bonté ce que les paroles sont aux pensées. — JOUBERT .

Évitez toute hâte ; le calme est un ingrédient essentiel de la politesse.— ALPHONSE KARR .

Il n'y a pas de politique comme la politesse ; et les bonnes manières sont la meilleure chose au monde, soit pour se faire une bonne réputation, soit pour suppléer à son besoin. — LYTTON .

Il n'y a pas d'accomplissement aussi facile à acquérir que la politesse, et aucun n'est plus rentable . — HW SHAW .

Les belles manières sont comme la beauté personnelle, — une lettre de crédit partout. — BARTOL .

La vraie politesse est l'esprit de bienveillance qui se manifeste de manière raffinée. C'est l'expression de la bonne volonté et de la gentillesse. Il favorise à la fois la beauté chez l'homme qui le possède et le bonheur chez ceux qui l'entourent. C'est un devoir religieux et devrait faire partie de la formation religieuse. — BEECHER .

La politesse induit la moralité. La sérénité des manières exige la sérénité de l'esprit . — JULIA WARD HOWE .

Pour acquérir la rare qualité de la politesse, il faut une telle compréhension éclairée que je ne peux que considérer chaque livre de chaque science, qui tend à nous rendre plus sages, et bien sûr meilleurs, comme un traité sur un système plus élargi. de politesse. — MONRO .

Les courbettes, les compliments cérémonieux et formels, les politesses raides ne seront jamais de la politesse ; cela doit être facile, naturel, sans étude ; et qu'est-ce qui donnera cela sinon un esprit bienveillant et attentif pour exercer cette disposition aimable dans les bagatelles avec tous ceux avec qui vous conversez et vivez ? — CHATHAM .

De même que la charité couvre une multitude de péchés devant Dieu, la politesse aussi devant les hommes . — GREVILLE .

Les politesses de chaque pays semblent n'avoir qu'un seul caractère. Un gentleman de Suède ne diffère que peu, sauf par des bagatelles, de celui de n'importe quel autre pays. C'est chez le vulgaire qu'on retrouve ces distinctions qui caractérisent un peuple . — ORFÈVRE .

Lorsque deux chèvres se rencontraient sur un pont trop étroit pour permettre soit le passage, soit le retour, la chèvre qui se couchait pour que l'autre puisse le traverser était un plus brave gentleman que Lord Chesterfield . — CECIL .

Le bien-être ne se limite pas aux éléments extérieurs, encore moins à une tenue vestimentaire ou à une attitude corporelle particulière ; c'est l'art de plaire, ou de contribuer autant que possible au bien-être et au bonheur de ceux avec qui on converse . — FIELDING .

Popularité. — Évitez la popularité, si vous voulez la paix. — ABRAHAM LINCOLN .

Évitez la popularité, elle comporte de nombreux pièges et aucun avantage réel. — WILLIAM PENN .

Malheur à vous quand tous les hommes diront du bien de vous ! — LUC 6 :26 .

Ne recherchez pas la faveur de la multitude ; on l'obtient rarement par des moyens honnêtes et légaux. Mais recherchez le témoignage de quelques-uns ; et ne comptez pas les voix, mais pesez- les. — KANT .

Ces hommes qui sont loués par tout le monde doivent être des hommes très extraordinaires ; ou, ce qui est plus probable, des hommes très peu considérables. — LORD GREVILLE .

Pauvreté. — Sans la frugalité, personne ne peut être riche, et avec elle très peu de gens seraient pauvres. — DR JOHNSON .

À un égard important, un homme a de la chance d'être pauvre. Sa responsabilité envers Dieu est d'autant moindre. — BOVEE .

La moralité et la religion ne sont que des mots pour celui qui pêche dans les caniveaux pour trouver les moyens de subvenir à ses besoins et qui s'accroupit derrière des tonneaux dans la rue pour s'abriter des souffles coupants d'une nuit d'hiver. — HORACE GREELEY .

La pauvreté est le seul fardeau qui n'est pas allégé en étant partagé avec les autres. — RICHTER .

Nous ne devrions pas tant considérer notre pauvreté comme un malheur, si le monde ne la traitait pas autant comme un crime. — BOVEE .

La pauvreté est le test de la civilité et la pierre de touche de l'amitié. — HAZLITT .

Il n'y a pas une différence aussi grande que certains hommes l'imaginent entre les pauvres et les riches ; en pompe, en spectacle et en opinion, il y a beaucoup, mais peu quant aux plaisirs et aux satisfactions de la vie : ils jouissent de la même terre, du même air et du même ciel ; la faim et la soif rendent la viande et la boisson du pauvre aussi agréables et savoureuses que toutes les variétés qui couvrent la table du riche ; et le travail d'un homme pauvre est plus sain, et bien plus agréable aussi, que l'aisance et la douceur des riches. — SHERLOCK .

Le besoin est un bien amer et odieux , Parce que ses vertus ne sont pas comprises ; Pourtant, bien des choses, impossibles à penser, ont été amenées par le besoin à une pleine perfection . De là vient l' audace de l'âme , l'acuité de l'esprit et la diligence active ; Prudence à la fois, et courage qu'elle donne ; Et , si nous prenons de la patience, répare nos vies. —Dryden.

Peu de choses dans ce monde troublent plus les gens que la pauvreté ou la peur de la pauvreté ; et, en effet, c'est une affliction douloureuse ; mais, comme tous les autres maux dont la chair est héritière, elle a son antidote, son remède sûr. L'application judicieuse de l'industrie, de la prudence et de la tempérance est un remède certain. — OSÉE BALLOU .

Cet homme doit être considéré comme pauvre, quel que soit son rang, et souffre des douleurs de la pauvreté, dont les dépenses dépassent ses ressources ; et aucun homme n'est, à proprement parler, pauvre, sauf lui. — PALEY .

Il est incontestable que certains des indigents parmi nous meurent faute de nourriture ; mais beaucoup plus de personnes dans cette communauté meurent parce qu'elles mangent trop que parce qu'elles mangent pas assez. — CHANNING .

La pauvreté est le seul fardeau qui est d'autant plus lourd qu'il y a de nombreux êtres chers pour l'aider à le supporter. — RICHTER .

Pouvoir. — Le pouvoir enivrera les meilleurs cœurs, comme le vin les têtes les plus fortes. Aucun homme n'est assez sage, ni assez bon pour se voir confier un pouvoir illimité. — COLTON .

Le désir excessif de pouvoir a fait tomber les anges. — BACON .

Même en temps de guerre, la puissance morale est égale aux trois parties sur quatre de la puissance physique. — NAPOLÉON .

Moins un homme a de pouvoir, plus il aime à en user. — J. PETIT- SENN .

Plus un homme est puissant au-dessus des autres, plus il doit les surpasser en vertu. Nul ne doit gouverner s'il n'est meilleur que les gouvernés . — PUBLIUS SYRUS .

C'est une observation non moins juste que commune, qu'il n'y a pas de test plus fort du caractère réel d'un homme que le pouvoir et l'autorité, excitant, comme ils le font, toutes les passions et découvrant tous les vices latents. — PLUTARQUE .

Louer. — Les mots d'éloge, en effet, sont presque aussi nécessaires pour réchauffer un enfant dans une vie agréable que les actes de gentillesse et d'affection. Une louange judicieuse est aux enfants ce que le soleil est aux fleurs. — BOVEE .

Qu'un autre te loue, et non ta propre bouche ; un étranger, et non tes propres lèvres. — PROVERBES 27:2 .

Car si le bien n'était pas plus loué que le mal, personne ne choisirait le bien de son plein gré. —Spenser.

La louange a des effets différents, selon l'esprit qu'elle rencontre ; cela rend un homme sage modeste, mais un imbécile plus arrogant, donnant le vertige à son faible cerveau. — FELTHAM .

Du pudding solide contre des éloges vides.— PAPE .

On considère toujours que le plus grand mal qu'un homme puisse faire à ceux qu'il aime est d'élever trop haut les attentes des hommes à leur égard par des éloges indus et impertinents. — SPRAT .

Ne parlez pas en haute estime à quelqu'un en face, et ne blâmez personne dans son dos ; mais si tu sais quelque chose de bon sur lui, dis-le aux autres ; si quelque chose de malade, dites-le- lui en privé et prudemment. — BURKITT .

Comme le disait le Grec : « Beaucoup d'hommes savent flatter, peu d'hommes savent louer. » – WENDELL PHILLIPS .

Il est singulier de constater à quel point les hommes sont impatients à l'égard des louanges excessives des autres, combien patients à l'égard des louanges excessives d'eux-mêmes ; et pourtant l'un ne leur fait aucun mal, tandis que l'autre peut être leur ruine. — LOWELL .

Les bonnes choses doivent être louées. — SHAKESPEARE .

Celui qui me félicite généreusement me fait le plus mal. — CHURCHILL .

L'amour de la louange, même caché par l'art, règne plus ou moins et brille dans tous les cœurs. -Jeune.

L'éloge, comme l'or et le diamant, ne doit sa valeur qu'à sa rareté. Cela devient bon marché à mesure qu'il devient vulgaire et ne suscitera plus d'attentes ni n'animera plus l'entreprise . — DR JOHNSON .

C'est le plus grand éloge possible que d'être loué par un homme qui mérite lui-même l'éloge. — DU LATIN .

Celui qui vous loue pour ce que vous n'avez pas veut vous enlever ce que vous avez. — MANUEL .

Tu es peut- être plus prodigue de louanges lorsque tu écris une lettre que lorsque tu parles en présence. — FULLER .

Ceux qui sont avides de louanges prouvent qu'ils sont pauvres en mérite. — PLUTARQUE .

Ce qu'une personne loue est peut-être une norme plus sûre, même que ce qu'elle condamne, de son propre caractère, de ses informations et de ses capacités . — LIÈVRE .

Ne permettez à aucun homme d'être assez libre avec vous au point de vous louer en face. — STEELE .

Que tout ce qui respire loue le Seigneur. — PSAUME 150 : 6 .

Chaque fois que vous faites un compliment, ajoutez les raisons pour lesquelles vous le faites ; c'est ce qui distingue l'approbation d'un homme de sens de la flatterie des courtisans et de l'admiration des imbéciles . — STEELE .

Prière. — La première requête que nous devons adresser au Dieu Tout-Puissant est pour une bonne conscience, la suivante pour la santé de l'esprit, puis du corps . — SÉNÈQUE .

Les prières sont entendues au ciel en proportion de notre foi. Une petite foi obtient de très grandes miséricordes, mais une grande foi encore plus grande . — SPURGEON .

Lorsque nous prions pour une vertu, nous devons cultiver cette vertu tout en priant pour elle ; la forme de vos prières doit être la règle de votre vie ; toute requête adressée à Dieu est un précepte pour l'homme. Ne considérez donc pas vos prières comme une courte méthode de devoir et de salut seulement, mais comme une perpétuelle monition de devoir ; par ce que nous exigeons de Dieu, nous voyons ce qu'il exige de nous . — JEREMY TAYLOR .

Comme il est heureux de croire, avec une ferme assurance, que nos pétitions sont entendues alors même que nous les faisons ; et comme il est délicieux d'en rencontrer une preuve dans leur octroi effectif et réel. — COWPER .

Nous avons l'assurance que nous serons exaucés dans ce que nous prions, parce que nous prions ce Dieu qui entend la prière et qui récompense tous ceux qui viennent à lui ; et en son nom, à qui Dieu ne nie rien ; et, par conséquent, même si on ne nous répond pas toujours à l'heure actuelle, ou dans le même genre que nous désirons, pourtant, tôt ou tard, nous sommes sûrs de recevoir même plus que ce que nous sommes capables de demander ou de penser, si nous continuons à poursuivre. à lui selon sa volonté. — ARCHEVÊQUE USHER .

La meilleure réponse à toutes les objections formulées contre la prière est le fait que l'homme ne peut s'empêcher de prier ; car nous pouvons être sûrs que ce qui est si spontané et ineffaçable dans la nature humaine a ses objets et ses méthodes appropriés dans les arrangements d'une Providence sans limites. — CHAPIN .

Une grande partie de notre vie est céleste et divine lorsque nous la passons dans l'exercice de la prière. — HOOKER .

Ne cessez pas de prier Dieu : car soit prier vous fera cesser de pécher ; ou continuer dans le péché te fera renoncer à prier. — FULLER .

Que nos prières, comme les anciens sacrifices, montent matin et soir ; que nos journées commencent et se terminent avec Dieu. — CHANNING .

désir sincère de l'âme , exprimé ou inexprimé, le mouvement d'un feu caché qui tremble dans la poitrine. —Montgomery.

S'il a prié celui qui était sans péché, combien plus il convient à un pécheur de prier ! — SAINT CYPRIEN .

Aucun homme n'a jamais prié de bon cœur sans apprendre quelque chose. — EMERSON .

Celui qui aime le mieux toutes choses, grandes et petites, prie le mieux. — Coleridge.

La prière accomplit plus de choses que ce monde n'en rêve. — Tennyson.

Il est aussi naturel et raisonnable pour une créature dépendante de s'adresser à son Créateur pour obtenir ce dont elle a besoin, que pour un enfant de solliciter ainsi l'aide d'un parent censé avoir la disposition et la capacité de lui accorder ce dont il a besoin. — ARCHIBALD ALEXANDER .

La prière est le premier souffle de la vie divine ; c'est le pouls de l' âme croyante ; — par la prière « nous puisons avec joie de l'eau aux sources du salut » ; par la prière, la foi déploie son énergie pour appréhender les bénédictions promises et recevoir la plénitude du Rédempteur ; en s'appuyant sur son bras tout-puissant et en faisant de son nom notre tour forte ; et pour vaincre le monde, la chair et le diable. — T. SCOTT .

Aucun homme ne peut empêcher nos adresses privées à Dieu ; tout homme peut construire une chapelle dans sa poitrine, lui-même le prêtre, son cœur le sacrifice et la terre qu'il foule sur l' autel . — JEREMY TAYLOR .

Quand tu pries , entre dans ton cabinet, et quand tu as fermé ta porte, prie ton Père qui est dans le secret ; et ton Père, qui voit dans le secret, te récompensera ouvertement. — MATTHIEU 6:6 .

La prière fait bouger la main qui fait bouger l'univers.

Saint commencement d'une sainte cause, Quand les héros, ceints pour le combat de la liberté, s'arrêtent devant le ciel élevé et, humbles dans leur puissance, appellent sa bénédiction sur ce combat à venir. —Moore.

Il est si naturel pour un homme de prier qu'aucune théorie ne peut l'empêcher de le faire. — JAMES FREEMAN CLARKE .

Le Notre Père contient la somme totale de la religion et de la morale. — WELLINGTON .

Cela allège le coup pour se rapprocher de Celui qui manie la verge. — WASHINGTON IRVING .

Je ne désire aucune autre preuve de la vérité du christianisme que le Notre Père. — Madame DE STAËL .

Dans la prière, il vaut mieux avoir un cœur sans paroles que des paroles sans cœur. — BUNYAN .

Entre le cœur humble et contrit et la majesté du Ciel, il n'y a aucune barrière. Le seul mot de passe est la prière. — OSÉE BALLOU .

La prière est la paix de notre esprit, le calme de nos pensées, la régularité du recueillement, le siège de la méditation, le repos de nos soucis et le calme de notre tempête : la prière est l'issue d'un esprit tranquille, de pensées sereines ; c'est la fille de la charité et la sœur de la douceur. — JEREMY TAYLOR .

Notre prière et la miséricorde de Dieu sont comme deux seaux dans un puits ; tandis que l'un monte, l'autre descend. — MGR HOPKINS .

La prière est la voix de la foi. — HORNE .

Nous devons prier avec autant de ferveur que ceux qui attendent tout de Dieu ; nous devrions agir avec autant d'énergie que ceux qui attendent tout d' eux- mêmes. — COLTON .

Prédication. — Ce n'est pas le meilleur sermon qui fait partir les auditeurs en parlant les uns aux autres et en faisant l'éloge de celui qui parle, mais qui les fait repartir pensifs et sérieux, et se hâtant d'être seuls. — BURNET .

Soyez bref dans tous les exercices religieux. Mieux vaut laisser les gens désirer plutôt que détester. — NATHANIEL EMMONS .

Un bon discours est celui auquel on ne peut rien prendre sans prendre la vie. — FÉNELON .

Nous devons juger les mouvements religieux, non pas par les hommes qui les créent, mais par les hommes qu'ils créent . — JOSEPH COOK .

Le monde regarde les ministres hors de la chaire pour savoir ce qu'ils veulent dire lorsqu'ils y sont . — CECIL .

J'ai prêché comme étant sûr de ne plus jamais prêcher , Et comme un mourant aux mourants. —Baxter.

Que toute votre prédication se fasse de la manière la plus simple et la plus claire ; ne regardez pas le prince, mais les gens simples, simples, grossiers, ignorants, dont le prince lui-même est fait. Si, dans ma prédication, je devais tenir compte de Philippe Mélanchton et d'autres docteurs érudits, alors je ne ferais que peu de bien. Je prêche de la manière la plus simple aux maladroits, et cela donne du contenu à tous. J'épargne l'hébreu, le grec et le latin jusqu'à ce que nous, les érudits, nous réunissions. — LUTHER .

Il faut autant de réflexion et de sagesse pour savoir ce qui ne doit pas être mis dans un sermon que ce qui l' est. — CECIL .

S'efforcer d'émouvoir par le même discours des auditeurs qui diffèrent par l'âge, le sexe, la position et l'éducation, c'est tenter d'ouvrir toutes les serrures avec la même clé . — J. PETIT- SENN .

Les hommes de Dieu ont toujours, de temps en temps, marché parmi les hommes et ont fait sentir leur mission dans le cœur et l'âme de l' auditeur le plus ordinaire. — EMERSON .

Je ne voudrais pas que les prédicateurs tourmentent leurs auditeurs et les retiennent par des prédications longues et fastidieuses. — LUTHER .

J'aime un prédicateur sérieux, qui parle pour moi et non pour le sien ; qui cherche mon salut, et non sa propre vaine gloire. Celui qui utilise la parole uniquement pour habiller ses pensées, et ses pensées uniquement pour promouvoir la vérité et la vertu, mérite le mieux d'être entendu . — MASSILLON .

Précepte. — Les préceptes sont les règles selon lesquelles nous devons organiser notre vie. Lorsqu'ils sont contractés en phrases, ils frappent les affections ; tandis que l'avertissement n'est que souffler du charbon . — SÉNÈQUE .

Celui qui pose des préceptes pour gouverner nos vies et modérer nos passions oblige la nature humaine, non seulement dans le présent, mais dans toutes les générations futures. — SÉNÈQUE .

Les préceptes ou maximes ont un grand poids ; et quelques-uns d'entre eux, utiles, font plus pour une vie heureuse que des volumes entiers qu'on ne sait où trouver. — SÉNÈQUE .

Précepte doit être sur précepte. — ÉSAÏE 28 :10 .

Préjugé. — Les préjugés sont l'enfant de l'ignorance. — HAZLITT .

De même que ceux qui croient en la visibilité des fantômes peuvent facilement les voir, il est toujours facile de voir des qualités répugnantes chez ceux que nous méprisons et détestons . — FREDERICK DOUGLASS .

Les préjugés louchent quand ils regardent, et mentent quand ils parlent. — DUCHESSE D'ABRANTES .

La nature humaine est ainsi constituée que tous voient et jugent mieux les affaires des autres hommes que les leurs. — TERENCE .

À toutes fins utiles, celui qui ne veut pas ouvrir les yeux est, pour le moment, aussi aveugle que celui qui ne le peut pas . — SUD .

Les préjugés de l'ignorance s'enlèvent plus facilement que les préjugés de l'intérêt ; les premiers sont tous aveuglément adoptés, les seconds volontairement préférés. — BANCROFT .

Les préjugés peuvent être considérés comme une fausse façon continuelle de voir les choses, car les personnes ayant des préjugés non seulement ne parlent jamais bien, mais aussi ne pensent jamais bien de ceux qu'elles n'aiment pas, et le caractère et la conduite dans leur ensemble sont considérés en fonction de cette chose particulière qui leur est propre. les offense.— BUTLER .

Les préjugés sont le jumeau de l'illibéralisme. — GD PRENTICE .

N'oubliez pas que lorsque le jugement est faible, les préjugés sont forts. — KANE O'HARA .

Les préjugés et l'autosuffisance proviennent naturellement de l'inexpérience du monde et de l'ignorance de l'humanité . — ADDISON .

Comme nous paraissent immenses les péchés que nous n'avons pas commis.
— MADAME NECKER .

Présent. — Ne vous occupez pas d'attendre avec impatience les événements
de demain ; mais quels que soient les jours que la Providence peut encore
vous assigner, négligez de ne pas les mettre à profit. — HORACE .

Utilise le temps, si tu aimes l'éternité ; sache qu'hier ne peut être rappelé,
demain ne peut être assuré : aujourd'hui n'appartient qu'à toi ; et si tu
tergiverses, tu perds ; ce qui a perdu, est perdu à jamais : un aujourd'hui vaut
deux demain. — QUARLES .

Celui qui néglige le moment présent jette tout ce qu'il possède . — SCHILLER
.

Réduisez vos espérances en proportion de la brièveté de la durée de la vie
humaine ; car tandis que nous conversons, les heures, comme si elles
enviaient notre plaisir, s'envolent : profitez donc du temps présent, et ne vous
fiez pas trop à ce que demain pourra produire . — HORACE .

Si nous nous trouvons dans les ouvertures du moment présent, avec toute la
longueur et la largeur de nos facultés généreusement ajustées à ce qu'il révèle,
nous sommes dans les meilleures conditions pour recevoir ce que Dieu est
toujours prêt à communiquer. — TC UPHAM .

Les hommes passent leur vie dans l'attente, dans la détermination d'être
extrêmement heureux à un moment ou à un autre, quand ils en ont le temps.
Mais le temps présent a un avantage sur tous les autres : c'est le nôtre. Les
opportunités passées ont disparu, l'avenir n'est pas venu. — COLTON .

Essayez d'être heureux dans le moment présent, et ne reportez pas votre
bonheur à un temps à venir, comme si ce temps était d'une autre nature que
celui qui est déjà venu et qui est le NÔTRE .

Occupons-nous du présent, et quant à l'avenir, nous saurons nous débrouiller
quand l'occasion se présentera. — CORNEILLE .

Nous pouvons bâtir notre avenir en utilisant au mieux le présent. Il n'y a pas
de moment comme le présent.— MISS EDGEWORTH .

Tirez tous les avantages raisonnables de ce que le présent peut vous offrir.
C'est le seul temps qui soit le nôtre. Hier est enterré à jamais, et demain nous
ne reverrons peut-être jamais. — VICTOR HUGO .

Chaque jour est un cadeau que je reçois du Ciel ; jouissons aujourd'hui de ce
qu'elle me donne. Cela n'appartient pas plus aux jeunes qu'à moi, et demain
n'appartient à personne. — MANCROIX .

L'une des illusions est que l'heure actuelle n'est pas l'heure critique, décisive. Écrivez-le sur votre cœur que chaque jour est le meilleur jour de l'année. Aucun homme n'a rien appris correctement avant de savoir que chaque jour est la fin du monde. — EMERSON .

Ce qui est vraiment capital et primordial pour nous, c'est le présent, par lequel l'avenir est façonné et coloré. — WHITTIER .

Presse. — Dans la longue et acharnée lutte pour la liberté d'opinion, la presse, comme l'Église, a compté ses martyrs par milliers. — JAMES A. GARFIELD .

Les productions de la presse, aussi rapides que la vapeur peut les produire et les transporter, parcourent tout le pays, silencieuses comme des flocons de neige, mais puissantes comme le tonnerre. C'est une langue supplémentaire de vapeur et d'éclair, par laquelle un homme exprime sa première pensée, son argument ou son grief instantané, à des millions de personnes en un jour . — CHAPIN .

Qu'il soit gravé dans votre esprit, qu'il soit inculqué à vos enfants que la liberté de la presse est le palladium de tous les droits civils, politiques et religieux. — JUNIUS .

La liberté de la presse est la véritable mesure de toutes les autres libertés ; car toute liberté sans cela doit être simplement nominale. — CHATFIELD .

L'invention de l'imprimerie a ajouté un nouvel élément de pouvoir à la race. À partir de cette heure, dans un sens tout particulier, le cerveau et non le bras, le penseur et non le soldat, les livres et non les rois, devaient gouverner le monde ; et des armes, forgées dans l'esprit, tranchantes et plus brillantes que le rayon du soleil, devaient supplanter l'épée et la hache de guerre. — WHIPPLE .

Prétention. — Il convient de noter que ceux qui adoptent une attitude imposante et cherchent à se faire passer pour quelque chose au-delà de ce qu'ils sont sont souvent aussi bien sous-estimés par certains que surestimés par d'autres. — WHATELY .

Là où il y a beaucoup de prétention, beaucoup a été emprunté : la nature ne fait jamais semblant. — LAVATER .

Quand vous voyez un homme avec beaucoup de religion exposé dans sa vitrine, vous pouvez être sûr qu'il en garde un très petit stock à l'intérieur . — SPURGEON .

La vraie gloire prend racine et s'étend même ; toutes les fausses prétentions tombent comme les fleurs, et rien de feint ne peut durer. — CICÉRON .

Ce n'est pas une honte de ne pas pouvoir tout faire ; mais entreprendre ou prétendre faire ce pour quoi vous n'êtes pas fait est non seulement honteux, mais extrêmement gênant et vexatoire . — PLUTARQUE .

Celui qui se donne des airs importants montre des signes d' impuissance. — LAVATER .

Le désir de paraître intelligent nous empêche souvent de le devenir . — LA ROCHEFOUCAULD .

Plus un homme est honnête, moins il affecte l'air d'un saint. — LAVATER .

Fierté. — Sans l'influence souveraine de la grâce extraordinaire et immédiate de Dieu, les hommes remettent très rarement tous les atours de leur orgueil, jusqu'à ce que ceux qui les entourent mettent leur suaire. — CLARENDON .

La fierté et la faiblesse sont des jumeaux siamois. — LOWELL .

De toutes les causes qui conspirent à aveugler le jugement erroné de l'homme et à égarer l' esprit, Ce que gouverne la tête faible avec les préjugés les plus forts, C'est l'orgueil, le vice infaillible des imbéciles. -Le pape.

Il n'est guère possible de se surévaluer qu'en sous-évaluant nos voisins . — CLARENDON .

Le péché d'orgueil est le péché des péchés ; dans lequel tous les péchés ultérieurs sont inclus, comme dans leur germe ; ils ne sont que le déroulement de celui -ci . — ARCHBISHOP TRENCH .

Certaines personnes sont fières de leur humilité. — BEECHER .

le bonheur de son gardien . — COLTON .

défaut le plus dangereux de tous , vient du manque de sens ou du manque de pensée. —Roscommun.

Si un homme a le droit d'être fier de quelque chose, c'est d'une bonne action accomplie comme elle doit l'être, sans qu'aucun intérêt vil ne se cache au fond . - STERNE .

Il y a ce paradoxe dans l'orgueil : il rend certains hommes ridicules, mais empêche d'autres de le devenir. — COLTON .

En réalité, il n'y a peut-être aucune de nos passions naturelles plus difficile à maîtriser que l'orgueil. Déguisez-le, luttez avec lui, étouffez-le, mortifiez-le autant que vous voudrez, il est toujours vivant, et de temps en temps il apparaîtra et se montrera. — FRANKLIN .

Les hommes disent : « C'est par orgueil que les anges sont tombés du ciel. » Par fierté, ils ont atteint un endroit d'où ils sont tombés ! — JOAQUIN MILLER .

L'orgueil déjeunait abondamment, dînait dans la pauvreté et soupait avec infamie . — FRANKLIN .

L'orgueil précède la destruction, et l'esprit hautain précède la chute . — PROVERBES 16 :18 .

S'il pouvait voir combien peu de vide sa mort laisserait, l'homme fier penserait moins à la place qu'il occupe de son vivant . — LEGOUVÉ .

Je pense que la moitié des ennuis pour lesquels les hommes s'affaissent dans la prière à Dieu sont causés par leur intolérable orgueil. Beaucoup de nos soucis ne sont qu'une façon morbide de considérer nos privilèges. Nous laissons nos bénédictions moisir , puis nous les appelons des malédictions. — BEECHER .

Quand l'orgueil et la présomption marchent devant, la honte et la perte suivent de très près . — LOUIS XI .

Comment peut-il y avoir de l'orgueil dans un cœur contrit ? L'humilité est le premier fruit de la religion. — OSÉE BALLOU .

En commençant le monde, si vous ne souhaitez pas vous irriter à chaque instant, repliez soigneusement votre fierté, mettez-la sous clé et ne la laissez s'exprimer que lors de grandes occasions. La fierté est un vêtement tout en brocart raide à l'extérieur, tout en sac grinçant sur le côté près de la peau. — LYTTON .

L'orgueil est un vice que l'orgueil lui-même incline chaque homme à trouver chez les autres et à négliger en lui-même. — DR JOHNSON .

Un Dieu vengeur suit de près les hautains. — SÉNÈQUE .

La charité nourrit les pauvres, tout comme l'orgueil ; la charité construit un hôpital, la fierté aussi. En ceci ils diffèrent : la charité rend gloire à Dieu ; l'orgueil enlève sa gloire à l'homme. — QUARLES .

L'homme orgueilleux est abandonné de Dieu. — PLATON .

Procrastination. — La foi en demain, au lieu du Christ, est la nourrice de Satan pour la perdition de l'homme. — RÉVÉREND DR CHEEVER .

Avoir toujours l'intention de vivre une nouvelle vie, mais ne jamais trouver le temps de s'y mettre ; c'est comme si un homme devait reporter d'un jour et d'une nuit à manger, à boire et à dormir, jusqu'à ce qu'il soit affamé et détruit . — TILLOTSON .

Par les rues de "By and By " on arrive à la maison de "Jamais". —
CERVANTES .

D'un retard à l'autre, ils font tourner toute leur vie, jusqu'à ce qu'il n'y ait plus
d'avenir pour eux . — L'ESTRANGE .

La procrastination est une voleuse de temps.— JEUNE .

Car hier était demain. — PERSIUS .

Ne remettez jamais cela à demain, ce que vous pouvez faire aujourd'hui. —
FRANKLIN .

Adonnez-vous à la procrastination, et avec le temps, vous arriverez à ce que
parce qu'une chose doit être faite, vous ne pouvez donc pas la faire. —
CHARLES BUXTON .

Progrès. — Lui seul avance dans la vie dont le cœur devient plus doux, dont
le sang se réchauffe, dont le cerveau est plus rapide, dont l'esprit entre dans
la paix vivante. — RUSKIN .

"Est-ce que quelque chose de bon peut sortir de Nazareth ?" C'est toujours
la question des sages et des savants. Mais le bien, le nouveau, vient
précisément de là où on ne le cherche pas, et est toujours quelque chose de
différent de ce qu'on attend. Tout ce qui est nouveau est accueilli avec mépris,
car il commence dans l'obscurité. Cela devient une puissance inaperçue. —
FEUERBACH .

Regardez vers le haut et non vers le bas ; regarder en avant et non en arrière ;
regardez dehors et non dedans ; et donnez un coup de main.— EE HALE .

Je dois faire quelque chose pour garder mes pensées fraîches et grandir. Je ne
redoute rien tant que de tomber dans une ornière et de me sentir devenir un
fossile . — JAMES A. GARFIELD .

L'humanité, dans son ensemble, progresse et la philanthropie regarde vers
l'avenir avec espoir. — OSÉE BALLOU .

L'amélioration humaine vient de l'intérieur vers l'extérieur. — FROUDE .

Une phrase originale, un pas en avant, vaut plus que tous les siècles . —
EMERSON .

Travaillons à cette compréhension de plus en plus large de la vérité, à cette
répudiation de plus en plus complète de l'erreur, qui fera de l'histoire de
l'humanité une série de développements ascendants. — HORACE MANN .

Nous pouvons retracer notre existence presque jusqu'à un certain point. Le
temps passé nous présente des séries de pensées qui diminuent peu à peu
jusqu'à néant. Mais nos idées sur le futur sont en perpétuelle expansion. Nos

désirs et nos espoirs, même modifiés par nos peurs, semblent s'agripper à l'immensité. Cela seul suffirait à prouver la progressivité de notre nature, et que cette petite terre n'est qu'un point d'où nous partons vers une perfection de l'être . — SIR HUMPHRY DAVY .

Grâce à la disposition d'une sagesse prodigieuse, modelant ensemble la grande et mystérieuse incorporation de la race humaine, l'ensemble, à un moment donné, n'est jamais vieux, ni d'âge moyen, ni jeune ; mais, dans un état de constance immuable, il avance à travers la teneur variée de la décadence, de la chute, de la rénovation et de la progression perpétuelles. — BURKE .

Soit nous progressons, soit nous rétrogradons ; il n'existe rien de tel que de rester stationnaire dans cette vie . — JAMES FREEMAN CLARKE .

C'est merveilleux comme un piano arrive si vite dans une cabane en rondins à la frontière. On croirait qu'ils l'ont trouvé sous une souche de pin. Avec cela vient une grammaire latine, et un de ces garçons à tête blonde a écrit un hymne dimanche. Maintenant, laissons les collèges, maintenant les Sénats en tenir compte ! car voici quelqu'un qui, ouvrant ces beaux goûts sur la base de la constitution de fer du pionnier, rassemblera tous ses lauriers entre ses mains fortes. — EMERSON .

Un esprit frais garde le corps frais. Intégrez les idées du jour, évacuez celles d' hier. — LYTTON .

L'homme le plus sage peut être plus sage aujourd'hui qu'il ne l'était hier, et demain qu'il ne l'est aujourd'hui. L'absence totale de changement impliquerait une absence totale d'erreur ; mais c'est la prérogative de l'Omniscience seule . — COLTON .

Prospérité. — Faites attention de peur que la prospérité ne détruise la générosité. — BEECHER .

La prospérité semble difficilement sûre, à moins qu'elle ne soit mêlée à un peu d'adversité. — OSÉE BALLOU .

L'augmentation de la prospérité d'un grand nombre de citoyens est un élément nécessaire à la sécurité et même à l'existence d'un peuple civilisé. — BURET .

La prospérité est la pierre de touche de la vertu ; car il est moins difficile de supporter les malheurs que de ne pas se corrompre par les plaisirs. — TACITE .

La prospérité exige de nous plus de prudence et de modération que l'adversité. — CICÉRON .

Il faut distinguer entre félicité et prospérité ; car la prospérité mène souvent à l'ambition, et l'ambition à la déception. — LANDOR .

Celui qui gonfle dans la prospérité ne manquera pas de rétrécir dans l'adversité. — COLTON .

La prospérité est très susceptible d'apporter de l'orgueil parmi les autres biens dont elle confère à un individu ; c'est alors que la prospérité coûte trop cher. — OSÉE BALLOU .

La prospérité, en ce qui concerne notre inclination corrompue à abuser des bénédictions de Dieu Tout-Puissant, s'avère une chose dangereuse pour l'âme de l'homme . — HOOKER .

C'est un des pires effets de la prospérité que de faire d'un homme un vortex au lieu d'une fontaine ; de sorte qu'au lieu de jeter, il apprend seulement à attirer. — BEECHER .

La prospérité se fait des amis et beaucoup d'ennemis. — VAUVENARGUES .

Ceux qui reposent au chaud et au chaud dans un riche domaine viennent rarement se réchauffer à l' autel . — SUD .

Prenez soin d'être un économiste dans la prospérité : il n'y a aucune crainte de l'être dans l'adversité . — ZIMMERMAN .

Providence. — La Providence de Dieu est la grande protectrice de notre vie et de notre utilité, et sous les soins divins, nous sommes parfaitement à l'abri du danger . — SPURGEON .

Je ne sais pas où ses îles élèvent dans les airs leurs palmiers à feuilles ; Je sais seulement que je ne peux pas dériver au-delà de son amour et de ses soins. —Plus blanc.

Les décrets de la Providence sont impénétrables. Malgré les efforts à courte vue de l'homme pour gérer les événements selon ses propres souhaits et ses propres desseins, il existe une Intelligence au-delà de sa raison, qui tient la balance de la justice et favorise son bien-être, malgré ses petits efforts . .— MORIER .

La Divine Providence tempère ses bénédictions pour assurer leur meilleur effet. Il maintient nos joies et nos peurs sur un juste équilibre, afin que nous ne puissions ni présumer ni désespérer. Par de telles compositions, Dieu se plaît à rendre nos croix plus tolérables et nos jouissances plus saines et plus sûres. — W. WOGAN .

Celui qui règne sur la mer déchaînée sait aussi comment réprimer les desseins des impies. Je me soumets avec révérence à sa Sainte Volonté. Ô Abner, je crains mon Dieu, et je ne crains que Lui. — RACINE .

Les devoirs sont les nôtres ; les événements appartiennent à Dieu. Cela enlève un fardeau infini des épaules d'une créature misérable, tentée et mourante. C'est seulement sur cette base qu'il peut baisser la tête et fermer les yeux en toute sécurité. — CECIL .

Oui, tu es toujours présent, pouvoir suprême ! Non circonscrit par le temps, ni fixé à l'espace, Confiné aux autels, ni aux temples liés. Dans la richesse, dans le besoin, dans la liberté ou dans les chaînes, Dans les cachots ou sur les trônes, les fidèles te trouvent ! —Hannah Plus.

Nous devons suivre et non forcer la Providence. — SHAKESPEARE .

Allez, remarquez l'action incomparable de la puissance Qui enferme dans la graine la future fleur ; Les offres dans l'élégance de la forme excellent. En couleur, ceux-ci et ceux-là ravissent l' odeur ; Envoie la nature, fille des cieux, Danser sur la terre et charmer tous les yeux humains. —Cowper.

Le cœur de l'homme trace sa voie, mais l'Éternel dirige ses pas. — PROVERBES 16 : 9 .

Prudence. — Les hommes naissent avec deux yeux, mais avec une seule langue, afin de voir deux fois plus qu'ils ne disent. — COLTON .

La prudence est cette vertu par laquelle nous discernons ce qu'il convient de faire dans les diverses circonstances de temps et de lieu. — MILTON .

Lorsque vous envisagez un grand dessein, réfléchissez aux moyens, à la manière et à la fin. —Sir J. Denham.

La prudence des meilleures têtes est souvent vaincue par la tendresse des meilleurs cœurs. — FIELDING .

La prudence est un ingrédient nécessaire à toutes les vertus, sans lequel elles dégénèrent en folie et en excès. — JEREMY COLLIER .

Aucune autre protection ne vous manque, pourvu que vous soyez sous la conduite de la prudence. — JUVÉNAL .

La prudence n'est pas seulement la première des vertus politiques et morales, mais elle en est la directrice et la régulatrice, l'étendard de toutes. — BURKE .

Les règles de prudence, comme les lois des tables de pierre, sont pour la plupart prohibitives. "Tu ne le feras pas" est leur formule caractéristique. — COLERIDGE .

Ponctualité. — J'exprime ma conviction délibérée et solennelle que l'individu qui tarde habituellement à respecter un rendez-vous ne sera jamais respecté ni ne réussira dans la vie. — RÉVÉREND W. FISK .

J'ai toujours été un quart d'heure en avance sur mon heure, et cela a fait de moi un homme. — LORD NELSON .

L'infidélité dans le respect d'un rendez-vous est un acte de malhonnêteté manifeste. Vous pouvez aussi bien emprunter l'argent d'une personne que son temps . — HORACE MANN .

Il ne sert à rien de courir ; partir de bonne heure est l'essentiel . — LA FONTAINE .

Je ne pourrais jamais avoir une bonne opinion du caractère intellectuel ou moral d'un homme s'il était habituellement infidèle à ses nominations . — EMMONS .

Pureté. — La pureté personnelle et morale est la vraie piété. — OSÉE BALLOU .

Bienheureux ceux qui ont le cœur pur : car ils verront Dieu. — MATTHIEU 5 :8 .

Dieu merci, il y en a dans le monde au cœur duquel les balanes ne s'accrocheront pas. — JG HOLLAND .

Même si nos cœurs sont purs, nos vies sont heureuses et notre paix est assurée. —Guillaume Winter.

La pureté vit et tire sa vie uniquement de l'Esprit de Dieu . — COLTON .

Je te prie, ô Dieu, que je sois belle intérieurement . — SOCRATE .

Querelles. — Les querelles ne dureraient jamais longtemps si la faute n'était que d'un côté. — LA ROCHEFOUCAULD .

Les querelles d'amoureux sont comme des tempêtes d'été ; tout est plus beau quand ils sont passés. — MADAME NECKER .

J'aime mieux subir mille torts que d'en offrir un seul. J'ai toujours trouvé que lutter avec un supérieur était préjudiciable ; avec un égal, douteux; avec un inférieur, sordide et vil; avec n'importe lequel, plein d' inquiétude.— BISHOP HALL .

Celui qui souffle des braises dans des querelles dans lesquelles il n'a rien à voir n'a pas le droit de se plaindre si des étincelles lui jaillissent au visage . — FRANKLIN .

Ceux qui interviennent dans une querelle doivent souvent s'essuyer le nez en sang. —Gay.

Trois fois est armé celui qui a justement sa querelle ; Et lui, nu, bien qu'enfermé dans de l'acier, dont la conscience est corrompue par l'injustice. —Shakespeare.

En lisant. — Décidez de lire un peu chaque jour, s'il ne s'agit que d'une seule phrase. Si vous gagnez quinze minutes par jour, cela se fera sentir à la fin de l' année . — HORACE MANN .

Nous ne lisons jamais sans profit si, avec la plume ou le crayon à la main, nous marquons les idées qui nous frappent par leur nouveauté, ou corrigeons celles que nous possédons déjà. — ZIMMERMANN .

Lorsque ce que vous lisez élève votre esprit et vous remplit de nobles aspirations, ne cherchez aucune autre règle pour juger un livre ; c'est bon et c'est l'ouvrage d'un maître. — LA BRUYÈRE .

Lorsqu'en lisant nous rencontrons une maxime qui peut être utile, nous devons la prendre pour nôtre et l'appliquer immédiatement, comme nous le ferions de l'avis d'un ami que nous avons volontairement consulté . — COLTON .

Nous devrions habituer l'esprit à garder la meilleure compagnie en lui présentant uniquement les meilleurs livres. — SYDNEY SMITH .

Si je devais prier pour un goût qui me soutiendrait dans toutes sortes de circonstances, et serait pour moi une source de bonheur et de gaieté tout au long de la vie, et un bouclier contre ses maux, même si les choses tournent mal et que le monde fronce les sourcils sur moi, ce serait le goût de la lecture . — SIR JOHN HERSCHEL .

La lecture fait un homme épanoui, la conférence un homme prêt et l'écriture un homme exact... Les histoires rendent les hommes sages ; poètes, pleins d'esprit ; les mathématiques, subtiles ; philosophie naturelle, profonde ; moral, grave; logique et rhétorique, capable de lutter.— BACON .

Rien, en vérité, n'a une telle tendance à affaiblir non seulement les pouvoirs d'invention, mais les pouvoirs intellectuels en général, comme l'habitude de lire de manière approfondie et variée sans réflexion . — DUGALD STEWART .

M. Johnson n'avait jamais, de son propre aveu, été un étudiant attentif et avait l'habitude de conseiller aux jeunes de ne jamais rester sans un livre dans leur poche, à lire aux heures de congé, lorsqu'ils n'avaient rien d'autre à faire. « C'est par ce moyen, dit-il un jour à un garçon de notre maison, que toutes mes connaissances ont été acquises, à l'exception de celles que j'ai acquises en parcourant le monde avec mon esprit prêt à observer et ma langue. prêt à parler. "- MME PIOZZI.

Lire sans but est une promenade, pas un exercice. On obtient davantage d'un livre sur lequel la pensée se fixe un but précis dans la connaissance que de bibliothèques parcourues par un œil errant. Une fleur de chalet donne du miel à l'abeille, un jardin de roi aucun au papillon. — LYTTON.

Lisez, marquez, apprenez et digérez intérieurement.— COLLECTEZ.

Beaucoup de lecture équivaut à beaucoup de nourriture : totalement inutile sans digestion. — SUD.

Raison. —La raison est la gloire de la nature humaine et l'une des principales éminences par lesquelles nous sommes élevés au-dessus des bêtes, dans ce monde inférieur. — DR WATTS.

Que notre raison, et non nos sens, soit la règle de notre conduite ; car la raison nous apprendra à penser sagement, à parler avec prudence et à nous comporter dignement. — CONFUCIUS.

Bien que la raison ne soit pas universellement suffisante pour nous dire quoi faire, on doit néanmoins généralement s'y fier et lui obéir lorsqu'elle nous dit ce que nous ne devons pas faire. — SUD.

Celui qui ne veut pas raisonner est un bigot, celui qui ne peut pas raisonner est un imbécile, et celui qui n'ose pas raisonner est un esclave. — SIR W. DRUMMOND.

Les sages sont instruits par la raison ; des hommes moins intelligents, par expérience ; les plus ignorants, par nécessité ; et les bêtes, par nature. — CICÉRON.

Lorsqu'un homme n'a pas de bonnes raisons de faire une chose, il a une bonne raison de la laisser tranquille. — WALTER SCOTT.

On ne répétera jamais assez que la raison, telle qu'elle existe dans l'homme, n'est que notre œil intellectuel, et que, comme l'œil, pour voir, il lui faut de la lumière, — pour voir clairement et loin, il lui faut la lumière du Ciel.

Le langage de la raison, sans la bonté, échouera souvent à faire impression ; cela n'a aucun effet sur l'entendement, car cela ne touche pas le cœur. Le langage de la bonté, sans rapport avec la raison, sera souvent incapable de convaincre ; car, bien qu'il puisse gagner sur les affections, il lui manque ce qui est nécessaire pour convaincre le jugement. Mais que la raison et la bonté s'unissent dans un discours, et il est rare que même l'orgueil ou les préjugés trouvent facile de résister . — GISBORNE .

Les bonnes raisons doivent, bien sûr, céder la place à de meilleures. — SHAKESPEARE .

Il existe un juste axiome latin selon lequel celui qui cherche une raison à tout subvertit la raison. — EPES SARGENT .

Réprimander. — Dans toutes les répréhensions, veillez à exprimer plutôt votre amour que votre colère ; et s'efforcer plutôt de convaincre qu'exaspérer : mais si l'affaire exige une indignation particulière, qu'elle apparaisse comme le zèle d'un ami mécontent, plutôt que la passion d'un ennemi provoqué. — FULLER .

Réconciliation. — En quoi est-il possible pour nous, créatures méchantes et impies, d'être justifiés, sinon par le Fils unique de Dieu ? Ô douce réconciliation ! Ô ministère introuvable ! Ô bénédiction inattendue ! que la méchanceté de beaucoup soit cachée chez un homme pieux et juste, et que la justice d'un seul justifie une foule de pécheurs ! — JUSTIN MARTYR .

Dieu pardonne comme une mère qui embrasse l'offense dans l'oubli éternel. — BEECHER .

Comme nous sommes allés à travers la terre la veille , et j'ai cueilli ce qui était mûr oreilles, Nous nous sommes brouillés, ma femme et moi, Nous nous sommes brouillés je ne sais pas pourquoi, Et embrassé à nouveau avec des larmes.

Et des bénédictions sur les disputes Qui sont d'autant plus attachantes, Quand nous nous disputons avec ceux que nous aimons Et que nous nous embrassons à nouveau avec des larmes !

Car quand nous sommes arrivés là où repose l' enfant que nous avons perdu dans d'autres années, là au-dessus de la petite tombe, oh , là au-dessus de la petite tombe, nous embrassé à nouveau avec des larmes. — Tennyson.

Oh, mes chers amis, vous qui laissez se perpétuer d'année en année de misérables malentendus, dans l'intention de les dissiper un jour, si seulement vous pouviez savoir, voir et sentir que le temps est court, comme cela briserait le charme. ! Comme vous iriez instantanément et feriez la chose que vous n'auriez peut-être jamais une autre chance de faire ! — PHILLIPS BROOKS .

Raffinement. — Le raffinement est l'arôme délicat du christianisme. — CHARLOTTE M. YONGE .

Cela seul peut être appelé véritable raffinement qui élève l'âme de l'homme, purifiant les mœurs en améliorant l' intellect. — OSÉE BALLOU .

Le raffinement qui nous éloigne de nos semblables n'est pas le raffinement de Dieu. — BEECHER .

Si le sens raffiné et le sens exalté ne sont pas aussi utiles que le sens commun, leur rareté, leur nouveauté et la noblesse de leurs objets y apportent quelque compensation et leur font l'admiration des hommes . — HUME .

Bien mieux, et plus gaiement, je pourrais me passer de certaines parties des choses absolument nécessaires à la vie, plutôt que de certaines circonstances d'élégance et de convenance dans les habitudes quotidiennes de leur utilisation. — DE QUINCEY .

Réforme. — Celui qui se réforme lui-même a fait plus pour réformer le public qu'une foule de patriotes bruyants et impuissants. — LAVATER .

Celui qui a assez d'énergie dans sa constitution pour extirper un vice devrait aller un peu plus loin et essayer de planter une vertu à sa place ; sinon il aura son travail à renouveler. Un sol solide qui a produit des mauvaises herbes peut être amené à produire du blé avec beaucoup moins de difficultés qu'il en coûterait pour ne rien produire. — COLTON .

Il est encore temps de racheter vos honneurs ternis et de vous restaurer à nouveau dans les bonnes pensées du monde. — SHAKESPEARE .

Chaque année, une habitude vicieuse extirpée pourrait, avec le temps, rendre le pire des hommes bon. — FRANKLIN .

La réforme, comme la charité, doit commencer chez soi . — CARLYLE .

Tout ce que vous n'aimez pas chez une autre personne, prenez soin de le corriger en vous-même . — SPRAT .

Celui qui réforme, Dieu assiste. — CERVANTES .

Régénération. — Ne te contente pas d'une simple abstention du péché, tant que ton cœur n'est pas changé, ni ta volonté changée, ni tes affections changées ; mais efforce-toi de devenir un homme nouveau, d'être transformé par le renouvellement de ton esprit, de haïr le péché, d'aimer Dieu, de lutter contre tes corruptions secrètes, de prendre plaisir aux saints devoirs, de soumettre ton entendement, ta volonté et tes affections. , à l'obéissance à la foi et à la piété. — ÉV. SANDERSON .

Celui qui est une fois « né de Dieu vaincra le monde », ainsi que le prince de ce monde, par la puissance de Dieu en lui. La sainteté n'est pas une chose solitaire et négligée ; il a des confédérations plus fortes, des alliances plus grandes que le péché et la méchanceté. Il est de mèche avec Dieu et avec l'univers ; toute la création lui sourit ; il y a quelque chose de Dieu dedans, et donc ce doit être une chose victorieuse et triomphante. — CUDWORTH .

La régénération est le pillage de l'âme, la transformation d'un homme hors de lui-même, l'effondrement du vieil homme en morceaux et sa nouvelle transformation en une autre forme ; c'est la transformation de pierres en enfants, et un dessin du portrait vivant de Jésus-Christ sur cette même table qui ne représentait auparavant que l'image même du diable... Es-tu ainsi changé ? Toutes les choses anciennes sont-elles abolies, et toutes choses en toi sont-elles devenues nouvelles ? As-tu un cœur nouveau et des affections renouvelées ? Et est-ce que tu sers Dieu dans une nouveauté de vie et de conversation ? Sinon , qu'as-tu à voir avec les espérances du ciel ? Vous êtes encore sans Christ, et donc par conséquent sans espoir . — MGR HOPKINS .

Regret. — Un mauvais acte suivi d'un juste regret et d'une prudence réfléchie pour éviter des erreurs similaires, rend un homme meilleur qu'il ne l'aurait été s'il n'était jamais tombé. — HORATIO SEYMOUR .

L'affaire de la vie est d'aller de l'avant ; Celui qui voit le mal en perspective le rencontre à sa manière, mais celui qui l'attrape rétrospectivement se retourne pour le trouver. Ce que l'on craint peut parfois être évité, mais ce qui est regretté aujourd'hui peut l'être encore demain. — Dr JOHNSON .

Un sentiment de tristesse et de désir Qui ne s'apparente pas à la douleur, Et qui ne ressemble qu'au chagrin Comme la brume ressemble à la pluie. — Longfellow.

Le présent seul est la possession d'un homme ; le passé lui échappe totalement et irrévocablement. Il peut en souffrir, en tirer des leçons , et peut-être, dans une certaine mesure, l'expier ; mais ruminer cela est une folie totale. — MISS MULOCK .

De tous les mots tristes de la langue ou de la plume, les plus tristes sont ceux-ci : « Cela aurait pu être le cas ! » —Plus blanc.

Religion. — Une religion qui ne suffit jamais à gouverner un homme ne suffira jamais à le sauver ; ce qui ne distingue pas suffisamment un individu d'un monde méchant ne le distinguera jamais d'un monde en voie de disparition. — HOWE .

La religion couronne l'homme d'État et l' homme, Seule source de paix
publique et privée. -Jeune.

Un véritable instinct religieux n'a jamais privé l'homme d'une seule joie ; des
visages tristes et un aspect sombre sont les affectations conventionnelles des
faibles d'esprit. — OSÉE BALLOU .

La source de tout bien et de tout confort.— BURKE .

Vous pouvez y compter, la religion est, par essence, la chose la plus
gentleman au monde. Ce sera *tout seul* gentilize , s'il n'est pas mélangé avec
dévers ; et je ne connais rien d'autre qui le fera *seul* . — ST COLERIDGE .

Si nous parcourons le monde, il est possible de trouver des villes sans murs,
sans lettres, sans rois, sans richesses, sans monnaie, sans écoles et sans
théâtres ; mais une ville sans temple, ou qui ne pratique pas le culte, la prière,
etc., personne n'a jamais vu . — PLUTARQUE .

La religion, si elle est vêtue de vérités célestes, n'a besoin que d'être vue
pour être admirée. —Cowper.

Ah ! quelle religion divine pourrait-on découvrir si la charité en était
réellement le principe au lieu de la foi. — SHELLEY .

Laissez la question de la religion à l'autel familial, à l'église et à l'école privée,
entièrement financées par des contributions privées ; garder l'Église et l'État
séparés pour toujours. — US GRANT .

La religion est le mortier qui unit la société ; le piédestal de granit de la liberté
; l'épine dorsale solide du système social. — GUTHRIE .

Toute croyance qui ne rend pas plus heureux, plus libre, plus aimant, plus
actif, plus calme, est, je le crains, une croyance erronée et superstitieuse. —
LAVATER .

Ne faites jamais confiance à quelqu'un qui n'est pas de bonne religion, car
celui qui est faux envers Dieu ne peut jamais être fidèle à l'homme . — LORD
BURLEIGH .

Un homme dépourvu de religion est comme un cheval sans bride. — DU
LATIN .

C'est une grande honte pour la religion d'imaginer qu'elle est un ennemi de
la gaieté et de la gaieté, et une sévère exigence de regards pensifs et de visages
solennels. — WALTER SCOTT .

Nulle part il n'y aurait de consolation si la religion n'existait pas. — JACOBI .

Un homme qui n'a aucun sens du devoir religieux est celui que les Écritures décrivent dans un langage si concis mais terrible, comme vivant « sans Dieu dans le monde ». Un tel homme est hors de son être propre, hors du cercle de tous ses devoirs, hors du cercle de tout son bonheur et loin, très, très loin des buts de sa création . — WEBSTER .

Tous ceux qui ont été grands et bons sans le christianisme auraient été bien plus grands et meilleurs avec lui . — COLTON .

Il y a un bon nombre de personnes pieuses qui sont aussi soucieuses de leur religion que de leur meilleur service en porcelaine , ne l'utilisant que lors d'occasions saintes, de peur qu'elle ne s'ébrèche ou ne se déforme lors de ses vêtements de travail . — DOUGLAS JERROLD .

Merveilleux! que la religion chrétienne, qui semble n'avoir d'autre objet que le bonheur d'une autre vie, doit aussi en constituer le bonheur. — MONTESQUIEU .

Versez le baume de l'Évangile sur les blessures des nations qui saignent. Plantez l'arbre de vie dans chaque sol, afin que les royaumes souffrants puissent se reposer sous son ombre et ressentir la vertu de ses feuilles curatives, jusqu'à ce que tous les membres de la famille humaine soient liés ensemble par un lien commun d'amitié et d'amour, et que le guerrier sera un personnage inconnu mais dans la page de l'histoire. — THOMAS RAFFLES .

Il existe trois manières de supporter les maux de la vie : par l'indifférence, qui est la plus courante ; par la philosophie, qui est la plus ostentatoire ; et par la religion, qui est la plus efficace. — COLTON .

Une maison sans culte familial n'a ni fondation ni couverture. — MAÇON .

La religion est la meilleure armure du monde, mais aussi le pire manteau. — BUNYAN .

Une bonne réputation vaut mieux qu'un onguent précieux. — ECCLÉSIASTE 7:1 .

J'ai vécu assez longtemps pour savoir ce que je ne croyais pas autrefois : qu'aucune société ne peut être maintenue dans le bonheur et l'honneur sans le sentiment de la religion. — LA PLACE .

De toutes les dispositions et habitudes qui conduisent à la prospérité politique, la religion et la morale sont des supports indispensables. En vain réclamerait-on le tribut du patriotisme, celui qui travaillerait à renverser ces grands piliers du bonheur humain, ces appuis les plus solides des devoirs des hommes et des citoyens. Et permettons avec prudence de supposer que la moralité peut être maintenue sans religion. Quoi qu'on puisse accorder à l'influence d'une éducation raffinée sur des esprits de structure particulière, la raison et l'expérience nous interdisent toutes deux d'espérer que la moralité nationale puisse prévaloir à l'exclusion des principes religieux. — WASHINGTON .

"Quand j'étais jeune, j'étais sûr de beaucoup de choses ; il n'y a que deux choses dont je suis sûr maintenant : l'une est que je suis un misérable pécheur ; et l'autre, que Jésus-Christ est un tout suffisant. Sauveur ." Celui qui reçoit ces deux leçons est bien instruit. — JOHN NEWTON .

Si nous faisons de la religion notre affaire, Dieu en fera notre bénédiction. — HGJ ADAM .

L'appel à la religion n'est pas un appel à être meilleur que ses semblables, mais à être meilleur que soi-même. La religion est relative à l' individu. — BEECHER .

Souvenir. — Le souvenir est le seul paradis dont on ne puisse nous chasser. — RICHTER .

Vous ne pouvez pas ordonner le souvenir hors de l'esprit ; et un tort qui était un tort hier doit être un tort demain . — THACKERAY .

Je ne peux m'empêcher de me rappeler que de telles choses m'étaient très précieuses. —Shakespeare.

Remords. — Le remords est la punition du crime ; la repentance, son expiation. Le premier appartient à une conscience tourmentée ; ce dernier en une âme changée pour le mieux. —JOUBERT .

Le remords, l'œuf fatal du plaisir pondu, Dans chaque sein où est fait son nid , Éclos par les rayons de la vérité, lui refuse le repos, Et se révèle un scorpion enragé dans sa poitrine. —Cowper.

On peut se prosterner dans la poussière quand on a commis une faute, mais il ne vaut pas mieux y rester. — CHATEAUBRIAND .

Il n'y a aucun homme qui soit sciemment méchant mais qui soit coupable envers lui-même ; et il n'y a aucun homme qui porte de la culpabilité autour de lui sans qu'il reçoive une piqûre dans son âme . — TILLOTSON .

Repentir. — Le repentir, sans amendement, revient à pomper continuellement sans réparer la fuite. — DILWYN .

La repentance n'est qu'un autre nom pour l'aspiration. — BEECHER .

Si vous voulez être bon, croyez d'abord que vous êtes mauvais. —ÉPICTÈTE .

La repentance est une déesse et la conservatrice de ceux qui ont commis une erreur. — JULIEN .

Certains chrétiens bien intentionnés tremblent pour leur salut, parce qu'ils n'ont jamais traversé cette vallée de larmes et de douleur, qu'on leur a appris à considérer comme une épreuve qu'il faut traverser avant de pouvoir parvenir à la régénération. Pour satisfaire de tels esprits, on peut observer que la moindre tristesse pour le péché est suffisante, si elle produit un amendement, et que la plus grande est insuffisante, sinon. — COLTON .

Soyons prompts à nous repentir de nos blessures, même si le repentir n'est peut-être pas une angoisse stérile. — DR JOHNSON .

Nos cœurs doivent non seulement être brisés par le chagrin, mais aussi être brisés par le péché, pour constituer la repentance. — DEWEY .

Notre plus grande gloire ne consiste pas à ne jamais tomber, mais à nous relever chaque fois que nous tombons . — ORFÈVRE .

Je le ferai demain, ça je le ferai, je le ferai sûrement ; Demain vient, demain s'en va, et tu dois toujours le faire . Ainsi, le repentir est toujours différé. D' un jour à l'autre : Jusqu'à ce que le jour de la mort soit venu, Et que le jugement soit l'autre. — Drexelius .

Comme il n'est jamais trop tôt pour être bon, il n'est jamais trop tard pour s'amender : je ne négligerai donc ni le temps présent, ni le désespoir du temps passé. Si j'avais été bon plus tôt, j'aurais peut-être été meilleur ; si je suis plus mauvais, je serai, j'en suis sûr, pire. — ARTHUR WARWICK .

La repentance est le chagrin du cœur et une vie claire qui s'ensuit. — SHAKESPEARE .

Repos. — Le pouvoir repose dans la tranquillité . — CECIL .

Avez-vous su composer vos manières ? Vous avez fait bien plus que celui qui a composé des livres. Savez-vous vous reposer ? Vous avez fait plus que celui qui a pris des villes et des empires. — MONTAIGNE .

Le repos sans stagnation est l'état le plus favorable au bonheur. « La grande félicité de la vie, dit Sénèque, c'est d'être sans perturbations. » — BOVEE .

Il n'y a pas de mortel vraiment sage et agité à la fois ; la sagesse est le repos des esprits . — LAVATER .

Réprimande. — Si vous avez un coup à faire aux dépens de votre ami, faites-le avec grâce, c'est d'autant plus efficace. Quelqu'un dit que le reproche qu'on fait le chapeau à la main est le plus révélateur. — HALIBURTON .

La punition la plus sévère subie par un esprit sensible, pour une blessure infligée à autrui, est la conscience de l' avoir fait. — OSÉE BALLOU .

Aucun reproche n'est comme celui que nous revêtons d'un sourire et que nous présentons avec un arc. — LYTTON .

La réprimande est un médicament comme le mercure ou l'opium ; s'il est mal administré, il fera du mal au lieu de bien . — HORACE MANN .

Il avait une méthode si douce pour reprocher leurs fautes qu'ils n'avaient pas tant peur que honte de les répéter. — ATTERBURY .

Réprimande ton ami en privé ; félicitez-le publiquement. — SOLON .

Réputation. — La manière d'acquérir une bonne réputation est de s'efforcer d'être ce que l'on désire paraître. — SOCRATE .

Combien de personnes vivent de la réputation qu'elles auraient pu se faire ! — HOLMES .

Ô réputation ! plus cher que la vie, Toi le baume précieux, agréable et doux à l'odeur, Dont les gouttes cordiales une fois répandues par quelque main imprudente , Ni tous les soins du propriétaire, ni le labeur repentant Du grossier déverseur, ne pourront jamais recueillir leur première pureté et leur douceur native. . —Sewell.

On peut être meilleur que sa réputation ou sa conduite, mais jamais meilleur que ses principes. — LATÉNA .

La réputation est ce que les hommes et les femmes pensent de nous ; le caractère est ce que Dieu et les anges savent de nous. — THOMAS PAINE .

Si un homme ne devait s'occuper du monde que pendant un jour, et n'avait plus jamais l'occasion de converser davantage avec l'humanité, n'avait plus jamais besoin de sa bonne opinion ou de sa bonne parole, ce n'était alors pas une grande affaire (parlant des préoccupations de ce monde).), si un homme dépensait sa réputation d'un seul coup et la risquait d'un seul coup ; mais s'il veut continuer dans le monde et avoir l'avantage de la conversation pendant qu'il y est, qu'il fasse usage de la vérité et de la sincérité dans toutes ses paroles et dans toutes ses actions ; car rien que cela ne durera et tiendra jusqu'au bout . — TILLOTSON .

Démission. — La résignation est le courage de la douleur chrétienne. — PROFESSEUR VINET .

Si Dieu t'envoie une croix, prends-la volontiers et suis-le. Utilisez-le à bon escient, de peur que ce ne soit pas rentable. Supportez-le patiemment, de peur que cela ne devienne intolérable. S'il est léger, ne le négligez pas. Si c'est lourd, ne murmurez pas. Après la croix est la couronne. — QUARLES .

« Que ma volonté, et non la tienne, soit faite » a transformé le paradis en désert. « Que ta volonté, et non la mienne, soit faite », a transformé le désert en paradis et a fait de Gethsémani la porte du ciel . — PRESSENSÉ .

En soupirant pour ce que nous n'avons pas, nous devons être reconnaissants pour ce que nous avons et laisser à Quelqu'un de plus sage que nous les problèmes les plus profonds de l'âme humaine et de sa discipline . — GLADSTONE .

Le Seigneur a donné, et le Seigneur a repris ; béni soit le nom du Seigneur. —JOB 1:21 .

Ose regarder vers Dieu et dire : « A l'avenir, traite-moi comme tu veux. Je suis du même avis que toi ; je suis à toi. Je ne refuse rien de ce qui te plaît. Conduis-moi où tu veux ; revêts-moi de n'importe quelle robe que tu choisis . "- EPICTÈTE .

y discernera un arc-en-ciel. — MGR HORNE .

Que Dieu fasse de moi ce qu'Il veut, tout ce qu'Il veut ; et, quoi qu'il en soit, ce sera soit le ciel lui-même, soit un commencement de celui-ci . — MOUNTFORD .

Est-il raisonnable de prendre mal que quelqu'un désire de nous ce qui lui appartient ? Tout ce que nous avons appartient au Tout-Puissant ; et Dieu n'aura-t-il pas le sien quand il le demandera ? — WILLIAM PENN .

Résolution. — C'est seulement un homme bien fait qui a une bonne fin. — EMERSON .

Ne renoncez pas, pour un seul refus, au but que vous avez décidé d'atteindre. —Shakespeare.

Repos. — Le repos est un bon remède. Laissez vos estomacs se reposer, dyspeptiques ; laissez votre cerveau se reposer, hommes d'affaires fatigués et inquiets ; laissez vos membres se reposer, vous, enfants du travail ! — CARLYLE .

L'absence d'occupation n'est pas le repos. Un esprit tout à fait vide est un esprit en détresse . —Cowper.

Dieu donne enfin la tranquillité. — WHITTIER .

les dons de notre Père aimant, je me demande souvent lequel est le meilleur, et je m'écrie : Dieu bien-aimé, celui qui élève notre âme de la fatigue au repos, le repos du silence, c'est le meilleur. —Mary Clemmer.

Le mot « repos » ne fait pas partie de mon vocabulaire . — HORACE GREELEY .

Retraite. — Combien se trompent ceux qui, aveugles à leurs intérêts, négligent la paix calme qui découle de la retraite ! — MME TIGHE .

La nature que je courtiserai dans sa séquestration hante, Par montagne, prairie, ruisseau, bosquet ou cellule ; Là où l'alouette en équilibre chante sa chanson du soir, où habitent la santé, la paix et la contemplation. — Smollett.

Ô bienheureuse retraite ! ami du déclin de la vie. Comme il est heureux celui qui couronne, dans des nuances comme celles-ci, une jeunesse laborieuse avec un âge d'aisance ! -Orfèvre.

De nombreuses fleurs naissent pour rougir sans être vues, Et gaspiller leur douceur dans l'air du désert. -Gris.

Quittez la grande route et transplantez-vous dans quelque terrain clos ; car il est difficile à un arbre qui se tient au bord du chemin de conserver ses fruits jusqu'à ce qu'ils soient mûrs. — SAINT CHRYSOSTOME .

Exercez vos talents et distinguez-vous, et ne pensez pas à vous retirer du monde jusqu'à ce que le monde regrette que vous preniez votre retraite. Je hais un homme que l'orgueil, la lâcheté ou la paresse pousse dans un coin, et qui ne fait rien, quand il est là, que de s'asseoir et de grogner. Laissez-le sortir comme moi et aboyer . — DR JOHNSON .

L'homme d'État, l'avocat, le marchand, l'homme de commerce cherchent le refuge de quelque ombre rurale, où toutes ses longues inquiétudes ont été oubliées , au milieu des charmes d'un pays séquestré. Ou bien se souvient-il seulement de se dorer et d' ajouter un sourire à ce qui était doux auparavant, il peut posséder les joies qu'il croit voir, déposer sa vieillesse sur le giron de l'aisance, améliorer le reste de son espérance gaspillée. Et après avoir vécu peu, mourez en homme. —Cowper.

Mais, peut-on se demander, quelles sont les conditions requises pour vivre une vie de retraite ? Un homme peut être fatigué des travaux et des tourments des affaires, et pourtant tout à fait inapte à la retraite tranquille. Sans littérature, amitié et religion, la retraite se révèle dans la plupart des cas comme un niveau mort et plat, un gaspillage stérile et un vide. Ni le corps ni l'âme ne peuvent jouir de la santé et de la vie dans le vide. — RUSTICUS.

Richesse. — La richesse n'exclut qu'un seul inconvénient, c'est la pauvreté. — DR JOHNSON.

Une grande abondance de richesses ne peut être à la fois rassemblée et conservée sans péché. — ERASMUS.

Les richesses, les honneurs et les plaisirs sont les douceurs qui détruisent l'appétit de l'esprit pour sa nourriture céleste ; la pauvreté, la disgrâce et la douleur sont les amers qui le restaurent. — MGR HORNE.

La vraie richesse d'un homme est le bien qu'il fait dans ce monde. — MOHAMMED.

Le superflu arrive plus tôt par les cheveux blancs, mais la compétence dure plus longtemps. — SHAKESPEARE.

Il est riche dont les revenus sont supérieurs à ses dépenses ; et il est pauvre dont les dépenses dépassent ses revenus. — LA BRUYÈRE.

Aucun homme ne peut savoir s'il est riche ou pauvre en se tournant vers son grand livre. C'est le cœur qui rend un homme riche. Il est riche ou pauvre selon ce qu'il est, non selon ce qu'il a. — BEECHER.

La richesse n'appartient pas à celui qui la possède, mais à celui qui en jouit. — FRANKLIN.

Celui qui se hâte de devenir riche ne sera pas innocent. — PROVERBES 28 :20.

Les richesses sans charité ne valent rien. Ils ne sont une bénédiction que pour celui qui en fait une bénédiction pour les autres. — FIELDING.

Sabbat. — Le dimanche est le noyau de notre civilisation, dédié à la pensée et au respect. Il invite à la solitude la plus noble et à la société la plus noble. — EMERSON.

Étudiants de tout âge et de tout genre, méfiez-vous des études laïques le jour du Seigneur. — PROFESSEUR MILLER.

Un monde sans sabbat serait comme un homme sans sourire, comme un été sans fleurs et comme une ferme sans jardin. C'est le jour joyeux de toute la semaine.— BEECHER.

Celui qui a ordonné le sabbat aimait les pauvres. — OW HOLMES.

Scandale. — S'il y a une personne à qui vous n'aimez pas, c'est celle dont vous ne devriez jamais parler. — CECIL .

Il y a en l'homme le désir qu'aucun charme ne peut dompter, De publier haut et fort la honte de son prochain ; — Sur les ailes de l'aigle volent des scandales immortels, Tandis que les actions vertueuses ne font que naître et mourir. —Ella Louisa Hervey.

Personne n'aime raconter un scandale, sauf à celui qui aime l'entendre. Apprenez donc à réprimander et à réprimer la langue dénigrante en montrant que vous ne l'écoutez pas avec plaisir. — SAINT JÉRÔME .

Que toute amertume, toute colère, toute colère, toute clameur et tout discours injurieux soient éloignés de vous, avec toute méchanceté . — ÉPHÉSIENS 4 :31 .

Scepticisme . — Le scepticisme n'a jamais fondé d'empires, établi de principes ni changé le cœur du monde. Les grands acteurs de l'histoire ont toujours été des hommes de foi. — CHAPIN .

Le scepticisme est une côte aride, sans port ni phare . — BEECHER .

Les libres penseurs sont généralement ceux qui ne pensent jamais du tout.— STERNE .

Je ne connais aucun crime aussi grand qu'un homme puisse commettre pour empoisonner les sources de la vérité éternelle. — DR JOHNSON .

Secret. — Le secret connu à deux n'est plus un secret. — NINON DE LENCLOS .

On a dit à juste titre que le secret était l'âme de tous les grands desseins. Peut-être a-t -on fait plus en cachant nos propres intentions qu'en découvrant celles de notre ennemi. Mais les grands hommes réussissent dans les deux cas.

Une femme peut garder un secret, celui de son âge. VOLTAIRE .

Dire ses propres secrets est généralement une folie, mais cette folie est sans culpabilité ; communiquer ceux qui nous sont confiés est toujours une trahison, et une trahison pour la plupart combinée avec de la folie. — DR JOHNSON .

Garder son secret est une sagesse ; mais s'attendre à ce que les autres le gardent est une folie. — HOLMES .

A qui vous trahissez votre secret, vous vendez votre liberté. — FRANKLIN .

Celui qui confie un secret à son serviteur fait de son propre homme son maître. — DRYDEN .

de soi . — Celui qui gouverne son esprit vaut mieux que celui qui prend une ville. — PROVERBES 16:32 .

Quel est le meilleur gouvernement ? Ce qui nous apprend à nous gouverner nous-mêmes. — GOETHE .

Celui qui règne en lui-même et gouverne les passions, les désirs et les peurs est plus qu'un roi . — MILTON .

La vraie gloire naît de la conquête silencieuse de nous-mêmes . — THOMSON .

C'est un insensé qui ne peut pas se mettre en colère, mais c'est un homme sage qui ne le veut pas. — PROVERBE ANGLAIS .

de soi . — L'abnégation est la qualité dont Jésus-Christ nous a donné l'exemple. — ARY SCHEFFER .

Seule l'âme qui, avec une impulsion irrésistible et une confiance parfaite s'abandonne pour toujours à la vie des autres hommes, trouve le plaisir et la paix qu'un tel abandon complet de soi doit donner . — PHILLIPS BROOKS .

L'abnégation est une vertu de la plus haute qualité, et celui qui ne l'a pas et ne s'efforce pas de l'acquérir n'excellera jamais en rien . — CONYBEARE .

Plus un homme se renie, plus il obtiendra de Dieu . — HORACE .

La pire éducation qui enseigne le renoncement à soi est meilleure que la meilleure qui enseigne tout le reste, et pas cela. — JOHN STERLING .

Égoïsme. — L'égoïsme est ce vice détestable que personne ne pardonnera aux autres, et que personne n'est dépourvu de lui-même. — BEECHER .

Il est douteux qu'il trouvera jamais le chemin du ciel qui désire y aller seul . — FELTHAM .

Retirez l'égoïsme de ce monde et il y aurait plus de bonheur que nous ne devrions savoir quoi en faire. — HW SHAW .

Nous érigeons le moi idole et souhaitons non seulement que les autres l'adorent, mais que nous nous adorons nous-mêmes . — CECIL .

Silence. — Tais-toi, ou dis quelque chose de mieux que le silence. — PYTHAGORE .

Le poète de Dieu est silence ! Son chant est inexprimé, Et pourtant si profond, si fort et si lointain, Il vous remplit, il vous fait vibrer avec des mesures ininterrompues, Et aussi doux, et aussi beau, et aussi loin qu'une étoile. —Joaquín Miller.

Le silence est la voie la plus sûre à adopter pour tout homme qui se méfie de lui-même. — LA ROCHEFOUCAULD .

Si tu désires être tenu pour sage, sois assez sage pour tenir ta langue. — QUARLES .

De même que nous devons rendre compte de chaque mot vain, nous devons le faire de chaque silence vain. — FRANKLIN .

Apprends à tenir ta langue. Cinq mots ont coûté à Zacharias quarante semaines de silence. — FULLER .

Le silence est une vertu chez ceux qui manquent d' entendement. — BOUHOURS .

Le silence, quand rien n'a besoin d'être dit, est l'éloquence de la discrétion. — BOVEE .

Le silence ne marque pas toujours la sagesse. — ST COLERIDGE .

Même un insensé, lorsqu'il se tait , est considéré comme sage. — PROVERBES 17 :28 .

Péché. — Souffrez n'importe quoi de la part de l'homme, plutôt que de pécher contre Dieu. — SIR HENRY VANE .

Que celui qui sème les dents du serpent n'espère pas récolter une joyeuse moisson. Chaque crime a, au moment de sa perpétration, son propre ange vengeur, — de sombres appréhensions au plus profond du cœur . — SCHILLER .

Je ne pourrais pas vivre en paix si je mettais l'ombre d'un péché volontaire entre moi et Dieu. — GEORGE ELIOT .

Ne laissez jamais aucun homme imaginer qu'il peut poursuivre une bonne fin par de mauvais moyens, sans pécher contre sa propre âme ! Tout autre problème est douteux ; l'effet néfaste sur lui-même est certain. — SOUTHEY .

De nombreuses afflictions ne troubleront pas et n'obstrueront pas la tranquillité de l'esprit autant qu'un seul péché : par conséquent, si vous voulez marcher joyeusement, veillez surtout à marcher saintement. Tous les vents autour de la terre ne provoquent pas un tremblement de terre, mais seulement celui qui est à l'intérieur . — MGR LEIGHTON .

Ne pensez pas à des torts comme ceux-ci sans être flagellés ; Puissiez-vous pécher longtemps , et que le Ciel pardonne longtemps ; Mais au moment où vous vous y attendrez le moins, au jour du chagrin , la vengeance tombera plus lourdement à cause du retard. —Churchill.

Le péché n'est jamais en arrêt ; si nous ne nous en retirons pas, nous y avancerons ; et plus nous avançons, plus nous devons revenir. — BARROW .

Les péchés des autres sont sous nos yeux, les nôtres sont derrière notre dos. — SÉNÈQUE .

Prends fermement un péché qui semble se démarquer devant toi, pour l'extirper, par la grâce de Dieu, et de toutes ses fibres . Essayez-vous fermement, par la grâce et la force de Dieu, de sacrifier entièrement ce péché ou cette inclination pécheresse à l'amour de Dieu, de ne pas l'épargner, jusqu'à ce que vous n'en laissiez rien, ni racine ni branche . — EB PUSEY .

Chasse ton Jonas — tout péché endormi et sûr qui provoque une tempête sur ton navire, un vexation pour ton esprit. — REYNOLDS .

Utilisez le péché comme il vous utilisera ; ne l'épargnez pas, car il ne vous épargnera pas ; c'est votre meurtrier, et le meurtrier du monde entier. Utilisez-le donc comme il convient d'utiliser un meurtrier ; tuez-le avant qu'il ne vous tue ; et même s'il vous amène au tombeau, comme il l'a fait pour votre tête, il ne pourra pas vous y retenir. Vous n'aimez pas la mort ; l'amour n'est pas la cause de la mort. — BAXTER .

La sincérité. — Je pense que vous constaterez que les gens qui veulent honnêtement être vrais se contredisent beaucoup plus rarement que ceux qui essaient d'être « cohérents ». — HOLMES .

Si le spectacle de quelque chose est bon pour quelque chose , je suis sûr que la sincérité est meilleure ; car pourquoi un homme dissimule-t-il, ou semble-t-il être ce qu'il n'est pas, sinon parce qu'il pense qu'il est bon d'avoir une qualité telle qu'il prétend l'avoir ? — TILLOTSON .

La seule preuve concluante de la sincérité d'un homme est qu'il se donne pour principe. Les mots, l'argent et tout le reste sont relativement faciles à donner ; mais lorsqu'un homme fait don de sa vie quotidienne et de sa pratique, il est clair que la vérité, quelle qu'elle soit, a pris possession de lui . — LOWELL .

La sincérité privée est un bien public. — BARTOL .

J'espère que je posséderai toujours assez de fermeté et de vertu pour conserver, ce que je considère comme le plus enviable de tous les titres, le caractère d'un « honnête homme ». — WASHINGTON .

La sincérité, c'est parler comme nous pensons, faire ce que nous prétendons et professons, accomplir et tenir ce que nous promettons, et être réellement ce que nous semblons et semblons être. — TILLOTSON .

Soyons donc ce que nous sommes, disons ce que nous pensons, et restons en toutes choses fidèles à la vérité et aux professions sacrées de l'amitié . — LONGFELLOW .

Calomnie. — Quand ceux qui parlent s'abstiendront-ils de dire du mal ? Quand les auditeurs s'abstiennent de mal entendre. — LIÈVRE .

Ne jetez jamais de boue. Vous risquez de rater votre cible, mais vous devez avoir les mains sales. — JOSEPH PARKER .

Rappelez-vous, lorsque vous êtes incité à la calomnie, que seul celui d'entre vous qui est sans péché peut jeter la première pierre . — OSÉE BALLOU .

La calomnie, dont le tranchant est plus tranchant que l'épée ; dont la langue sort le venin de tous les vers du Nil ; dont le souffle chevauche les vents postaux et dément tous les coins du monde : rois, reines et États, servantes , matrones, non, les secrets de la tombe . Cette calomnie vipère entre. — Shakespeare.

Ils ne se fient pas non plus à leur seule langue, mais parlent leur propre langue ; Peut lire un signe de tête, un haussement d'épaules, un regard, Bien mieux qu'un livre imprimé ; Transmettez une calomnie en fronçant les sourcils, Et rabaissez une réputation ; Ou , en lançant l' éventail, décrivez la dame et l'homme. -Rapide.

Les hommes qui transportent et qui écoutent les accusations devraient tous être pendus, si cela pouvait être selon ma décision : ceux qui les portent par la langue, ceux qui les écoutent par leurs oreilles . — PLAUTE .

Oh! de nombreux traits, envoyés au hasard, trouvent une marque peu signifiante pour l'archer ; Et bien des mots, prononcés au hasard, Peuvent apaiser ou blesser un cœur brisé. —Walter Scott.

Dormir. — Une heure de sommeil avant minuit en vaut deux après. — FIELDING .

Dieu donne le sommeil aux méchants, afin que les bons ne soient pas dérangés. — SAADI .

Débarrassez-vous de vos soucis avec vos vêtements ; ainsi ton repos fortifiera ton travail ; et ainsi ton travail adoucira ton repos. — QUARLES .

Nous dormons, mais le métier de la vie ne s'arrête jamais ; et le motif qui se tissait lorsque le soleil se couchait se tisse quand il se lèvera demain. — BEECHER .

Le ciel habille nos lampes pendant que nous dormons.— ALCOTT .

Il existe de nombreuses façons de provoquer le sommeil : penser à des ruisseaux ou à des bois ondulants ; calcul des nombres; les excréments d'une éponge humide fixée sur une poêle en laiton, etc. Mais la tempérance et l'exercice répondent bien mieux qu'aucun de ces succedaneums . — STERNE .

Le sommeil est un voleur généreux ; il donne à la vigueur ce qu'il prend au temps . — ELISABETH, REINE DE ROUMANIE .

Ô dors ! c'est une chose douce, Bien-aimée d'un pôle à l'autre. —Coleridge.

Société. — La société est toujours prête à adorer le succès, mais pardonne rarement l'échec. — MME. ROLAND .

La société est une troupe de penseurs, et les meilleurs d'entre eux occupent les meilleures places. — EMERSON .

La société est comme une pelouse, où toute aspérité est adoucie, chaque ronce éradiquée, et où l'œil se réjouit de la verdure souriante d'une surface de velours. — WASHINGTON IRVING .

Le ciel se forme les uns sur les autres pour dépendre, Un maître, ou un serviteur, ou un ami, Se demande mutuellement de l'aide , Jusqu'à ce que la faiblesse d'un homme fasse croître la force de tous. Les désirs , les fragilités, les passions, s'allient plus près encore L' intérêt commun, ou attachent le lien. Nous leur devons une véritable amitié, un amour sincère, Chaque joie familiale dont la vie hérite ici. -Le pape.

y rencontre. — HAZLITT .

L'accueil d'un homme dépend de son habit ; son renvoi sur l'esprit qu'il montre. — BÉRANGER .

L'homme dans la société est comme une fleur soufflée dans son lit natal. C'est là seulement que ses facultés développées en pleine floraison brillent , là seulement atteignent leur bon usage. —Cowper.

Il y a une sorte d'économie dans la Providence selon laquelle l'un doit exceller là où l'autre est défectueux, afin de rendre les hommes plus utiles les uns aux autres et de les mélanger dans la société . — ADDISON .

La société se compose de deux grandes classes : ceux qui ont plus de dîners que d'appétit, et ceux qui ont plus d'appétit que de dîners. CHAMFORT .

Succès. — Rien n'est impossible à celui qui peut vouloir. Est-ce nécessaire ? Ce sera le cas. C'est la seule loi du succès. — MIRABEAU .

Rien ne réussit mieux que le succès. — TALLEYRAND .

Savoir attendre est le grand secret du succès. — DE MAISTRE .

La voie du succès en affaires est invariablement la voie du bon sens. Malgré tout ce qu'on dit sur les « coups de chance », le meilleur type de succès dans la vie de tout homme n'est pas celui qui arrive par hasard. Le seul « bon moment à venir » que nous sommes en droit d'espérer est celui que nous sommes capables de créer nous-mêmes. — SAMUEL SOURIT .

Le talent du succès n'est rien d'autre que de faire ce que l'on peut bien faire et de bien faire tout ce que l'on fait sans penser à la gloire. Si cela arrive, ce sera parce qu'il est mérité, et non parce qu'il est recherché. — LONGFELLOW .

Le moyen le plus sûr de ne pas échouer est de décider de réussir. — SHERIDAN .

La grande route du bien-être humain se situe le long de la vieille route du bien inébranlable ; et ceux qui sont les plus persistants et qui travaillent dans l'esprit le plus véritable seront invariablement ceux qui réussiront le mieux ; le succès suit de près tout effort juste. — SAMUEL SOURIT .

Il est possible de se livrer à un trop grand mépris pour le simple succès, qui s'accompagne souvent de tous les avantages pratiques du mérite lui-même, et de plusieurs avantages que le mérite seul ne peut jamais commander . — WB CLULOW .

Ce n'est pas aux mortels de commander le succès, mais nous ferons plus, Sempronius ; nous le mériterons. —Addison.

Si la fortune veut rendre un homme estimable, elle lui donne des vertus ; si elle veut le faire estimer, elle lui donne du succès. — JOUBERT .

Les esprits qui réussissent fonctionnent comme une vrille, — jusqu'à un seul point. — BOVEE .

Si vous souhaitez réussir dans la vie, faites de la persévérance votre amie intime, faites l'expérience de votre sage conseiller, prévenez votre frère aîné et espérez votre génie gardien. — ADDISON .

Le succès ne consiste pas à ne jamais commettre d'erreurs, mais à ne jamais commettre la même une deuxième fois . — HW SHAW .

Suicide. — Offrez à l'horreur de le siffler dans le monde entier. — JEUNE .

Dieu nous a nommé capitaines de notre fort corporel, qui, sans trahison envers cette majesté, ne doit jamais être livré jusqu'à ce qu'il soit demandé . — SIR P. SIDNEY .

Mourir pour éviter les douleurs de la pauvreté, de l'amour ou de tout ce qui est désagréable, n'est pas le fait d'un homme courageux, mais d'un lâche . — ARISTOTE .

Notre temps est fixé ; et tous nos jours sont comptés ; Combien de temps, combien de temps, nous ne le savons pas : cela, nous le savons, le devoir exige que nous attendions calmement l' appel, ni osez bouger jusqu'à ce que le Ciel vous en donne la permission. Comme des sentinelles qui doivent garder leur position destinée, et attendre l' heure fixée, jusqu'à ce qu'elles soient relevées, ceux-là seuls sont les braves qui gardent leur position, et la gardent jusqu'au bout. — Blair.

Le suicide n'est pas un remède. —JAMES A. GARFIELD .

Méfiez-vous des démarches désespérées. Le jour le plus sombre, vivre jusqu'à demain, sera passé . —Cowper.

Le lâche se faufile vers la mort ; les courageux vivent.— Dr GEORGE SEWELL .

Superstition. — Je pense qu'on ne peut pas trop s'attaquer à la superstition, qui perturbe la société ; ni trop respecter la véritable religion, qui en est le support. — ROUSSEAU .

Il n'y a qu'une seule chose qui puisse libérer un homme de la superstition, c'est la croyance. Toute l'histoire le prouve. Les plus sceptiques ont toujours été les plus crédules. — GEORGE MACDONALD .

Superstition! cet horrible incube qui vivait dans les ténèbres, fuyant la lumière, avec tous ses râteliers, ses calices empoisonnés et ses breuvages nauséabonds, disparaît sans retour. La religion ne peut pas disparaître. La combustion d'un peu de paille peut cacher les étoiles du ciel ; mais les étoiles sont là et réapparaîtront . — CARLYLE .

La religion adore Dieu, tandis que la superstition profane ce culte . — SÉNÈQUE .

La superstition est la seule religion dont les âmes basses soient capables. — JOUBERT .

La superstition inspire toujours la petitesse, la religion la grandeur d'esprit ; le superstitieux élève au rang de divinités les êtres inférieurs à lui. — LAVATER .

L'enfant qui a appris à croire que tout événement est un bon ou un mauvais présage, ou que n'importe quel jour de la semaine est chanceux, a fait une large incursion dans la solidité de sa compréhension . — DR WATTS .

La superstition est une crainte insensée de Dieu ; religion, culte pieux de Dieu . — CICÉRON .

La superstition rend un homme fou et le scepticisme le rend fou. — FIELDING .

Je meurs en adorant Dieu, en aimant mes amis, sans haïr mes ennemis et en détestant la superstition. — VOLTAIRE .

Sympathie. — La sympathie est la première grande leçon que l'homme devrait apprendre. Ce serait dommage pour lui s'il n'avançait pas plus loin ; si ses émotions sont excitées, elles reviendront sur son cœur et seront nourries dans un calme luxueux. Mais à moins qu'il n'apprenne à ressentir des choses dans lesquelles il n'a aucun intérêt personnel, il ne peut rien réaliser de généreux ou de noble . — TALFOURD .

Compatir, c'est parfois plus que donner ; car l'argent est extérieur à l'homme, mais celui qui accorde de la compassion communique sa propre âme . — MOUNTFORD .

Un mot d'aide à quelqu'un en difficulté est souvent comme un aiguillage sur une voie ferrée, — mais à un pouce entre l'épave et la prospérité en douceur. — BEECHER .

Les plus grands plaisirs dont l'esprit humain est susceptible sont les plaisirs de la conscience et de la sympathie . — PARKE GODWIN .

Quelle pierre précieuse est tombée et scintille sur sa chaîne ? La larme la plus sacrée, versée pour la douleur des autres , Qui jaillit immédiatement – brillante – pure – de la mienne de la pitié, Déjà poli par la Main Divine. — Byron.

La sympathie est particulièrement un devoir chrétien. — SPURGEON .

Tact. — Accordez gracieusement ce que vous ne pouvez refuser en toute sécurité, et conciliez ceux que vous ne pouvez pas vaincre. — COLTON .

Un peu de gestion peut souvent échapper à la résistance, qu'une vaste force pourrait s'efforcer en vain de vaincre.

Talent. — Un talent du plus haut ordre, et tel qu'il est calculé pour forcer l'admiration, peut exister en dehors de la sagesse. — ROBERT HALL .

Quoi que vous soyez de la nature, respectez-le ; n'abandonnez jamais votre propre ligne de talents. Soyez ce pour quoi la nature vous a destiné et vous réussirez ; soyez autre chose, et vous serez dix mille fois pire que rien. — SYDNEY SMITH .

Le talent sans tact n'est qu'un demi- talent. — HORACE GREELEY .

Parler. — Bien que nous ayons deux yeux, nous ne disposons que d'une seule langue. Dessinez votre propre morale.— ALPHONSE KARR .

Aucun grand bavard n'a encore fait de grande chose dans ce monde . — OUIDA .

Si vous rencontrez un causeur impertinent, qui vous colle comme une fraise, au grand désappointement de vos occasions importantes, traitez-le librement, interrompez le discours et poursuivez vos affaires . — PLUTARQUE .

Ce que vous gardez chez vous, vous pouvez le changer et le réparer ; Mais les mots une fois prononcés ne peuvent jamais être rappelés. — Roscommun.

Telles que sont tes paroles, telles seront tes affections; et telles seront tes actions comme tes affections, et ta vie comme tes actions . — SOCRATE .

ceux qui réfléchissent trop peu et qui parlent trop était bien plus nombreux . —Dryden.

Celui qui s'adonne à la liberté de parole entendra en retour des choses qui ne lui plairont pas. — TERENCE .

La langue est l'instrument du plus grand bien et du plus grand mal qui soit fait dans le monde . — SIR WALTER RALEIGH .

Celui qui parle rarement et qui, d'un seul mot calme et opportun, peut rendre muets les bavards, est un génie ou un héros . — LAVATER .

Un sage réfléchit avant de parler ; un imbécile parle, puis réfléchit à ce qu'il a dit. — DES FRANÇAIS .

Ceux qui ont peu d'affaires à régler sont d'excellents orateurs. Moins les hommes pensent, plus ils parlent. — MONTESQUIEU .

Parler beaucoup est un signe de vanité ; car celui qui est prodigue en paroles est un nègre en actes . — SIR WALTER RALEIGH .

Larmes. — Les larmes de joie sont la rosée dans laquelle se reflète le soleil de justice. — RICHTER .

Il y a un caractère sacré dans les larmes. Ils ne sont pas la marque de la faiblesse, mais de la puissance. Ils parlent avec plus d'éloquence que dix mille langues. Ils sont les messagers d'un chagrin accablant, d'une profonde contrition et d' un amour indescriptible. — WASHINGTON IRVING .

La déchirure qui coule sur la joue de l'enfance, Est comme la goutte de rosée sur la rose ; La prochaine fois que la brise d'été passe Et agite le buisson, la fleur est sèche. —Walter Scott.

chagrin d'autrui. — AARON HILL .

Les larmes peuvent apaiser les blessures qu'elles ne peuvent pas guérir. — THOMAS PAINE .

Ne cache pas tes larmes ; pleurez hardiment et soyez fier de donner virilement la vertu qui coule ; c'est la marque de la nature de connaître un cœur honnête . — AARON HILL .

Les larmes sont une bonne alternative, mais une mauvaise alimentation. — HW SHAW .

Ceux qui sèment avec larmes moissonneront dans la joie. — PSAUME 126 : 5 .

Chaque larme est un vers et chaque cœur est un poème.— MARC ANDRÉ .

Les pleurs peuvent durer toute une nuit, mais la joie vient le matin . — PSAUME 30 : 5 .

Caractère. — Le bonheur et le malheur des hommes ne dépendent pas moins du caractère que de la fortune. — LA ROCHEFOUCAULD .

En vain il cherche à supprimer les autres, qui n'ont pas appris d'abord à se soumettre. —Spenser.

Avec la « douceur » dans son propre caractère, le « confort » dans sa maison et le « bon caractère » dans sa femme, la félicité terrestre de l'homme est complète . — TIRÉ DE L'ALLEMAND .

Rien ne conduit plus directement à la violation de la charité, et au préjudice et à l'agression de nos semblables, que l'indulgence d'un mauvais caractère . — BLAIR .

Trop de gens n'ont aucune idée de la soumission de leur tempérament à l'influence de la religion, et pourtant, qu'est-ce qui change si leur caractère ne l'est pas ? Si un homme est aussi passionné, malveillant, plein de ressentiment, maussade, maussade ou morose après sa conversion qu'avant, de quoi ou vers quoi est-il converti ? - JOHN ANGELL JAMES .

Si nous désirons vivre en sécurité, confortablement et tranquillement, que par tous les moyens honnêtes nous devons nous efforcer d'acheter la bonne volonté de tous les hommes et de ne provoquer l'inimitié de personne inutilement ; puisque l'amour de n'importe quel homme peut être utile, et la haine de tout homme est dangereuse . — ISAAC BARROW .

Un tempérament ensoleillé dore les bords du nuage le plus noir de la vie. — GUTHRIE .

Tempérance. — La tempérance met du bois au feu, de la farine dans le tonneau, de la farine dans la cuve, de l'argent dans la bourse, du crédit à la campagne, du contentement dans la maison, des vêtements sur le dos et de la vigueur dans le corps. — FRANKLIN .

Imbéciles ! ne pas savoir jusqu'où est arrivé un sort humble qui dépasse l'abondance par l'injustice ; Comme la santé et la tempérance bénissent l'époux rustique , Tandis que le luxe détruit son train choyé . —Hésiode.

Les hommes vivent mieux avec des moyens modérés : La nature a dispensé à tous les hommes de quoi être heureux, si seulement l'humanité savait utiliser ses dons. — CLAUDIAN .

La tempérance est une vertu qui jette le plus véritable éclat sur la personne dans laquelle elle est logée, et qui a l'influence la plus générale sur toutes les autres vertus particulières dont l'âme de l'homme est capable ; en fait, si général, qu'il n'y a guère de qualité noble ou de dotation de l'esprit, mais qu'il faut posséder la tempérance soit pour son parent, soit pour sa nourrice ; c'est le plus grand fortifiant et le plus clair de la raison, et le meilleur préparateur de celle-ci pour la religion, la sœur de la prudence et la servante de la dévotion . — DEAN SOUTH .

C'est une absurdité de ne pas pouvoir travailler sans bière, sans cidre et sans liqueurs fermentées. Les lions et les chevaux de trait boivent-ils de la bière ?— SYDNEY SMITH .

La tempérance est une bride d'or ; celui qui l'utilise correctement ressemble plus à un dieu qu'à un homme. — BURTON .

Sauf si tu désires hâter ta fin, prends ceci pour règle générale : tu n'ajoutes jamais de chaleur artificielle à ton corps par du vin ou des épices . — SIR WALTER RALEIGH .

Boire de l'eau ne rend ni un homme malade, ni endetté, ni sa femme veuve . — JOHN NEAL .

La modération est le fil de soie qui traverse la chaîne de perles de toutes les vertus. — FULLER .

Si vous souhaitez garder l'esprit clair et le corps sain, abstenez-vous de toutes liqueurs fermentées. — SYDNEY SMITH .

Bien que j'aie l'air vieux, je suis pourtant fort et vigoureux, car dans ma jeunesse je n'ai jamais appliqué de liqueurs chaudes et rebelles dans mon sang . — SHAKESPEARE .

Tentation. — C'est une chose d'être tenté, une autre chose de tomber. — SHAKESPEARE .

Certaines tentations viennent aux travailleurs, mais toutes les tentations attaquent les oisifs . — SPURGEON .

Si les hommes n'étaient tentés que de commettre de grands péchés, ils seraient toujours bons ; mais la lutte quotidienne avec les petits les habitue à la défaite. — RICHTER .

Mieux vaut éviter l'appât que de lutter dans le piège.— DRYDEN .

Chaque tentation est une opportunité de nous rapprocher de Dieu. — JQ ADAMS .

Lorsqu'un homme résiste au péché pour des raisons humaines uniquement, il ne tiendra pas longtemps . — MGR WILSON .

Nous ne devons pas volontairement nous jeter dans la bouche du danger, ni attirer sur nous des tentations. Une telle audace n'est pas une résolution, mais une témérité ; ce n'est pas non plus le fruit d'une foi bien ordonnée, mais d'une audace présomption.— ROI .

Mais Satan est aujourd'hui plus sage qu'autrefois , et il tente en rendant riche et non en rendant pauvre. -Le pape.

Dieu est mieux servi en résistant à une tentation du mal que dans de nombreuses prières formelles. — WILLIAM PENN .

Veillez et priez, afin de ne pas entrer en tentation. — MATTHIEU 26 :41 .

Pensée. — La pensée est la première faculté de l'homme ; l'exprimer est un de ses premiers désirs ; de le répandre, son plus cher privilège. — ABBÉ RAYNAL.

Ceux qui ont fini par faire réfléchir tous les autres avec eux ont généralement été ceux qui ont commencé par oser penser avec eux-mêmes. — COLTON.

Nos cerveaux sont des horloges de soixante-dix ans. L'Ange de la Vie les boucle une fois pour toutes, puis ferme l'affaire et remet la clé entre les mains de l'Ange de la Résurrection. — HOLMES.

Grâce au cœur humain avec lequel nous vivons, Grâce à sa tendresse, ses joies et ses peurs ; Pour moi, la fleur la plus méchante qui souffle peut donner des pensées qui sont souvent trop profondes pour les larmes. — Wordsworth.

En matière de conscience, les premières pensées sont les meilleures, en matière de prudence, les dernières pensées sont les meilleures. — ROBERT HALL.

L'homme pense et devient aussitôt le maître des êtres qui ne pensent pas. — BUFFON.

Nourrissez votre esprit avec de bonnes pensées. Croire à l'héroïque fait des héros. — DISRAELI.

La pensée conduit l'homme à la connaissance. Il peut voir et entendre, lire et apprendre, autant qu'il lui plaît ; il n'en saura jamais rien, sinon ce qu'il a réfléchi, ce dont en pensant il a fait la propriété de son esprit. Est-ce donc trop dire que l'homme ne devient véritablement homme qu'en pensant ? Otez la pensée de la vie de l'homme, et que reste-t-il ? — PESTALOZZI.

Une pensée ne peut s'éveiller sans en réveiller d'autres. — MARIE EBNER-ESCHENBACH.

La pensée est le vent, la connaissance la voile et l'humanité le vaisseau. — LIÈVRE.

Un homme ferait bien d'avoir un crayon dans sa poche et d'écrire ses pensées du moment. Ceux qui ne sont pas recherchés sont généralement les plus précieux et doivent être sécurisés, car ils reviennent rarement. — BACON.

Chaque pensée pure est un aperçu de Dieu. — CA BARTOL.

La parole est pensée externe et la pensée parole interne. — RIVAROL.

Apprendre sans réfléchir est un travail perdu. — CONFUCIUS.

Les trois fondements de la pensée : Perspicuité, amplitude et justesse. Les trois ornements de la pensée : clarté, justesse et nouveauté. — CATHERALL .

Il est tel qu'il pense dans son cœur. — PROVERBES 23:7 .

Temps. — Le temps est comme l'argent ; moins nous en avons à revendre, plus nous allons loin. — HW SHAW .

La jeunesse n'est pas riche en temps, elle peut être pauvre ; Séparez -vous- en comme de l'argent, en épargnant ; ne payez qu'en achetant ce qu'il vaut ; Et ce que ça vaut, demandez sur les lits de mort ; ils peuvent le dire. -Jeune.

Rachète le temps perdu qui est passé, et vis ce jour comme si c'était ton dernier. —Ken.

Le temps, berceau de l'espoir, mais tombeau de l'ambition, est le sévère correcteur des imbéciles, mais le conseiller salutaire des sages, apportant tout ce qu'ils redoutent à l'un et tout ce qu'ils désirent à l'autre. — COLTON .

Le temps qui passe si imperceptiblement sur nos têtes entraîne le même changement graduel dans les habitudes, les manières et le caractère, que dans l'apparence personnelle. A la révolution de tous les cinq ans, nous nous trouvons un autre et pourtant le même ; il y a un changement dans les vues, et non moins dans la lumière sous laquelle nous les considérons ; un changement de motivations ainsi que d'action.— WALTER SCOTT .

Laissez-moi donc vivre comme si chaque instant était mon dernier . — SÉNÈQUE .

La grande règle de conduite morale est, après Dieu, de respecter le temps. — LAVATER .

Perdues, hier, quelque part entre le lever et le coucher du soleil, deux heures en or serties chacune de soixante minutes de diamants. Aucune récompense n'est offerte, car ils sont partis pour toujours ! — HORACE MANN .

Comme chaque fil d'or a de la valeur, chaque minute du temps l'est aussi. — MASON .

Personne n'aura l'occasion de se plaindre du manque de temps, s'il n'en perd jamais . — THOMAS JEFFERSON .

Utilise le temps, si tu tiens à l'éternité. Hier ne peut être rappelé ; demain ne peut être assuré ; aujourd'hui seulement est à toi, que, si tu tergiverses , tu perds ; quelle perte est perdue à jamais . — JEREMY TAYLOR .

C'est un bon serviteur du temps qui améliore le présent pour la gloire de Dieu et son propre salut . — THOMAS FULLER .

Soit nous passons notre vie à ne rien faire du tout, soit à ne rien faire dans le but recherché, soit à ne rien faire de ce que nous devrions faire. Nous nous plaignons toujours de ce que nos jours sont peu nombreux et nous agissons comme s'ils n'auraient pas de fin. — SÉNÈQUE .

Le temps nous est donné pour que nous puissions prendre soin de l'éternité ; et l'éternité ne sera pas trop longue pour regretter la perte de notre temps si nous l' avons mal dépensé. — FÉNELON .

Le temps passe au-dessus de nous, mais laisse son ombre derrière lui . — HAWTHORNE .

Aimes-tu la vie, alors ne perds pas de temps, car c'est de cela que la vie est faite. — FRANKLIN .

Tolérance. — Soyons très doux envers les échecs de nos voisins et pardonnons à nos amis leurs dettes comme nous espérons être pardonnés à nous-mêmes. — THACKERAY .

Il n'y a rien à voir avec les hommes, sinon à les aimer ; contempler leurs vertus avec admiration, leurs défauts avec pitié et patience, et leurs blessures avec pardon. — DEWEY .

La tolérance est le seul véritable test de la civilisation.— ARTHUR HELPS .

Il faut bien plus d'amour contraignant pour le Christ pour aimer nos cousins et voisins en tant que membres de la famille céleste que pour sentir le cœur chaud envers nos frères souffrants en Toscane et à Madère . — ELIZABETH CHARLES .

Si tu ne peux pas te rendre tel que tu le voudrais, comment peux-tu espérer en avoir un autre en toutes choses à ton goût ? — THOMAS À KEMPIS .

La religion qui favorise l'intolérance a besoin d'un autre Christ qui meure pour elle. — BEECHER .

Pensons souvent à nos propres infirmités, et nous deviendrons indulgents envers celles des autres . — FÉNELON .

Dieu ne vous a-t-il pas supporté toutes ces années ? Soyez tolérants envers les autres. — OSÉE BALLOU .

Voyage. — Un voyageur sans observation est un oiseau sans ailes. — SAADI .

Celui qui ne quitte jamais son pays est plein de préjugés.— CARLO GOLDONI .

Voyager en train, ce n'est pas voyager du tout ; il s'agit simplement d'être envoyé vers un endroit, et ce n'est pas très différent de devenir un colis . — RUSKIN .

Se promener avec vertige et être partout sauf chez soi, une telle liberté devient un bannissement. — DONNE .

L'utilité du voyage est de réguler l'imagination par la réalité et, au lieu de penser à la façon dont les choses peuvent être, de les voir telles qu'elles sont. — Dr JOHNSON .

le plus léger voyage le plus en sécurité dans l'obscurité. — CORTES .

En général, la personne la moins bien élevée en compagnie est un jeune voyageur qui vient de rentrer de l'étranger . — SWIFT .

Confiance. — Je pense que nous pouvons faire confiance à beaucoup plus que nous. — THOREAU .

Ayez confiance en Dieu avec une dépendance semblable à celle d'un enfant, et vous ne craindrez aucun mal, car soyez assuré que même « si l'ennemi arrive comme un déluge », l'Esprit du Seigneur élèvera un étendard contre lui. Tandis qu'à cette heure redoutable, où le monde ne peut pas vous aider, où toutes les puissances de la nature sont vaines, oui, où votre cœur et votre chair vous feront défaut, vous pourrez encore compter en paix sur Celui qui a dit " Je serai la force de ton cœur et ta part pour toujours . "- H. BLUNT .

Avoir confiance est un plus grand compliment qu'être aimé . — GEORGE MACDONALD .

Celui qui a confiance dans le Seigneur est heureux . — PROVERBES 16 :20 .

Vérité. — Il n'y a pas de bonne foi pour croire ce qui est vrai, à moins que nous le croyions parce que c'est vrai. — WHATELY .

La vérité écrasée sur terre ressuscitera ; Les années éternelles de Dieu sont à elle ; Mais l'erreur, blessée, se tord de douleur, Et meurt parmi ses adorateurs. —Bryant.

La vérité est simple, ne nécessite ni étude ni art. — AMMIEN .

Et tout le peuple cria alors et dit : Grande est la vérité et puissante au-dessus de toutes choses . — ESDRAS .

Je ne sais pas ce que je peux apparaître au monde, mais il me semble que j'ai été seulement comme un garçon jouant au bord de la mer et se divertissant de temps en temps à la recherche d'un caillou lisse ou d'un coquillage plus joli que l'ordinaire, tandis que le un grand océan de vérité s'étendait devant moi , à découvrir. — NEWTON .

Car la vérité a un tel visage et une telle mine, qu'il suffit d'être vue pour être aimée . —Dryden.

Sans courage, il ne peut y avoir de vérité, et sans vérité, il ne peut y avoir d'autre vertu. — WALTER SCOTT .

La vérité est violée par le mensonge, et elle peut être également outragée par le silence. — AMMIAN .

La vérité est toujours cohérente avec elle-même et n'a besoin de rien pour l'aider. Il est toujours à portée de main, repose sur nos lèvres et est prêt à disparaître avant que nous nous en rendions compte ; tandis qu'un mensonge est gênant et met l'invention d'un homme à l'épreuve ; et un tour a besoin de bien plus pour être bon. — TILLOTSON .

Vous n'avez pas besoin de dire toute la vérité, sauf à ceux qui ont le droit de la connaître ; mais que tout ce que vous dites soit vrai. — HORACE MANN .

Aucun plaisir n'est comparable à la position avantageuse sur le terrain de la vérité. — BACON .

Rien de ce qui vient des mains de l'homme, ni la loi, ni la constitution, ne peut être définitif. La vérité seule est définitive. — CHARLES SUMNER .

Le plus grand ami de la vérité est le temps ; son plus grand ennemi est le préjugé ; et son compagnon constant est l'humilité. — COLTON .

J'ai rarement connu quelqu'un qui ait abandonné la vérité dans des bagatelles auxquelles on pouvait se fier dans des questions importantes. — PALEY .

Les corps sont nettoyés par l'eau ; l'esprit est purifié par la vérité. — HORACE MANN .

La recherche de la vérité est la plus noble occupation de l'homme ; sa publication, un devoir.— MME. DE STAËL .

La vérité est une ; Et , dans toutes les terres sous le soleil, quiconque a des yeux pour voir peut voir les signes de son unité. —Plus blanc.

La vérité est le chemin le plus court et le plus proche de notre fin, nous y conduisant en ligne droite. — TILLOTSON .

L'expression de la vérité est la simplicité. — SÉNÈQUE .

Ce que nous avons en nous de l'image de Dieu, c'est l'amour de la vérité et de la justice . — DÉMOSTHÈNE .

La vérité devrait être la première leçon de l'enfant et la dernière aspiration de la virilité ; car il a été bien dit que la recherche de la vérité, qui est l'amour, la connaissance de la vérité, qui est sa présence, et la croyance en la vérité, qui est sa jouissance, est le bien souverain. de la nature humaine.— WHITTIER .

Le fondement le plus solide et le plus noble sur lequel les gens peuvent vivre est la vérité ; le réel avec le réel ; un terrain sur lequel rien n'est supposé, mais où ils parlent, pensent et font ce qu'ils doivent, parce qu'ils sont ainsi et pas autrement . — EMERSON .

Le malheur. — Le plus malheureux de tous les hommes est celui qui se croit tel. — HENRY HOME .

Un tempérament pervers et une disposition agitée rendront, partout où ils prévaudront, n'importe quel état de vie malheureux. — CICÉRON .

Que veulent dire les gens lorsqu'ils parlent de malheur ? Ce n'est pas tant le malheur que l'impatience qui s'empare de temps en temps des hommes, et alors ils choisissent de se dire malheureux. — GOETHE .

Vanité. — Tous les hommes sont égoïstes, mais l'homme vaniteux est amoureux de lui-même. Il admire, comme l'amant son adoré, tout ce qui aux autres est indifférent . — AUERBACH .

Il n'y a pas de limite à la vanité de ce monde. Chaque rayon de la roue pense que toute la force de la roue en dépend. — HW SHAW .

Chaque homme a autant de vanité qu'il veut comprendre. — PAPE .

La vanité est la faiblesse naturelle d'un homme ambitieux, qui l'expose au mépris et à la dérision secrets de ceux avec qui il converse, et ruine le caractère qu'il s'efforce tant de promouvoir. — ADDISON .

Un égoïste parlera toujours de lui-même, soit en louant, soit en censurant ; mais un homme modeste évite toujours de faire de lui-même le sujet de sa conversation. — LA BRUYÈRE .

La vanité est le fondement des vices les plus ridicules et les plus méprisables, les vices de l'affectation et du mensonge commun. — ADAM SMITH .

La vanité maintient en faveur des personnes qui ne sont pas en faveur auprès de tous les autres. — SHAKESPEARE .

Il n'y a pas moyen de retenir la langue ou la plume des hommes lorsqu'ils sont accusés d'un peu de vanité. — WASHINGTON .

La vanité rend les hommes ridicules, l'orgueil odieux et l'ambition terrible. — STEELE .

C'est notre propre vanité qui nous rend intolérable la vanité des autres. — LA ROCHEFOUCAULD .

La vanité est une étrange passion ; plutôt que de perdre son emploi, il se vantera de ses vices . — HW SHAW .

L'extrême vanité se cache parfois sous l'habit d'une ultra modestie . — MME JAMESON .

Elle néglige son cœur qui étudie de trop près son verre.— LAVATER .

En vérité, tout homme, dans son meilleur état, n'est que vanité. — PSAUME 39 : 5 .

Vice. — Le vice a plus de martyrs que la vertu ; et il arrive souvent que les hommes souffrent plus pour être perdus que pour être sauvés. — COLTON .

Les vicieux obéissent à leurs passions, comme les esclaves obéissent à leurs maîtres. — DIOGÈNE .

Quelques vices suffisent pour obscurcir bien des vertus. — PLUTARQUE .

Le vice nous pique, même dans nos plaisirs, mais la vertu nous console, même dans nos douleurs . — COLTON .

Un péché, un autre en provoque. — SHAKESPEARE .

Ce qui entretient un vice élèverait deux enfants . — FRANKLIN .

Le vice et la vertu impliquent principalement la relation de nos actions avec les hommes de ce monde ; le péché et la sainteté impliquent plutôt leur relation avec Dieu et l'autre monde . — DR WATTS .

Celui qui a assez d'énergie dans sa constitution pour extirper un vice devrait aller un peu plus loin et essayer d'y planter une vertu, sinon il aura son travail à renouveler . — COLTON .

Nous pardonnons les vices familiers, et nous ne réprimandons que les nouveaux. — PUBLIUS SYRUS .

C'est le mal essentiel du vice : il avilit l' homme . — CHAPIN .

Le vice est un monstre d' une mine si effrayante qu'il suffit , pour être haï, d'être vu ; Pourtant vu trop souvent, familier avec son visage, Nous endurons d'abord, puis nous plaignons, puis nous embrassons. -Le pape.

Les actions vicieuses ne sont pas blessantes parce qu'elles sont interdites, mais interdites parce qu'elles sont blessantes. — FRANKLIN .

Vertu. — La vertu a beaucoup de prédicateurs, mais peu de martyrs. — HELVÉTIUS.

La vertu seule est douce société, Elle garde la clef de tous les cœurs héroïques, Et vous ouvre à tous la bienvenue. —Emerson.

conduite quotidienne. — PASCAL.

La vertu se compose de trois parties : la tempérance, la force et la justice. — ÉPICURE.

La vertu rend les hommes célèbres sur la terre, illustres dans leurs tombeaux, immortels dans les cieux. — ENFANT.

Lorsque nous prions pour une vertu, nous devons cultiver cette vertu tout en priant pour elle ; la forme de vos prières devrait être la règle de votre vie. —JEREMY TAYLOR.

Être ambitieux du véritable honneur, de la vraie gloire et de la perfection de notre nature, est le principe même et l'incitation de la vertu. — SIR P. SIDNEY.

La vertu est partout la même, parce qu'elle vient de Dieu, tandis que tout le reste vient des hommes. — VOLTAIRE.

Ô, partageons encore la joie secrète, De suivre la vertu même pour l'amour de la vertu. -Le pape.

Eh bien, que votre cœur croie les vérités que je dis ; C'est sa vertu qui fait le bonheur là où nous habitons. —Collins.

La seule citadelle imprenable de la vertu est la religion ; car il n'y a pas de rempart de simple moralité qu'une tentation ne puisse renverser, ou saper et détruire. — SIR P. SIDNEY.

La vertu ne doit pas être considérée à la lumière de la simple innocence ou de l'abstention de nuire ; mais comme l'effort de nos facultés pour faire le bien. — MGR BUTLER.

Ce que rien de terrestre ne donne ni ne peut détruire, le calme soleil de l'âme et la joie sincère, est le prix de la vertu. -Le pape.

Vivez vertueusement, mon seigneur, et vous ne pouvez pas mourir trop tôt, ni vivre trop longtemps. — LADY RACHEL RUSSELL.

Si vous pouvez être bien sans santé, vous pouvez être heureux sans vertu. — BURKE.

Recommandez à vos enfants la vertu ; cela seul peut rendre heureux, pas l'or. — BEETHOVEN .

Je serais vertueux pour moi-même, même si personne ne le savait ; car je serais pur pour moi-même, même si personne ne me voyait. — SHAFTESBURY .

Connaissez donc cette vérité, suffisamment pour que l'homme le sache, la Vertu seule est le bonheur d'en bas. -Le pape.

Un effort fait avec nous-mêmes pour le bien des autres, dans l'intention de plaire à Dieu seul. — BERNARDIN DE SAINT-PIERRE .

Le bon sens, la bonne santé, la bonne conscience et la bonne renommée, tout cela appartient à la vertu, et tout prouve que la vertu a un droit sur votre amour. — COWPER .

Nos vertus vivent de nos revenus ; nos vices consomment notre capital. — J. PETIT- SENN .

Ne vous inquiétez pas parce que vous n'avez pas de grandes vertus. Dieu a fait un million de brins d'herbe là où il a fait un arbre. La terre est bordée et tapissée, non de forêts, mais d'herbes. Assez seulement des petites vertus et des fidélités communes, et vous n'avez pas besoin de pleurer parce que vous n'êtes ni un héros ni un saint . — BEECHER .

Vouloir. — Comme nos besoins réels sont peu nombreux et nos besoins imaginaires sont vastes ! — LAVATER .

Nous sommes ruinés, non pas par ce que nous voulons réellement, mais par ce que nous pensons faire ; ne partez donc jamais à l'étranger à la recherche de vos besoins ; s'ils ont de réels besoins, ils reviendront à votre recherche ; car celui qui achète ce qu'il ne veut pas voudra bientôt ce qu'il ne peut pas acheter. — COLTON .

Là où finit la nécessité, commence la curiosité ; et à peine sommes-nous pourvus de tout ce que la nature peut commander, que nous nous asseyons pour créer des appétits artificiels. — DR JOHNSON .

Des centaines de personnes n'auraient jamais connu le besoin s'ils n'avaient pas d'abord connu le gaspillage . — SPURGEON .

Choisissez constamment de vouloir moins que d'avoir plus . — THOMAS À KEMPIS .

Chacun est d'autant plus pauvre qu'il a plus de besoins, et ne compte pas ce qu'il a, mais souhaite seulement ce qu'il n'a pas. — MANILIUS .

Si quelqu'un dit qu'il a vu un juste manquer de pain, je réponds que c'était dans un endroit où il n'y avait pas d'autre juste. — Saint CLÉMENT .

Ce n'est pas de la nature, mais de l'éducation et des habitudes, que dérivent principalement nos besoins. — FIELDING .

Guerre. — La guerre ne cédera jamais que devant les principes de justice et d'amour universels ; et ceux-ci n'ont de racine sûre que dans la religion de Jésus-Christ. — CHANNING .

La plupart des dettes de l'Europe représentent des gouttes de sang condensées. — BEECHER .

Les batailles ne sont jamais la fin d'une guerre ; car les morts doivent être enterrés et le coût du conflit doit être payé . — JAMES A. GARFIELD .

Un ministre avisé préférerait préserver la paix plutôt que de remporter une victoire, car il sait que même la guerre la plus réussie laisse les nations généralement plus pauvres, toujours plus dépensières, qu'elles ne les ont trouvées . — COLTON .

La guerre est un crime qui implique tous les autres crimes. — BROUGHAM .

Se préparer à la guerre est l'un des moyens les plus efficaces de préserver la paix. — WASHINGTON .

La guerre est un métier terrible ; mais dans la cause qui est juste, l'odeur de la poudre est douce. — LONGFELLOW .

Bien que soldat de profession, je n'ai jamais ressenti de penchant pour la guerre, et je ne l'ai jamais préconisée sauf comme moyen de paix . — US GRANT .

Je préfère les conditions de paix les plus dures à la guerre la plus juste. — CJ FOX .

Croyez-moi sur parole, si vous aviez vu ne serait-ce qu'un jour de guerre, vous prieriez Dieu Tout-Puissant pour que vous ne revoyiez plus jamais une telle chose. — WELLINGTON .

La guerre, même dans le meilleur état d'une armée, avec tous les allègements de courtoisie et d'honneur, avec tous les correctifs de moralité et de religion, est néanmoins un si grand mal, que s'y engager sans nécessité évidente est un crime de l'humanité. colorant le plus noir. Lorsque la nécessité est claire, cela devient alors un crime de s'y soustraire. — SOUTHEY .

Déchets. — Les déchets ne peuvent pas être évalués avec précision, même si nous sommes conscients de leur caractère destructeur. L'économie, d'une part, par laquelle un certain revenu est obtenu pour entretenir un homme avec dignité ; et le gaspillage, d'autre part, par lequel un autre homme vit mal avec le même revenu, ne peut être défini. C'est une très belle chose ; comme un homme porte son manteau beaucoup plus tôt qu'un autre, nous ne pouvons pas dire comment. — DR JOHNSON .

Richesse. — La richesse, après tout, est une chose relative, puisque celui qui a peu et veut moins est plus riche que celui qui a beaucoup, mais veut plus. — COLTON .

Les richesses s'acquièrent dans la douleur, sont conservées avec soin et perdues dans le chagrin. Les soucis de la richesse pèsent plus lourdement sur un homme bon que les inconvénients d'une honnête pauvreté. — L'ESTRANGE .

Ne cherchez pas la richesse orgueilleuse ; mais tel que tu peux obtenir justement, utilise-le sobrement, distribue-le joyeusement et repars avec contentement . — BACON .

La conscience et la richesse ne sont pas toujours voisines. — MASSINGER .

Celui qui ne permet pas que sa richesse fasse du bien à autrui pendant qu'il est vivant, l'empêche de se faire du bien à lui-même quand il est mort ; et par un égoïsme suicidaire et à double tranchant, il se coupe du vrai plaisir ici et du plus grand bonheur par la suite . — COLTON .

Il est bien plus facile d'acquérir une fortune comme un fripon que de la dépenser comme un gentleman . — COLTON .

La chaire et la presse multiplient les lieux communs dénonçant la soif de richesse, mais si les hommes prenaient ces moralistes au mot et cessaient de viser la richesse, les moralistes s'empresseraient de raviver à tout prix cet amour du pouvoir dans le peuple, de peur que la civilisation ne soit détruite. — EMERSON .

La richesse ne s'acquiert pas, comme beaucoup le supposent, par d'heureuses spéculations et de splendides entreprises, mais par la pratique quotidienne de l'industrie, de la frugalité et de l'économie. Celui qui compte sur ces moyens se retrouvera rarement dans le dénuement, et celui qui compte sur d'autres moyens fera généralement faillite. — WAYLAND .

Il y a le fardeau du souci d'acquérir des richesses, la peur de les conserver, la tentation de les utiliser, la culpabilité d'en abuser, le chagrin de les perdre et le fardeau des comptes à rendre enfin à leur sujet . — MATTHEW HENRY .

Que signifie la compétence à long terme ? Cela signifie, pour tous les êtres raisonnables, la propreté de la personne, la décence vestimentaire, la courtoisie des manières, les possibilités d'éducation, les délices des loisirs et le bonheur de donner . — WHIPPLE .

Le chemin vers la richesse est aussi simple que le chemin vers le marché. Cela dépend principalement de deux mots : industrie et frugalité . — FRANKLIN .

La richesse apporte de nobles opportunités, et la compétence est un objet de recherche légitime ; mais la richesse, et même la compétence, peuvent être achetées à un prix trop élevé. La richesse elle-même n'a aucun attribut moral. Ce n'est pas l'argent, mais l'amour de l'argent qui est la racine de tous les maux. C'est la relation entre la richesse et l'esprit et le caractère de son propriétaire qui est la chose essentielle. — HILLARD .

N'envions pas à certains hommes leurs richesses accumulées ; leur fardeau serait trop lourd pour nous ; on ne saurait sacrifier, comme eux, la santé, la tranquillité, l'honneur et la conscience, pour les obtenir : c'est les payer si cher, que le marché est une perte. — LA BRUYÈRE .

Ce n'est que lorsque les riches sont malades qu'ils ressentent pleinement l'impuissance de la richesse . — COLTON .

Acheter le Ciel, l'or a-t-il le pouvoir ? L'or peut-il supprimer l'heure mortelle ? Dans la vie, l'amour peut-il s'acheter avec de l'or ? Les plaisirs de l'amitié sont-ils à vendre ? Non , tout cela vaut un souhait, une pensée. La juste vertu donne du sans corruption, sans achat. Cessez donc de détruire vos espoirs , Laissez des vues plus nobles occuper votre esprit. —Dr. Johnson.

Épouse. — La bonne épouse n'est pas une de nos dames délicates, qui aiment à paraître chaque jour dans une variété de costumes nouveaux ; comme si une bonne robe, comme un stratagème de guerre, ne devait être utilisée qu'une seule fois. Mais notre bonne épouse installe une voile selon la quille du domaine de son mari ; et si elle est de haute parenté, elle ne se souvient pas tellement de ce qu'elle était par naissance qu'elle oublie ce qu'elle est par correspondance . — FULLER .

donnés par la fortune . Une femme est un don particulier du ciel. -Le pape.

Une bonne épouse est le dernier et le meilleur cadeau du ciel à l'homme, son joyau aux nombreuses vertus, son coffret de bijoux ; sa voix est une douce musique, ses sourires sont son jour le plus brillant, son baiser est le gardien de son innocence, ses bras sont pâles de sa sécurité, son industrie sa richesse la plus sûre, son économie son intendant le plus sûr, ses lèvres ses fidèles conseillers, son sein le plus doux oreiller de ses soins.— JEREMY TAYLOR .

Elle n'est pas faite pour être l'admiration de tout le monde, mais le bonheur d' un seul . — BURKE .

Rien ne peut être plus touchant que de voir une femme douce et tendre, qui avait été toute faiblesse et dépendance, et sensible à toutes les rudesses insignifiantes alors qu'elle parcourait les chemins prospères de la vie, s'élevant soudainement en force mentale pour être la consolatrice et le soutien de son mari. sous le malheur, et supportant avec une fermeté sans faille le souffle le plus amer de l'adversité . — WASHINGTON IRVING .

Ta femme est une constellation de vertus, elle est la lune, et tu es l'homme sur la lune. — CONGREVE .

Car rien de plus beau ne peut être trouvé chez une femme que d'étudier le bien du ménage, et de promouvoir les bonnes œuvres chez son mari. — Milton.

Qu'y a-t-il dans la valeur de la vie À moitié aussi délicieuse qu'une épouse ; Quand l'amitié, l'amour et la paix s'unissent Pour imprimer sur le lien conjugal un caractère divin ? —Cowper.

Ô femme ! tu connais l'heure à laquelle le gentilhomme de la maison reviendra, quand la chaleur et le fardeau du jour seront passés ; ne lui permettez pas, au moment où il est fatigué de travail et blasé de découragement, de constater, en arrivant à son habitation, que le pied qui devrait se hâter à sa rencontre erre au loin, que la main douce qui devrait essuyer la sueur de son front frappe à la porte d'autres maisons . — WASHINGTON IRVING .

Sagesse. — Il est plus facile d'être sage pour les autres que pour soi. — LA ROCHEFOUCAULD .

Les nuages peuvent faire tomber les titres et les propriétés, tous deux peuvent nous chercher ; mais il faut rechercher la sagesse. — JEUNE .

La vraie sagesse est de savoir ce qui vaut le mieux d'être connu et de faire ce qui vaut le mieux d'être fait . — HUMPHREYS .

Heureux l'homme qui trouve la sagesse et l'homme qui acquiert l'intelligence, car son commerce vaut mieux que le commerce de l'argent, et son gain que l'or fin. Elle est plus précieuse que les rubis : et tout ce que tu peux désirer ne lui est pas comparable. La longueur des jours est dans sa main droite ; et dans sa main gauche la richesse et l'honneur. Ses voies sont des voies agréables et tous ses chemins sont des voies de paix. Elle est un arbre de vie pour ceux qui la saisissent ; et heureux est quiconque conserve elle.— PROV. 3:13-18 .

L'imbécile est prêt à payer pour tout sauf pour la sagesse. Aucun homme n'achète ce dont il suppose déjà avoir une abondance. — SIMMS .

Où l'œil de la pitié pleure, et l'emprise de la passion dort, où la lampe de la foi brûle, et la lueur de l'espoir revient, où la « petite voix douce » intérieure ne murmure ni colère ni péché, se reposant avec les justes morts – Rayonnant au-dessus de la tête tombante — Réconfortant l' esprit humble, la Sagesse demeure — cherche et trouve.

Le premier point de la sagesse est de discerner ce qui est faux ; la seconde, savoir ce qui est vrai. — LACTANCE .

Cherchez la sagesse là où elle peut se trouver. Recherchez-le dans la connaissance de Dieu, le Dieu saint, juste et miséricordieux, tel que nous l'a révélé l'Évangile ; de Celui qui est juste, et pourtant il justifie ceux qui croient en Jésus. — ARCHIDIACRE RAIKES .

La sagesse est souvent plus proche lorsque nous nous baissons que lorsque nous nous envolons. — Wordsworth.

Celui qui apprend les règles de la sagesse, sans s'y conformer dans sa vie, est comme un homme qui a travaillé dans ses champs, mais n'a pas semé . — SAADI .

La sagesse est à l'esprit ce qu'est la santé au corps . — LA ROCHEFOUCAULD .

De même que des caravanes entières peuvent allumer leurs lampes avec une seule bougie sans l'épuiser, de même des myriades de tribus peuvent acquérir la sagesse du grand Livre sans l' appauvrir. — RABBI BEN- AZAÏ .

La sagesse est la seule chose qui puisse nous délivrer de l'emprise des passions et de la crainte du danger, et qui puisse nous apprendre à supporter avec modération les injures de la fortune elle-même, et qui nous montre toutes les voies qui conduisent à la tranquillité et à la paix. — CICÉRON .

La sagesse ne consiste pas à voir ce qui est directement devant nous, mais à discerner les choses qui peuvent arriver. — TÉRENCE .

Cet homme se méprend étrangement sur la nature de son esprit, s'il ne sait pas que la paix , la douceur, la miséricorde, ainsi que la pureté, sont des caractéristiques inséparables de la sagesse qui vient d'en haut ; et que la charité chrétienne ne devrait jamais être sacrifiée, même pour la promotion de la vérité évangélique. — MGR MANT .

Apprends-nous donc à compter nos jours, afin que nous puissions appliquer notre cœur à la sagesse . — PSAUME 90 : 12 .

Esprit. — Je ne crains rien tant qu'un homme qui a de l'esprit à longueur de journée. — MADAME DE SÉVIGNÉ .

autres ne sont jamais agréables. — DU LATIN .

L'homme pouvait diriger ses voies par la simple raison et subvenir à ses besoins par une nourriture insipide ; mais Dieu nous a donné de l'esprit, de la saveur, de l'éclat, du rire et des parfums, pour égayer les jours de pèlerinage de l'homme et pour « charmer ses pas douloureux sur la marle brûlante ». — SYDNEY SMITH .

L'esprit sans sagesse est du sel sans viande ; et ce n'est qu'un plat peu réconfortant pour servir un homme affamé. — Mgr HORNE .

L'esprit consiste à assembler et à rassembler avec rapidité des idées dans lesquelles on peut trouver de la ressemblance et de la congruence, par lesquelles on peut composer des tableaux agréables et des visions agréables dans l' imagination . — LOCKE .

Il y a beaucoup d'hommes qui ont plus de cheveux que d'esprit . — SHAKESPEARE .

Vous vous battez la patate, et l'esprit de fantaisie viendra ; Frappez comme bon vous semble, il n'y a personne à la maison. -Le pape.

L'esprit ne remplace pas la connaissance. — VAUVENARGUES .

Placer l'esprit avant le bon sens, c'est placer le superflu avant le nécessaire . — M. DE MONTLOSIER .

Femme. — Honneur aux femmes ! ils enroulent et tissent les roses du ciel dans la vie de l'homme ; ce sont eux qui nous unissent dans les liens fascinants de l'amour ; et, cachés dans le modeste voile des grâces, ils chérissent soigneusement le feu extérieur du sentiment délicat avec des mains saintes . — SCHILLER .

Le monde était triste ! — le jardin était sauvage ! Et l'homme, l'ermite, soupira — jusqu'à ce que la femme sourie. —Campbell.

Un jeune homme a rarement une meilleure vision de lui-même que celle que reflètent les yeux d'une vraie femme ; car Dieu lui-même est assis derrière eux. —JG HOLLAND .

O ... si le cœur aimant et fermé d'une bonne femme s'ouvrait devant un homme, combien de tendresse contenue, combien de sacrifices voilés et de vertus muettes y verrait-il reposer ? — RICHTER .

Cherchez à être bon, mais ne visez pas à être grand ; La station la plus noble d' une femme est la retraite ; Ses plus belles vertus échappent à la vue

du public ; Domestique vaut la peine, - qui évite une lumière trop forte. —
Seigneur Lyttleton.

La nature a envoyé les femmes au monde avec cette dot d'amour, pour
qu'elles puissent être, quelle que soit leur destination, des mères et des enfants
d'amour, à qui il faut toujours offrir des sacrifices et dont on ne peut obtenir
aucun . RICHTER .

Toute la vie d'une femme est une histoire d'affections. Le cœur est son
monde ; c'est là que son ambition aspire à l'empire ; c'est là que son avarice
cherche des trésors cachés. Elle étend ses sympathies à l'aventure, elle
embarque toute son âme dans le trafic de l'affection ; et, si elle fait naufrage,
son cas est désespéré, car c'est une faillite du cœur. — WASHINGTON IRVING
.

Une femme impudente et virile n'est pas plus répugnante qu'un homme
efféminé. —Shakespeare.

Que serait une table richement dressée, Sans une femme à sa tête ? —T.
Wharton.

Ô femme ! dans nos heures d' aisance, Incertain , timide et difficile à
satisfaire, Et variable comme l' ombre Par la lumière frémissante du
tremble ; Quand la douleur et l'angoisse tordent le front, tu es un ange au
service ! —Walter Scott.

La vierge modeste, l'épouse prudente ou la matrone prudente sont bien plus
utiles dans la vie que les philosophes en jupe, les héroïnes fanfaronnes ou les
reines viragos. Celle qui rend son mari et ses enfants heureux, qui retire l'un
du vice et élève l'autre à la vertu, est un personnage bien plus grand que les
dames décrites dans les romans, dont la seule occupation est d'assassiner les
hommes à coups de flèches de leur carquois ou de leur yeux.— ORFÈVRE .

Si le cœur d'un homme est déprimé par les soucis, le brouillard se dissipe
lorsqu'une femme apparaît. —Gay.

Les femmes sont une nouvelle race, recréée depuis que le monde a reçu le
christianisme. — BEECHER .

Ce n'est pas elle qui embrasse traître son Sauveur piqué, elle ne l'a pas nié
avec une langue impie ; Elle , tandis que les apôtres reculaient, pouvait
braver le danger, la dernière à sa croix et la plus tôt à sa tombe. —ES
Barrett.

Ô femme aimante, accomplissement de l'homme, doux, Le complétant qui ne serait pas complet autrement ! Combien vide et inutile le triste reste laissé était -il privé d'elle, de sa partie la plus noble. —Abraham Coles.

De même que la vigne qui a longtemps enroulé son feuillage gracieux autour du chêne et a été soulevée par lui vers le soleil, lorsque la plante rustique est déchirée par la foudre, s'accroche à lui avec ses vrilles caressantes et panse ses branches brisées ; il est donc magnifiquement ordonné par la Providence que la femme, qui est la simple dépendance et l'ornement de l'homme dans ses heures les plus heureuses, soit son séjour et son réconfort lorsqu'il est frappé par une calamité soudaine ; s'enroulant dans les recoins accidentés de sa nature, soutenant tendrement la tête tombante et pansant le cœur brisé. — WASHINGTON IRVING .

Les femmes en bonne santé sont l'espoir de la nation. Les hommes qui exercent une influence dominante – les maîtres esprits –, à quelques exceptions près, ont eu des mères nées à la campagne. Ils transmettent à leurs fils ces traits de caractère — moraux, intellectuels et physiques — qui assurent la stabilité des institutions et favorisent l'ordre, la sécurité et la justice . — DR JVC SMITH .

L'homme a soumis le monde, mais la femme a soumis l'homme. L'esprit et les muscles ont remporté ses victoires ; l'amour et la beauté ont gagné le sien. Aucun monarque n'a été si grand, aucun paysan si humble qu'il n'ait été heureux de déposer le meilleur de lui-même aux pieds d'une femme . — GAIL HAMILTON .

Les dames américaines sont connues à l'étranger pour deux traits distinctifs (en plus, peut-être, de leur beauté et de leur autonomie), à savoir leur mauvaise santé et leur dévouement extravagant à l'habillement . — ABBA GOOLD WOOLSON .

Où est l'homme qui a le pouvoir et le talent Pour endiguer le torrent de la volonté d'une femme ? Car si elle le veut, elle le fera, vous pouvez compter sur elle, et si elle ne le fait pas, elle ne le fera pas, et il y a une fin à cela .

J'ai souvent eu l'occasion de remarquer le courage avec lequel les femmes supportent les revers de fortune les plus accablants. Ces désastres qui brisent l'esprit d'un homme et le prosternent dans la poussière semblent faire appel à toutes les énergies du sexe doux et donnent une telle intrépidité et une telle élévation à leur caractère, qu'il s'approche parfois du sublime . — WASHINGTON IRVING .

Sentir, aimer, souffrir, se dévouer sera toujours le texte de la vie des femmes . — BALZAC .

Tout ce qu'une femme a à faire dans ce monde est contenu dans les devoirs d'une fille, d'une sœur, d'une épouse et d'une mère . — STEELE .

Je l'ai toujours dit : la nature voulait faire de la femme son chef-d'œuvre. — LESSING .

La religion chrétienne seule envisage l'union conjugale dans l'ordre de la nature ; c'est la seule religion qui présente la femme à l'homme comme une compagne ; tous les autres la lui abandonnent comme esclave. C'est à la religion seule que les femmes européennes doivent leur liberté. — SAINT-PIERRE .

La nature a donné aux femmes deux dons douloureux, mais célestes, qui les distinguent et les élèvent souvent au-dessus de la nature humaine : la compassion et l'enthousiasme. Par compassion, ils se dévouent ; par l'enthousiasme ils s'exaltent. — LAMARTINE .

Les femmes du cerveau ne nous intéressent jamais comme les femmes du cœur ; les roses blanches plaisent moins que les rouges.— HOLMES .

Il n'y a rien dont j'ai plus profité dans la vie que des justes observations, de la bonne opinion et des encouragements sincères et doux de femmes aimables et sensées. — ROMILLY .

Mots. — Une réponse douce détourne la colère, mais les paroles douloureuses attisent la colère. — PROVERBES 15 : 1 .

Mes mots s'envolent, mes pensées restent en bas, Les mots , sans pensées, ne vont jamais au Ciel. —Shakespeare.

Nous devons être aussi prudents dans nos paroles que dans nos actions, et aussi loin de dire du mal que de faire du mal. — CICÉRON .

Les paroles impudiques n'admettent aucune défense, Car le manque de décence est un manque de sens. — Comte de Roscommon.

Qui est celui qui obscurcit les conseils par des paroles sans connaissance ? — JOB 38 : 2 .

Il en est de la parole comme de la flèche : la flèche une fois lâchée ne revient pas à l'arc ; ni un mot aux lèvres. — ABDEL-KADER .

On voit souvent les mots à la recherche d'une idée, mais les idées ne sont jamais vues à la recherche de mots. — HW SHAW .

Je déteste tout ce qui occupe plus d'espace qu'il n'en vaut la peine. Je déteste voir un tas de cartons à musique circuler dans la rue, et je déteste voir un paquet de gros mots sans rien dedans. — HAZLITT .

Les paroles agréables sont comme un rayon de miel, douces pour l'âme et saines pour les os . — PROVERBES 16 :24 .

Les hommes qui ont beaucoup à dire utilisent le moins de mots.— HW SHAW .

Ce que vous gardez chez vous, vous pouvez le changer et le réparer ; mais les mots une fois prononcés ne peuvent jamais être rappelés. — ROSCOMMON .

Si vous ne souhaitez pas qu'un homme fasse une chose, vous feriez mieux de l'amener à en parler ; car plus les hommes parlent, plus ils sont susceptibles de ne rien faire d' autre. — CARLYLE .

Il serait bon pour nous tous, jeunes et vieux, de nous rappeler que nos paroles et nos actions, oui, et nos pensées aussi, sont placées sur des roues sans arrêt, roulant encore et encore vers le chemin de l' éternité . — MM BREWSTER .

"Des mots, des mots, des mots !" » dit Hamlet d'un ton désobligeant. Mais Dieu nous préserve du pouvoir destructeur des mots ! Il y a des mots qui peuvent diviser les cœurs plus vite que des épées tranchantes. Il y a des mots dont la piqûre peut durer toute une vie ! — MARY HOWITT .

Une parole prononcée au bon moment, comme elle est bonne ! — PROVERBES 15:22, 23 .

Travail. - Avoir du travail. Assurez-vous que c'est mieux que ce pour quoi vous travaillez. — Mme BROWNING .

Aucun homme n'est plus heureux que celui qui aime et accomplit ce travail particulier pour le monde qui lui incombe. Même si la pleine compréhension de son œuvre et de sa valeur ultime n'est peut-être pas présente chez lui ; s'il l'aime - en supposant toujours que sa conscience l'approuve - cela apporte une satisfaction abondante. - LEO W. GRINDON .

Rien n'est impossible à l'industrie. — PÉRIANDRE .

Le travail constitue la véritable fierté de la vie ; fondée sur un emploi actif, même si l'ardeur précoce peut s'atténuer, elle ne dégénère jamais en indifférence, et la vieillesse vit dans une jeunesse éternelle. La vie n'est une lassitude que pour les oisifs, ou là où l'âme est vide . — LEO W. GRINDON .

Nous vous avons commandé ceci : si quelqu'un ne veut pas travailler, il ne doit pas non plus manger. — II THESS. 15H10 .

Si vous ne souhaitez pas Son royaume, ne priez pas pour cela. Mais si vous le faites, vous devez faire plus que prier pour cela, vous devez travailler pour cela . — RUSKIN .

Aucun homme ne naît au monde dont le travail ne naît avec lui. Il y a toujours du travail, et des outils avec lesquels travailler, pour ceux qui le veulent ; et bénies soient les mains cornées du travail. — LOWELL .

Je doute qu'un travail acharné, effectué régulièrement et régulièrement, ait jamais fait de mal à qui que ce soit . — LORD STANLEY .

Les femmes y sont certainement plus heureuses que nous les hommes : leurs occupations occupent une plus petite partie de leurs pensées, et le désir ardent du cœur, la belle vie intérieure de l'imagination, commande toujours la plus grande part . — SCHLEIERMACHER .

Courageusement sous le soleil et les averses ! Le temps a son travail à faire et nous avons le nôtre. —Emerson.

Nous ne nous amusons que dans notre travail, dans nos actes ; et notre meilleure action est notre meilleur plaisir. — JACOBI .

La majesté moderne consiste dans le travail. Ce qu'un homme peut faire est son plus grand ornement, et il consulte toujours sa dignité en le faisant. — CARLYLE .

Le travail, selon moi, est autant une nécessité pour l'homme que manger et dormir. Même ceux qui ne font rien, ce qui, pour un homme sensé, peut être appelé travail, s'imaginent néanmoins qu'ils font quelque chose. Le monde ne possède pas un homme qui soit oisif à ses propres yeux . — WILHELM VON HUMBOLDT .

Ce n'est pas le travail qui tue les hommes ; c'est l'inquiétude. Le travail est sain ; on ne peut guère imposer à un homme plus que ce qu'il peut supporter. Le souci, c'est la rouille sur la lame. Ce n'est pas la révolution qui détruit les machines, mais la friction. — BEECHER .

Monde. — Le monde est un pays que personne n'a encore connu par description ; il faut le parcourir soi-même pour le connaître. Le savant qui, dans la poussière de son cabinet, parle ou écrit sur le monde, n'en sait pas plus que cet orateur de la guerre, qui s'efforça judicieusement d'en instruire Hannibal. — CHESTERFIELD .

Connaître le monde, et non l'aimer, voilà ton objectif ; Elle ne donne que peu, ni si peu longtemps. -Jeune.

Je ne suis pas du tout inquiet d'être entré dans ce monde et d'avoir jusqu'ici réussi mon parcours ; parce que j'y ai tellement vécu que j'ai des raisons de croire que j'y ai été d'une certaine utilité ; et quand la fin viendra, je quitterai la vie comme je quitterais une auberge, et non comme une vraie maison. Car la nature me semble avoir ordonné cette station ici pour nous, comme un lieu de séjour , une demeure transitoire seulement, et non comme un établissement fixe ou une habitation permanente. — CICÉRON .

Le monde est une belle chose à sauver, mais un misérable à adorer. — GEORGE MACDONALD .

Le monde est une épouse superbement habillée ; qui l'épouse, car une dot doit payer son âme. — HAFIZ .

O qui ferait confiance à ce monde, ou apprécierait ce qu'il contient , qui donne et prend, et coupe et change, à chaque minute ? —Querelles.

Ce monde est le monde de Dieu, après tout . — CHARLES KINGSLEY .

Il existe un monde autre et meilleur.— KOTZEBUE .

Dieu, nous dit-on, a regardé le monde après l'avoir créé et l'a déclaré bon ; mais les piétistes ascétiques, dans leur sagesse, y jetèrent les yeux et le qualifièrent en substance d'échec mortel, de production misérable, de mauvaise préoccupation . — BOVEE .

La seule barrière contre le monde est une connaissance approfondie de celui-ci. — LOCKE .

Considérez ceci comme un expédient des plus sûrs pour prévenir de nombreuses afflictions et en être délivré : vous mêler le moins possible du monde, de ses honneurs, de ses places et de ses avantages. Et dégage-toi d'eux autant et aussi vite que possible . — FULLER .

Il n'y a aucune connaissance pour laquelle un prix aussi élevé soit payé comme la connaissance du monde ; et personne n'en est jamais devenu adepte, sauf aux dépens d'un cœur endurci ou blessé. — LADY BLESSINGTON .

Un homme bon et un homme sage peuvent parfois être en colère contre le monde, parfois s'en affliger ; mais soyez sûr qu'aucun homme n'a jamais été mécontent du monde qui y a fait son devoir. — SOUTHEY .

Il faut se contenter de voir le monde si imparfait qu'il est. Tu n'auras jamais de calme si tu te contraries , parce que tu ne peux pas amener l'humanité à cette notion exacte des choses et à cette règle de vie que tu as formée dans ton propre esprit . — FULLER .

Je suis heureux de penser que je ne suis pas obligé de faire en sorte que le monde aille bien, mais seulement de découvrir et de faire, avec un cœur joyeux, l'œuvre que Dieu nomme . — JEAN INGELOW .

Tout le monde dans ce monde veut regarder, mais personne plus que nous-mêmes. — HW Shaw.

O quelle gloire ce monde revêt- il, Pour celui qui, avec un cœur fervent, s'avance , Sous le ciel clair et glorieux, et regarde les devoirs bien accomplis et les jours bien passés. —Longfellow.

Ne faites pas confiance au monde, car il ne paie jamais ce qu'il promet . — Saint Augustin .

Culte. — L'acte du culte divin est le privilège inestimable de l'homme, seul être créé qui s'incline dans l'humilité et l'adoration. — Osée Ballou .

C'est pour l'amour de l'homme, et non pour Dieu, que l'adoration et les prières sont requises ; non pas que Dieu puisse être rendu plus glorieux, mais que l'homme puisse être rendu meilleur, — afin qu'il puisse être confirmé dans le sens propre de son état de dépendance et acquérir ces dispositions pieuses et vertueuses en lesquelles consiste sa plus haute amélioration . — Blair .

Seigneur, allons à tes portes pour entendre le son joyeux , afin que nous puissions y trouver le salut , pendant qu'il peut encore être trouvé.

Là, récoltons la joie et le réconfort ; Là, apprends-nous à prier, Pour que la grâce choisisse et la force pour garder Le chemin étroit et resserré.

Et ainsi augmente notre amour pour toi, afin que tous nos jours futurs puissent un sabbat continu être de gratitude et de louange. — D'accord .

Rappelez-vous que Dieu ne sera pas ridiculisé ; que c'est le cœur de l'adorateur qu'Il regarde. Nous ne sommes jamais en sécurité tant que nous ne l'aimons pas de tout notre cœur, celui que nous prétendons adorer . — Mgr Henshawe .

La meilleure façon d'adorer Dieu est d'apaiser la détresse des temps et d'améliorer la condition de l'humanité . — Abulfazzi .

Jeunesse. — La force de l'ouverture de la virilité n'est jamais aussi bien employée que dans la pratique de la soumission à la volonté révélée de Dieu ; il prête une grâce et une beauté à la religion et produit une récolte abondante . — Mgr Mant .

Celui qui ne se soucie que de lui-même dans la jeunesse sera un très avare dans la virilité et un misérable avare dans la vieillesse . — J. Hawes .

À moins qu'un arbre n'ait fleuri au printemps, vous y chercherez vainement des fruits en automne . — LIÈVRE .

La jeunesse, l'enthousiasme et la tendresse sont comme les jours du printemps. Au lieu de vous plaindre, ô mon cœur, de leur brève durée, tâchez d' en profiter. — RÜCKERT .

Chaque période de la vie comporte ses tentations et ses dangers particuliers. Mais la jeunesse est la période où nous sommes le plus susceptibles d'être pris au piège. C'est, par excellence, la période de formation, de fixation, la saison printanière de la disposition et de l'habitude ; et c'est pendant cette saison, plus que toute autre, que le personnage prend sa forme et sa couleur permanentes, et les jeunes ont l'habitude de suivre leur cours pour le temps et pour l'éternité . — J. HAWES .

Les meilleures règles pour former un jeune homme sont de parler peu, d'entendre beaucoup, de réfléchir seul sur ce qui s'est passé en compagnie, de se méfier de ses propres opinions et d'apprécier celles des autres qui le méritent. — Sir W. TEMPLE .

Souviens-toi maintenant de ton Créateur aux jours de ta jeunesse. — ECCLÉSIASTE 12 : 1 .

Ce que nous semons dans la jeunesse, nous le récoltons avec la vieillesse ; la graine du chardon produit toujours le chardon.— JT FIELDS .

J'aime la connaissance des jeunes; parce que, d'abord, je n'aime pas me croire vieillir. Ensuite, les jeunes connaissances doivent durer le plus longtemps, si elles durent ; et puis, monsieur, les jeunes gens ont plus de vertu que les vieillards ; ils ont des sentiments plus généreux à tous égards. — DR JOHNSON .

Les filles que nous aimons pour ce qu'elles sont ; des jeunes hommes pour ce qu'ils promettent d' être. — GOETHE .

La jeunesse imprudente fait vieillir tristement.— FRANKLIN .

Oh! la joie Des jeunes idées peintes sur l' esprit, Dans les couleurs chaudes et lumineuses, la fantaisie se répand Sur des objets pas encore connus, quand tout est nouveau, Et tout est beau. —Hannah Plus.

Dans le lexique de la jeunesse que le destin réserve à une virilité brillante, le mot échec n'existe pas. — LYTTON .

Si le monde s'améliore dans l'ensemble, la jeunesse doit toujours recommencer à zéro et franchir les étapes de la culture depuis le début . — GOETHE .

Les jeunes hommes pensent que les vieux sont des imbéciles, et les vieillards savent que les jeunes hommes le sont. — Dr METCALF .

De même que j'approuve un jeune homme qui a en lui quelque chose de vieux, de même je ne suis pas moins content d'un vieil homme qui a quelque chose de jeune. — CICÉRON .

La jeunesse n'est pas l'ère de la sagesse ; réfléchissons donc bien . — RIVAROL .

Zèle. — Les motivations par excès renversent leur nature même et, au lieu d'exciter, étourdissent et stupéfient l'esprit. — COLERIDGE .

Rien n'a causé plus de préjudice à la religion, ni apporté plus de dénigrement à la vérité, qu'un zèle bruyant et inopportun. — BARROW .

Par le zèle on acquiert la connaissance, par le manque de zèle la connaissance se perd ; qu'un homme qui connaît ce double chemin de gain et de perte se place ainsi pour que la connaissance puisse croître. — BOUDDHA .

Des hommes zélés vous montrent toujours la force de leur croyance, tandis que des hommes judicieux vous en montrent les fondements. — SHENSTONE .

Celui qui fait une chose basse par zèle pour son ami brûle le fil d'or qui lie leurs cœurs. — Jeremy TAYLOR .

Ne laissez jamais votre zèle dépasser votre charité. Le premier n'est qu'humain, le second est divin. — OSÉE BALLOU .

C'est un charbon de l'autel de Dieu qui doit allumer notre feu ; et sans feu, vrai feu, pas de sacrifice acceptable. — WILLIAM PENN .

Toute déviation des règles de charité et d'amour fraternel, de douceur et de patience, de mansuétude et de patience, que notre Seigneur prescrit à ses disciples, si bien qu'elle puisse paraître fondée sur l'attachement à Lui et le zèle pour Son service, est en vérité un écart par rapport à la religion de Celui, « le Fils de l'homme », qui « est venu non pas pour détruire la vie des hommes, mais pour les sauver. » — MGR MANT .

Un zèle violent pour la vérité a cent chances contre une d'être soit de l'irritabilité, soit de l'ambition, soit de l'orgueil . — SWIFT .

Le zèle sans connaissance est comme une expédition vers un homme dans l' obscurité. — NEWTON .

Le zèle, à moins qu'il ne soit bien guidé, lorsqu'il s'efforce le plus de plaire à Dieu, lui impose ces offices inopportuns qui ne lui plaisent pas . — HOOKER .

Nous faisons cela dans notre zèle, nos moments les plus calmes auraient peur de répondre. — SCOTT .

www.ingramcontent.com/pod-product-compliance
Lightning Source LLC
LaVergne TN
LVHW040006200726
843493LV00005B/1145